The Art of Awareness
How Observation Can Transform Your Teaching

幼儿园生成课程系列译丛

[美] 德布·柯蒂斯　[美] 玛吉·卡特　著

郭　琼　万晓艳　译

观察的艺术
观察改变幼儿园教学

南京师范大学出版社
NANJING NORMAL UNIVERSITY PRESS

图书在版编目（CIP）数据

观察的艺术：观察改变幼儿园教学 /（美）德布·柯蒂斯，（美）玛吉·卡特著；郭琼，万晓艳译 . — 南京：南京师范大学出版社，2018.8（2019.9重印）
（幼儿园生成课程系列译丛）
ISBN 978-7-5651-3411-1

Ⅰ . ①观… Ⅱ . ①德… ②玛… ③郭… ④万… Ⅲ . ①学前教育—教学研究 Ⅳ . ① G612

中国版本图书馆 CIP 数据核字（2017）第 155863 号

THE ART OF AWARENESS: How Observation Can Transform Your Teaching, 2nd Edition
by Deb Curtis and Margie Carter
Copyright © 2000, 2013 by Deb Curtis and Margie Carter
Simplified Chinese translation copyright ©（2018）
by Nanjing Normal University Press
Published by arrangement with Redleaf Press
through Bardon-Chinese Media Agency
博達著作權代理有限公司
ALL RIGHTS RESERVED
本书简体中文版由南京师范大学出版社在中国大陆地区出版发行
版权合同登记号：图字 10-2014-471

书　　名	观察的艺术：观察改变幼儿园教学
丛 书 名	幼儿园生成课程系列译丛
作　　者	［美］德布·柯蒂斯　　［美］玛吉·卡特
译　　者	郭　琼　万晓艳
策划编辑	万　斌　张泽芳
责任编辑	张　莉
出版发行	南京师范大学出版社
地　　址	江苏省南京市玄武区后宰门西村 9 号（邮编：210016）
电　　话	（025）83598919（总编办）　83598412（营销部）　83598297（邮购部）
网　　址	http://www.njnup.com
电子信箱	nspzbb@163.com
照　　排	南京凯建图文制作有限公司
印　　刷	无锡市证券印刷有限公司
开　　本	710 毫米 × 1000 毫米　1/16
印　　张	21.25
字　　数	275 千
版　　次	2018 年 8 月第 1 版　2019 年 9 月第 2 次印刷
书　　号	ISBN 978-7-5651-3411-1
定　　价	68.00 元
出 版 人	彭志斌

感谢伊丽莎白·普瑞斯科特,她最先教我们领悟观察之乐;感谢所有的幼教工作者,他们和我们一起,如此用心观察身边的孩子,并且热爱孩子。

总序

"幼儿园教育是基础教育的重要组成部分,是我国学校教育和终身教育的奠基阶段",幼儿园教育也有其教育目标和教育任务,由于学前教育的特殊性,这些目标和任务需要符合儿童身心发展的特点才能很好地实现和完成。因此幼儿园课程既要考虑社会的要求,也要考虑幼儿的兴趣和需要;既要促进幼儿的长远发展,也要满足幼儿即时的兴趣和需要。

长期以来,预设课程在我国幼儿教育中占据着主导地位,预设课程有明确的目标、内容和过程,教育过程就是实施预先设计好的方案或计划,幼儿在预设的方案或计划的框架中掌握教师准备的相对固定的内容,教育目标较易落实,能够保证幼儿的基本发展。尽管现在教师在制定和实施预设课程时会越来越多地把儿童的兴趣和需求考虑进去,但教师的关注点还是更多地放在预先制定的教育目标上,强调预设目标的准确性和确定性,在课程实施过程中，容易让教师拘泥于预定的目标，并在目标的引导下对幼儿进行指导和控制，出现"走教案"的情况；很容易出现课程与幼儿学习需求之间不一致的现象，幼儿的需要和兴趣得不到应有的、有效的重视，导致幼儿缺乏参与活动的内部动机，使得幼儿的主体性难以得到充分的发挥。

随着学前教育改革的不断深入，学前教育新理念、新思维、新方法不断为大家接受。在幼儿园教学中，教师越来越注意承认学前儿童的主体地位，尊重儿童人格，尊重儿童需要和兴趣，激发儿童的主动性；承认教师是学前教育的组织者、支持者、引导者和合作者。从某种意义上讲，生成课程更符合幼儿园教育实际和目标要求，进入大家的视野后，被不断学习、接受和使用。这使得生成课程逐渐成为幼儿园课程中新的存在方式。

生成课程不是教师僵化地执行预先设计好的方案或计划的活动，也不是听任幼儿无目的、随意、自发的活动，而是教师在课程实施中，通过对幼儿的观察，发现和跟随他们的需要和兴趣，充分利用教学资源，随时调整活动目标和进程，支持、引导幼儿的活动，充分发挥幼儿的自主性，调动和激发每个幼儿的潜力，使课程不断发生和发展，促进幼儿进行动态的有效学习和多元化发展。

实施生成课程对教师而言具有一定的挑战性，除了需要激发教师创造的热情外，对教师的素质要求也很高。这种素质不仅包括专业知识和技能，而且还包括教育机智和智慧。比如，在幼儿园教育中，教师对发生的一些很有价值的事件（幼儿的问题、行为、反应等）常常捕捉不到；有时虽然捕捉到了，但教师不知如何引导，或者教师也注意引导了，但可能由于教师的知识储备和应对能力不够，无法充分发挥其应有的教育功能。这些问题也许不是生成课程本身的问题，而是由于教师还没有足够驾驭、拥有生成课程的素质和能力，致使活动流于形式，为生成而生成。

《幼儿园教育指导纲要（试行）》指出"善于发现幼儿感兴趣的事物、游戏和偶发事件中所隐含的教育价值，把握时机，积极引导。关注幼儿在活动中的表现和反应，敏感地察觉他们的需要，及时以适当的方式应答，形成合作探究式的师幼互动"。《3—6岁儿童学习与发展指南》要求"最大限度地支持和满足幼儿通过直接感知、实际操作和亲身体验获取经验的需要""要充分尊重和保护幼儿的好奇心和学习兴趣，帮助幼儿逐步养成积极主动、认真专注、不怕困难、勇于探究和尝试、乐于想象和创造等良好学习品质"。为了满足幼儿园实施生成课程的现实需要，提高幼儿园教师开展生成课程的素质和能力，我们策划引进出版了这套"幼儿园生成课程系列译丛"。

通过对"幼儿园生成课程系列译丛"的阅读和

运用，我们期待幼儿园教师能够更好地理解生成课程的理念和价值，把握生成课程的内涵，学会实施生成课程的有效方法，提高实施生成课程的水平；解决好我国学前教育领域面临的"如何处理幼儿生成的活动与教师预设的活动之间的关系""如何面对幼儿自发的兴趣？""如何让幼儿自主、自由地发展？""如何处理幼儿与教师间的关系？""如何给予幼儿适宜的帮助？"等问题，让生成课程在幼儿园广泛、正确地实施起来。这样可以更好地调动幼儿学习的积极性，让幼儿的学习更生动、更有效，发挥和发展幼儿的主体性；更好地提升幼儿园教师的专业素养和能力，提高我国幼儿园课程水平，促进幼儿的全面发展，为未来培养出更多、更好的创新型人才打好基础。

幼儿园生成课程的实施是一个动态、变化而又很难原封不动复制的过程，关键是要理解生成课程的理念、内涵，掌握其方法，具体实施水平需要在幼儿园教学过程中不断反思、总结和提高。南京师范大学出版社一直努力为广大的学前教育工作者和研究者提供先进的、科学的、有价值的学前教育理念、理论和实践产品，让我们一起为我国学前教育事业的发展做出贡献。

"幼儿园生成课程系列译丛"丛书编委会

2018 年 8 月

目录

致谢   1

前言   1

第 1 章　和儿童相处的新方法：学习研讨课程综述   1
第 2 章　学习研讨课：学会看见   16
第 3 章　学习研讨课：留意儿童的看法   35
第 4 章　学习研讨课：观察儿童活跃的头脑   55
第 5 章　学习研讨课：观察儿童如何运用感官   75
第 6 章　学习研讨课：观察儿童如何探索、发明和建构   96
第 7 章　学习研讨课：观察儿童如何与自然世界相联系   115
第 8 章　学习研讨课：观察儿童如何探求力量、戏剧和冒险   131
第 9 章　学习研讨课：观察儿童对绘画、符号表征和文字的渴望   161
第 10 章　学习探讨课：观察儿童如何建立关系和解决冲突   189
第 11 章　学习研讨课：观察儿童和他们的家庭   212
第 12 章　组织起来观察并研究自己的文档资料   211

第 13 章　与他人一起利用和分享自己的观察　　262

第 14 章　利用观察记录做计划和评估　　282

参考文献　　301

附加资料　　303

致谢

本书所汇集的观点、经验和例证来源丰富，有些已经远远超出我们的记忆和我们所能表达的感谢。我们对被无心遗漏的引述深表歉意；我们对从其作品中获得灵感的所有指导者、作家、艺术家和插画家深表谢意。

本书2000年初版之时，许多老师和幼教项目慷慨地向我们提供时间、照片和观察故事，那时数码摄影在幼教领域尚处起步阶段。虽然本书的2013年版中几乎每个故事、每张照片都必须用数码版替换，但我们仍然感谢他们的付出。对新版本的推出，我们特别感谢在加利福尼亚州帕洛·阿尔托市新月园儿童发展中心（Crescent Park Child Development Center, in Palo Alto, California）工作的员工，他们是斯蒂芬尼·希尔、杰丝·奎内、希拉·惠尔顿、林赛·居瑞什奇、杰斯丽·莫拉利斯、西蒙·福赛尔、乌玛娜·米德尔顿、卡佳·戴维斯、米歇尔·布雷尔、茉莉·希尔—赖特和蒂尔尼·福克纳。他们独特的、以儿童为中心的工作启迪了戴伯，与他们一起合作开设了供学步儿童使用的教室，他们慷慨地向本书提供故事和照片。加拿大安大略省彼得伯勒市卡沃萨幼儿保健中心（Kawartha Child Care Services in Peterborough, Ontario）的劳瑞·巴德、萨曼莎·蒙德斯、茱莉·汤普森、安吉拉·豪尔、诺玛·柯迪斯、戴安娜·特雷诺、尼可·肯特和丽莎·德尔加罗鼓励我们，他们支持用学习故事作为教师发展手段的理念，慷慨地把他们的工作样本提供给我们。安大略省伦敦市伦敦桥儿童保健中心（London Bridge Child Care Services in London, Ontario）的雪莉·布兰顿把她与学步儿童相处的故事贡献给我们，这些故事极富思想性；华盛顿州西雅图市山峰儿童保健中心(Hilltop Children's Center in Seattle, Washington)的莎拉·菲尔斯丁纳、爱米莉·维豪塞、桑德拉·福罗德和吉尔·劳瑞图继续向我们提供观察如何启迪并且改变教学方法的神奇例子。安·佩罗在山峰儿童保健中心工作十五年之后转向其他领域，但是她对本书的贡献依然不可忽视。卡瑞娜·罗加斯、露丝·卡西奥、爱丽达·山杰曼和劳拉·麦克爱丽斯特向我们提供了与她们工作相关的有趣的观察资料和照片，她们在西雅图市的桑德儿童保健所双语中心（Sound Child Care Solutions, Seattle）从事观察艺术的实践活动。多年来，我们一直与得克萨斯州休斯顿市的联合威尔旭贝儿公司（United Way Bright Beginnings in houston, Texas）的咨询师和教师团队合作，他们向儿童提供精美资料，邀请他们参与活动，并用文件记录下来，我们见证了他们在此过程中的成长。萨农·麦克利兰德、卡桑德拉·布朗、珊胡安·法兰克、法兰·布鲁金顿、达娜·汉普顿、劳娜·帕德森、帕德里夏·荷南德斯和黛茜·马奇克从他们教师群体的工作中为本书贡献良多。感谢加利福尼亚州圣拉斐尔市奥什尔·马丁JCC儿童发展中心（Osher Marin JCC Child Development Center in San Rafael, California）的贝琪·苏士因和维多利亚·瓦雷拉；感谢加拿大新斯科舍省哈利法克斯市宜人点儿童保健中心（Point Pleasant Child Care Centres of Halifax, Nova Scotia）的伊丽莎白·希克斯、克里蒂娜·波格尔、谢丽尔·司科特、谢丽尔·米勒；感谢安大略省多伦多市橡果国际学校（Acorn School in Toronto, Ontario）的达莲娜·纳塔瑞斯。感谢亚利桑那州凤凰城的伊凡娜·沃克和梅根·蒙托亚，他们与有特殊需求的儿童一起工作，向我们提供了详尽的观察这些有特殊需求儿童的能力的资料。感谢凤凰城天堂谷社区大学教师团队项目的苏·布列通，他为我们保留了在那里工作的故事和照片，从而能用于此书。

我们衷心感谢新西兰奥特亚罗瓦的同事，他们的工作富有启迪意义，因为他们指导我们把有关whānau（新西兰毛利语"大家庭"之意——译者注）家庭收录到资料中，把学习故事既用作评估工具，也作为职业发展进步的途径。对他们富有成效的研究和前往他们中心的访问极大地加深了我们的理解。特别向托特斯角（Tots Corner）的洛林·曼努尔、汉娜·法勒和简·波依德致谢；向爱维瓦纳早教中心（Awhi Whānau Early Childhood Centre）的西尔玛·肖普曼致谢；向德普纳库汉嘎哈加（Te Puna Kohungahunga）的卡伦·威利致谢；向魔法花园保健教育中心（Magic Garden Care and Education Centre）的简妮·琼斯致谢；向索菲亚幼儿园（Sophla's Preschool）的艾德丽安·威尔金斯、玛丽亚·瑞逢和爱玛·帕森斯致谢；向迪奥斯森女子学校基础班（Diocesan School for Girls）的克里斯·巴叶、杰玛·史密斯致谢；向教育领袖活动的温迪·李致谢；向新西兰怀卡托大学的玛格丽特·卡尔致谢。感谢佩格·卡拉格汉、南茜·格伯、唐娜·金和凯利·兰姆塞，感谢继续给我们提供与儿童相处的照片和详细故事的同事们。

感谢在"第三只眼"（Private Eye）工作的克里·鲁夫和伙伴们，他们最先把珠宝鉴定放大镜介绍给我们，并慷慨地向我们提供珠宝鉴定放大镜。感谢保罗·福雷什曼，他的诗歌《老师脑海中的两个声音》启发了我们。

我们向大卫·黑斯、道格拉斯·斯密司和红叶出版社的全体人员表示感谢，他们不断地提高我们工作的连贯性和表现力，帮助我们向幼教领域传递我们的声音，和他们一起工作令人愉快。

此外，依照惯例，我们感谢家人和朋友，在我们为这本书集心力交瘁时，他们一如既往地相信并支持我们，他们鼓励我们为儿童和关心儿童的人而努力，所有这些才促使本书得以出版。

老师脑海中的两个声音

我是一名幼儿老师

我认为我的工作

非常费力　　非常振奋

我似乎是

航空调度员　　建筑师
　　　　　　　设计一个益于探索的环境

尽力让每个人像飞机那　园丁，耕耘土地，播撒
样保持航向避免碰撞　　热爱学习的种子

保镖　　教导孩子如何分享，如
　　　　何与他人友好相处

我创造的学习环境干净整洁而有条不紊

我总是购买新的课程　　我布置东西时把发现和
材料和学习游戏　　　　美放在心里，从大自然
　　　　　　　　　　　和可拆装零件里挑选材
　　　　　　　　　　　料，供室内游戏使用

假如我可以

让孩子们坐住不动，　有时间坐下来，
　　　　　　听我说　听他们说

我可以

教会他们将来上学所必须掌握的一切	发现他们的疑惑，激发他们的好奇心，这样他们就会为学习而兴奋不已

我担心

他们只顾玩，没有学到足够的东西	他们没有充裕的时间来游戏

时间太少

无法完成我计划实施的内容	无法充分体会童年的奇妙
必须命令孩子们聚精会神听从指令	孩子们需要时间在山坡奔跑、在水潭里踩水、在树下闲坐，仰望飘动的白云

看着孩子们玩耍

让我觉得我不是真正的老师	这份工作最令我喜欢的地方就是看着孩子们做不同寻常的事，说最了不起的话
是的，孩子们知道的东西有时的确出乎我的意料	孩子们的见识和能力让我惊喜

我知道观察很重要

| 必须对每个孩子的进步做出评估 | 每个孩子都教会我许多，仔细观察，我发现那么多进步成长展现在眼前 |

我多么希望

| 家长视我为合格的老师 | 家长和我一起高兴地看到孩子所做的一切 |
| 我有太多的内容想要涵盖在课程里 | 大部分课程来自于对孩子的观察 |

当我让孩子们自由地游戏时

| 我不得不让一切都在我的视线之内，确保他们的安全，别胡闹 | 我看着他们如何在冒险中学习，发现他们多么富有创造力，多么能干 |

这份工作

| 有太多的压力和苛求 | 有丰厚的回报！ |

我正考虑

| 换个工作 | 尽可能长久地做着这份工作 |

前言

如果你是一名幼儿教师,你脑海中无疑会充斥着各种矛盾的观点和质疑声:儿童游戏时真正学到了什么呢?我应该如何应对幼儿入学准备中的种种压力呢?如何让家长相信我是称职的老师?这份工作我能实实在在地做多久呢?

事关孩子未来的各种相互冲突的利益风暴围绕在我们周围,也在我们心中翻腾。把孩子培养成社会所希冀的人才,让幼儿教师倍感压力。现在有日益增多的质量评定体系、职业规范和国家标准规定了幼教工作者必须承担的责任。在比较平和的时期,我们渴望以另一种方式与孩子们相处。然而,这种潮流伴随着美国早期教育质量评定和改进系统(QRIS)的观念、早教框架工作以及认证标准汹涌而来,童年的奇妙再次受到冲击和摧毁,随之被摧毁的还有我们对教学的热爱。

在这场风暴眼里等待着你的是观察的艺术和用

心观察儿童的快乐。通过仔细观察，你可以重新寻找并发现童年的价值和儿童令人称奇的能力，想起你做教师的初衷。你能够学会兼收并蓄各种相互冲突的观念，重新享受与儿童在一起的全部快乐。如果观察早已是你的教学实践的一部分，你会发现本书的焦距已经延伸扩展，能让你更聪明、更快乐地投入工作。如果观察尚不是你教学工作的重点，培养观察技巧能改变你的教学模式，提升你在幼教领域的工作满意度和职业使命感。

重新聚焦我们的工作

幼教行业正处在发展的关键时期。伴随着已有的核心知识体系、道德规范、职业标准、认证系统、资格证书、学术研究、专业著作以及为行业发展而举行的众多会议，幼教领域已发展成一个羽翼丰满的行业。这些成就非常了不起。此外，政策制定者和基金提供者都理解早期教育对人的大脑发育和今后学业的成功至关重要。然而，对于从事幼儿教育的教师来说，这些发展经常转变为对评定体系和责任系统的重视，而不是对儿童本身的关注。这种以评估为导向的现实反映了美国教育的总体趋势。

在美国，目前没有对儿童价值或童年在集体生活中所起作用的清醒认识。我们愿意哄孩子玩、制造供他们消费的产品、帮助他们长大成人；然而，

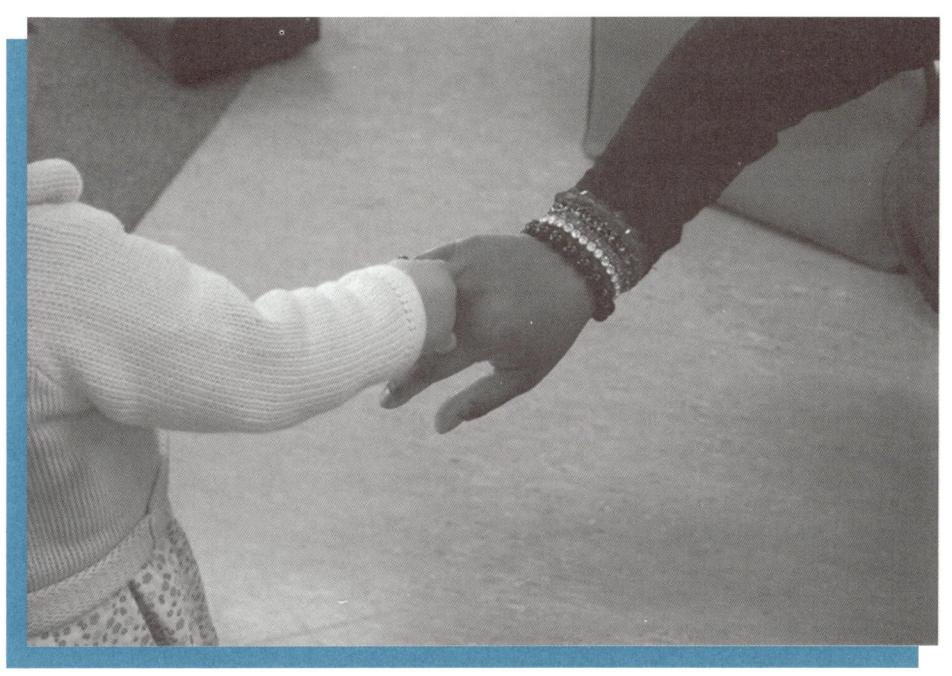

我们并没有真正地关注过**此时此刻**他们是什么样子。我们对儿童向我们提出的见解置之不理，仅在出现危机、假期或竞选活动这类短暂的时刻，儿童的生活才获得公众的关注。普通大众并不讨论儿童如何丰富我们的人性和整体文化，甚至父母和老师也没有注意到儿童所留意的事，我们不让儿童引领我们去全新地感知和欣赏生命中属于他们的时间。教授和作家大卫·艾尔金德在《被催促的孩子》一书中提醒我们，在过去的五十年中，我们的国家越来越以成年人为中心，愈发地视孩子为讨厌鬼。购物中心、娱乐场、健身俱乐部以及互联网络显然已经发展为成年人聚会的场所，公园、社区和学校则被漠视。大多数幼儿和学龄儿童活动是孤立的,这更加剧我们社会中的两代人之间的隔阂。似乎很奇怪,幼教场所成为反映,而不是改变孩子在我们社会被忽视这一普遍趋势的地方。

幼教领域成为各种商业利益瞄准的突出目标,这相当的反讽,因为我们在总的资源配置和公众关注中被边缘化,被贬低。我们自己也经常表现出我们似乎迷失了方向,不是稳固发展自己的愿景,而是经常追随最新的潮流。在专业集会和研讨课上,我们被说服把时间用于仓促行事而不是细细阐述,用于消耗而不是创造,但却很少关注儿童说的话、流露的感情、经历的事情或思维的过程。

接受邀约

儿童能唤醒我们身上的一种领悟力,那是对创造、投入、欣喜,以及决心重新安排世界的理解。如果我们认真地倾听和仔细地观察他们,儿童将教会我们在工作和生活中更敏于观察,勇于探究,并富有同情心。要这样认真地关注儿童并非易事,太多的事情合谋把我们引向其他地方,每日需要我们注意的工作和需求数不胜数。我们的需求和责任体系、日程安排和会议以及学习目标经常轻而易举地就把儿童排挤出去。和儿童不同,我们成年人有那么多亟需处理的事务,以致我们经常错过近在眼前的事。孩子使得我们看得更近一些。本书邀请你学习观察的艺术和技巧，仔细观察不仅能改进你的教学，还可能让你的生活变得更加美好。

已故的阿妮塔·奥尔兹，一位为幼儿设计空间的专家，曾经对于办园许可证要求这样说："儿童是奇迹，而不是最小的！"他们来到我们面前，充满惊奇，渴望去理解，渴望长能耐。然而，我们纵有教导他们的良好愿望，却常常耗损孩子与生俱来的学习激情。在《美国儿童》一书中，安妮·迪拉德这样说：

> 世上没有孩子生来平庸，你会在他们身上发现这点，他们自己也知道。然而，到了一定时候，他们因为学习人们所希望的东西而消耗自己的智力，把精力浪费在争取超越同辈人之上。（迪拉德，1993，208）

当我们无视儿童的真实样子时，我们其实剥夺了自己更深层次的快乐源泉。我们错失了见证眼前所展现的人类发展的艰辛过程的大好机会。认真关注幼儿的观察者提醒我们，不经意的一瞥所见的看似平常，其实非同凡响。幼儿文学作家伊丽莎白·普雷斯科特在一次教学中把儿童的每一个普通瞬间比喻成项链上的一颗珠子，每颗珠子都很独特，彼此相连，共同创造出呈现在眼前的神奇之作。

当然，在我们看来，有些孩子似乎不如另一些出众，他们却在真正挑战我们的眼力。有时这些孩子几乎需要我们用放大镜来发现他们真正具有什么特质。花时间更仔细地观察这些对我们而言具有挑战性的孩子的游戏、工作和想法能让我们的工作成为一个不停地探索、发明和灵活思考的过程。如果我们保持专注，我们就能度过困难动荡时期，突破盲点，找到新的方法去与最难缠的孩子相处。本书的一个目的就是帮助你们提高观察细枝末节的能力和变换不同视角的能力；另一个目的是把活力和激情带到你们的工作中。

倾听、观察和记录是一种教学法

当我们开始尊重孩子们是**什么样子**（而不是我们想要他们成为的样子）的时候，我们看待学习和教学的理念就发生了变化，我们的工作也变得更加有趣和富有成就感。我们也开始给自己的职业设定更宏大的目标，努力让童年凸显出来，受到重视，因为童年可以丰富我们的人性和对集体身份有所贡献。要实现这种转变，我们需要一种教学法（对学与教进行思索的方法），能够反映我们对儿童发展的愿景。我们不想推广流行文化中现存的方法，我们需要远离商业包装的各种活动，我们需要时间和同事、孩子及家长一起协力开发教学课程。我们必须把注意力从时间和考核清单上转移开来,以便发现儿童正在做什么。赞同此类教学法的教师存有好奇之心,他们相信儿童的能力,知道他们正参与一个绝非静止的,而是慢慢呈现的过程。

这种教学法的好处影响深远。它让儿童成为被关注的中心,告诉我们更多有关儿童成长的事。我们开始理解自我选择游戏中所涉及的学习以及围绕儿童的视角所形成的教学课程的组成。通过深入地观察,我们还可以发现文化习俗的影响,这能帮助我们更清晰地了解我们自己、我们的喜好、偏见以及盲点。与同事以及孩子的家人讨论我们的观察所得,能帮助我们从别样的角度看待事情,让我们各自跨越自己观念的局限,创造出一个与儿童彼此尊重和相互学习的集体语境。

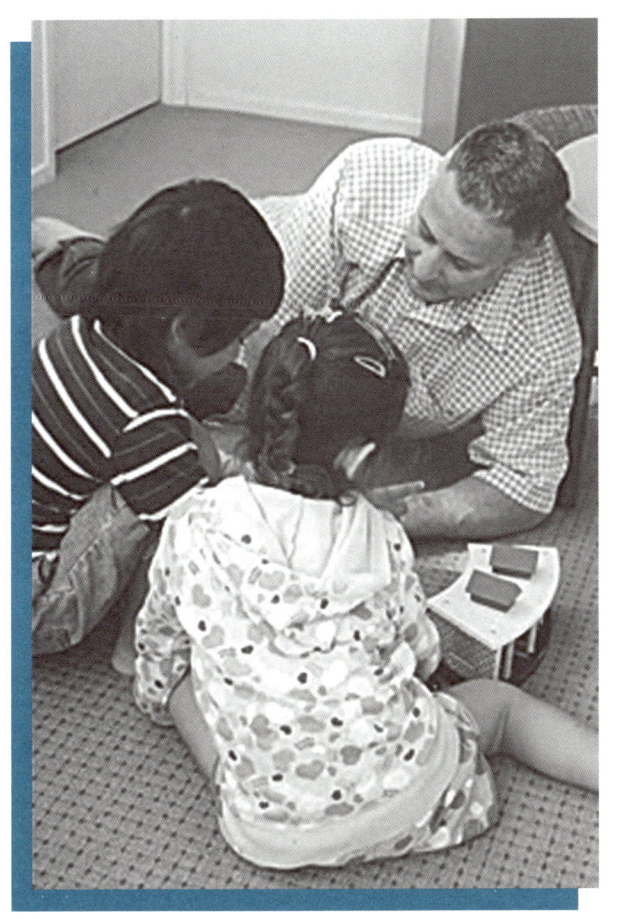

收集观察笔记和其他记录文档,把它们作为儿童活动的故事与他人分享,让孩子和他们的故事被更多的人看见,产生更大的意义,赢得更多的尊重。这个学习过程使得儿童以及成年人都得到提高。大学教授和作家乔治·福尔曼这样说：

> 我们知道，让孩子的想法看得见是一个重要的目标。这帮助孩子把一个活动变成一种学习交锋。因此，如果文档记录帮助孩子把他们自己的情感、行为模式、想法和规则变成可视和更清晰明了的东西，那么文档记录就成为教育幼儿的主要手段。（瑞吉欧邮件讨论在线对话，1999）

我们可以在哪里看到这种教学法实施呢？许多人会提及意大利的瑞吉欧·艾米利亚幼儿园，以及那些受他们启发而遍布世界的幼儿园和学校，包括澳大利亚、新西兰、加拿大和美国。我们可以看到这种教学法的种子已经扎根在卡伦·加勒斯、伊丽莎白·琼斯、维维安·帕利、格瑞秋·雷诺兹和卡罗尔·安妮·维恩的教学和写作中。他们的书中有大量描写儿童游戏和教师设法参与活动的内容。教师可以反复参阅这些作家的著作，寻找关于儿童的生活如何被重视以及我们看待孩子的不同视角如何磨合的启示和灵感。

不少从事幼儿教育的教师也写过书，以亲身经历生动地描述他们如何在自己的课堂里实施发展这种教学法。安·佩罗是一个全日制托儿所学前班的老师兼作家。她的教学被录制成一系列的员工培训录像，如《以孩子为中心》《扬帆启航》《放飞思想》

《在老师和家长之间搭建桥梁》《看需要时间》《携手同行》(可在 www.ecetrainers.com 观看)。佩罗在她和法兰·戴维森合著的《那不公平》一书中描述并记录了她不断改进的倾听、观察和记录的教学法。(见佩罗和戴维森,2000)

我最初开始做有关儿童游戏的笔记和录制他们的对话时,并不知道如何利用我收集的这些材料,我这么做只是因为我读过相关的书,知道这样做是对的。我仔细地将录制的儿童对话写下来,然后按我制订的计划实施。当时我主要觉得这些笔记和对话是在纸上捕捉孩子们可爱而有趣的想法的方法;我要和他们的父母分享这些抄录下来的内容,邀请他们来"听"他们可能没有机会倾听的儿童的交谈。

随着参与支持新兴的幼教项目的活动越来越多,我学习到更多利用收集的材料的方法;我意识到我希望去了解自己有关儿童兴趣所做的猜测是完全准确还是大错特错,因为这对新项目是否成功事关重大。我开始从我仔细收集的笔记中寻求帮助。在我独自或与同事一起研究观察笔记或抄写材料时,我能发现儿童就主题和活动相关的言语的隐藏意义;我注意到某些想法反复出现或某个话题再三展现的时候,我开始明白孩子们游戏的核心。理解他们游戏的核心,我可以做出有意义的回应,同时在设计活动计划时发挥积极的作用;更好地在教室提供活动所需要的道具材料,让游戏持续进行;更好地规划户外活动或邀请来宾到教室参与活动;可以向孩子们提出诱发讨论的问题;可以设计一些策略,让儿童表达他们的想法。听儿童说是我支持新兴幼教项目最好的指导。儿童游戏和谈话时我收集的材料深化了我的聆听过程。(佩罗和戴维森,2000,76,78)

后来佩罗又写作了《艺术语言:早教环境中探究式工作室实践》(2007),书中描述她如何利用观察为儿童设计深度学习的活动,将艺术媒介作为"思考工具"。读者们可以在《观察的艺术》中的诸多章节中看到这类活动的例子。

一年级老师卡伦·加勒斯著书多部,记录自己的教师生涯。加勒斯把儿童的言语、行为和艺术表达视为她自己成长发展的中心。在《学习的语言》一书中,加勒斯描写了把教室变成研究社团的教学方法(1994,5—6)。

资料收集过程仍在进行,成为教室生活的组成部分,被融入师生间的互动活动。因此,一个学年中我收集了丰富的资料,帮助我反思和反省课堂教学,解答有关教学、学习以及教育过程中诸多更复杂的问题。作为一个研究型教师,我事先并不确定我寻找的资料的类别、资料的性质或者要提出的疑问。资料收集不是仅仅用来评估儿童学习或评价课程一个过程,伴随着它的进程,资料收集过程已经成为我课堂活动的中心内容。

维维安·古辛·帕利是著名的老师和作家,出版了多本著述。她在书中既揭示儿童视角的丰富,也描述了一个不断进步的老师的思维过程。在描写她的教学方法如何不断改进时,帕利说,从教初期,她发现自己遇到的麻烦是要记住自己的26个到30个幼儿。晚上她想了一些方法,试图记住他们的名字,但是都不成功。直到把每个孩子做的事或说的话写下来,她才解决了这个问题,开始认识每个孩子。

这个方法,帕利坚持了一阵子,但当它变成常规做法后,她发现自己对此厌倦了。作家麦

琪·卡特回忆起她与维维安·古辛帕利在 1999 年 10 月的交谈：

"无聊！"一个听故事的老师叫道，"照顾 26 或 30 个孩子，你怎么可能觉得无聊呢？你肯定得忙疯了啊！"

"我当然特别忙啦！"帕利回答道，"但是，这和无聊完全不是一回事。我说我无聊的时候，我不是指和孩子在一起无聊，而是指我自己和我的工作让我觉得无聊。我发现自己没有好奇心，对正在从事的工作没有全身心地投入。因为我太懒不想出去另谋一份工作，我决定我最好把眼前的工作弄得有趣点。于是，我开始给自己发明点小游戏，强迫自己认真地关注眼前发生的一切。我试着上午上课时用一种方法教学，下午上课时采用另一种方法，然后问自己哪个方法效果更好。我尝试了一些男孩和女孩可能反应不一样的问题，一些可能最不会被木工活响亮噪音干扰的其他活动，等等。当然，一旦我以这种探究的方法从事我的工作，整个事情就发生变化了。我发现儿童的想法真是奇妙，试图去理解他们的游戏和故事给了我无穷的乐趣。"

做敏锐的观察者

怎么才能让以这样的思维模式观察孩子和对待

工作的教师占据我们的幼教课堂呢？安·佩罗、卡伦·加勒斯和维维安·古辛·帕利为我们提供了有价值的示范，告诉我们教师如何通过观察儿童的成长而自身也得到提升和发展。这样的教育者极其尊重儿童，并好奇地探究儿童是什么样子的，他们以此为依据研发自己的教学方法，他们各自制定的课程产生极为相似的学习结果，这些学习结果正是传统课程计划所列举的，但是他们采用的是新兴的计划课程，对儿童更有意义，也更为关切。在本书的所有章节中，你会发现教师的观察故事向我们提供了观察如何改变自己教学的范例。

做敏感的倾听者和观察者当然是掌握观察艺术的基础。如果你查一下字典，你会发现keen（敏感）这个词的释义包括"表现出迅速和热烈的回应；积极，急切，脑筋机灵，感觉上特别敏锐"。（韦氏大学词典，第11版）

然而，大多数有关观察的指导不但没有培养积极的态度，反而把观察变成一个单调而费劲的事情，完全不像佩罗、加勒斯和帕利所描述的那些经历。当教师面对越来越多的要求，要填写各类表格、完成评估，观察就越来越丧失活力。如果我们这个职业听任这些情况发生，我们将会牺牲教师们能体验的那种最快乐的、有趣的、刺激智力的一种经历。另一方面，儿童将失去他们的游戏和想法被认真对待的可能，他们的活动不太可能被当成福曼所描述的"学习交锋"。

当你把自己仔细观察儿童和与其他教师交流你的所见作为主要教学任务时,你会发现自己置身于令人称奇的"学习交锋"之中。做一个敏锐的观察者是了解儿童成长、发现课程理念和满足评估结果要求的一个方法,也是避免被压力大的工作耗尽身心的途径。《观察的艺术》提供了一系列的活动,让你提高自己,以实现这一目标。

来自新西兰的灵感

从 2000 年到 2013 年,本书的第一版和第二版的十多年间,我们作者有幸遇见了许多优秀的教育家,其间得到了新西兰教育部的极大支持,并阅读了那里幼教教育者富有启迪意义的著作。他们也相应地从国际社会获得灵感。受意大利瑞吉欧·艾米利亚学校的影响,新西兰教育部编制了新的早教体系,并履行《怀唐伊条约》的义务,为所有新西兰人,特别是毛利人,创建了一个包容的环境。我们研究他们的转变过程,而对新西兰一年一度的走访让我们对他们的教学活动有了初步印象。教学活动依据的理念是儿童有能力、值得尊重,同时要平等地重视不同文化的知识贮备。

我们邂逅了怀卡托大学教授玛格丽特·卡尔,她的重要著作是把"学习故事"作为评估和职业提升的工具(《早教环境中的评估:学习故事》,塞吉出版社,2001);另一本是她与温迪·李合作的新书(《学习故事:早教中学习者身份的构建》,2012)。她的论述极大地影响着我们正在进行的教师—教育工作。与我们的同事汤姆·德拉蒙德一起,在咨询了卡尔和她的同事温迪·李后,我们改编了这种"学习故事教学法"以适应北美读者。我们看见没有经验的和经验丰富的教师都采用"学习故事法"来研究他们的观察笔记。他们根据自己的观察编写故事,揭示对儿童视角的新认识。此外,讲述这些与孩子们相处的故事时,他们对自己的角色有了更清晰的认知。你将在本书中读到这些事例。

善用本书

本书以系列的学习研讨课程为起始,旨在提高你的观察技巧。这些章节不同于其他有关观察的文章,因为其目的是帮助你学会**真正地看见孩子**。这种观察不以分析为目的,或对儿童或为儿童做什么,而是纯粹地尊重他们是谁和重视童年的经验。学习课程包涵

各种观察活动，帮助你摒弃你希望看到的样子和你脑海中可能有的任何标签或者成见，取而代之的是单纯地欣赏你亲眼所见的、可以描述的点点滴滴。这点非常重要，因为我们总是透过我们自己经验和价值观的有色镜片进行主观的观察。

前四章节的学习研讨课程介绍基本概念和实用策略以提高你的自我意识。你越清楚地意识到那些影响你听与看能力的事情，你就越接近目标。第二章是一个有关"学会看见"的学习课程；第三章是一个关于"留意儿童的想法"的学习课程；第四章是一个关于"观察儿童活跃的头脑"的学习课程；第五章是关于"观察儿童如何利用他们感官"的学习研讨课程。

这些学习研讨课后六个章节里你将会研究童年的具体问题。这同样要求摒弃你成年人的议题安排，或者作为老师想对你的所见做点什么的冲动。取而代之的是，你的目的就是真的看清楚那些是什么。佛教传统把这称为"正念"。

这六个章节之后的本书最后三章为你提供一些方法和策略，以进行组织系统的观察、充分地利用并与他人分享观察，同时利用观察进行教学规划和评估。

照片和观察故事，包括儿童对话的抄录，贯穿《观察的艺术》的全部章节，这些资料与文本具有同样的研究价值。你会发现老师自我反省和与儿童家庭交流沟通的例子,以便模仿如何使用和展示观察。

选择生活和工作方式

我们的世界充满形形色色的挑战,以致许多人麻木自己而生存,因此丧失了专注度。《观察的艺术》为我们提供一剂解药,应对压缩的、假如不是日渐削弱的,如何在世上生活的选择。活在人类精神的细节之中让你在生活中更加专注、活跃和快乐。如果你花时间去观察,每个儿童都会展现某些可喜的东西。当你把自己所珍视和关注的东西让自己和他人更清楚地看到时,这就成了改变的动力。我们可以一起创造一个积极的愿景,既适合个性发展,又有益于集体文化,它视儿童和童年为神圣的,值得我们全身心地关注。

第 1 章

和儿童相处的新方法：学习研讨课程综述

  我们要重新获得看见的能力，或在此之前，重新获得渴望看见的能力，这需要练习；因为长久以来我们一直在学习评判和摒弃——我知道那是什么，这事我已经见过上百次了——我们看不清我们周围的种种复杂现实、规律和各种细枝末节。试着像儿童那样去看——仿佛第一次看见。

——柯瑞塔·肯特和杨·斯图尔德

在读下面有关卡瑞纳教室故事的时候，请思考观察在她教学中所发挥的作用。她对儿童知识和兴趣的仔细观察如何影响着教室里所发生的一切呢？

这天，卡瑞纳给她和孩子布置教室时决定让纽扣发挥新用途。她把纽扣从架上取下来，放在桌上，引导孩子们去发现。她把扣子放在篮子里，摆出了一些美工纸，美工纸上贴着各种形状的图案。卡瑞纳开始尝试改变所有课桌活动由老师指导的教学模式。她很想知道，孩子们看到她摆放在桌上的材料，他们会做什么。

最先走近桌子的两三个孩子似乎挺犹豫，他们问她，他们应该做什么。卡瑞纳笑了，说："欢迎你们玩纽扣，看看你们能发现什么。"这几个小姑娘坐下来，另外几个孩子加入进来，有趣的事发生了。孩子们挑选起扣子来，同时描述着他们发现的东西，找到不同的方法把扣子放在纸上。卡瑞纳就在附近，看着孩子们如何挑选

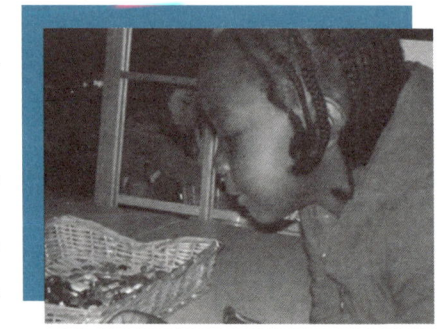

扣子,偶尔描述下她看见他们正做的事,她尽力回避诸如"这是什么颜色"或"你有多少个扣子"等问题。她只是记录或拍摄孩子们正在做的和说的,这个过程对她来说也是新鲜的。她急切地想更多地了解他们的兴趣以及游戏中的体验。

第一件让卡瑞纳吃惊的事是孩子们研究纽扣的形形色色的方法:有的似乎相当专注和认真;有些显示出极强的占有欲,享受拥有大量的扣子;有的孩子根据颜色、大小或形状挑选和分类纽扣;有一个孩子开始探宝,试图找到所有"用金花瓣镶边的"大纽扣;另一个孩子很随意地一次拿一只扣子,然后有条不紊地把它们排放在她的纸上;另一个更文静的、独自工作的孩子创造出一个明显表示人形的图案。

一个孩子发现,把纽扣摆在纸上后,如果他对着一只扣子吹气,扣子会跑到桌子的另一侧去。

他对自己的发现极为兴奋,大叫道:"看!看看我做的!看我做的!它在

飞啊。飞起来。那个跳了。"卡瑞纳走过去，更仔细地看。"哇噢，你真的有重大发现啊。你用气息让空气流动，空气让纽扣动了。"不一会儿，别的孩子也加入到他的活动中，他们发明了吹纽扣游戏，一边吹着扣子，一边制定起游戏规则。卡瑞纳很惊讶，孩子们玩纽扣的方式是她绝对没想到的。有一次，她把相机转过来，给一个孩子看她所捕捉的一系列照片，是那个孩子过去二十分钟时间里想法形成的过程，小女孩急切地向她描述每张照片里她在做什么。

卡瑞纳意识到，有件事困扰着她。她发现似乎没有一个孩子在摆弄纽扣时利用纸上的形状。实际情况是，有几个孩子把纸翻过来了，让空白的那面朝上。她想知道，这对他们探索空间和线条意味着什么。她迫不及待地和助理老师交流自己的观察，这样他们就可以思考下一次怎么给孩子纽扣玩。

对卡瑞纳与儿童一起工作的简单介绍充分地展现了本书所介绍的教学法的基本要点。以这种方式与儿童相处完全不同于专注于千篇一律的课程活动，而且也跨越传统的观察活动。传统的观察旨在评估和衡量结果。虽然这是观察的合理原因，但是与本书中作者所提议的观察相比，这个理由过于狭隘。你在卡瑞纳身上所目睹的是她不断提升的专业水平。她正在练习仔细观察、灵活思考、敢于冒险，承担未知后果。她在把握当时局面的同时还表现出灵活的分析能力。这个能力帮助她把孩子的探索游戏变成制订教学计划的源泉，更不用提她由此获得的灵感。

以这种开放的形式进行观察时，老师必须视儿童为有能力的创造者，能创造出自己理解的东西。他们视儿童为独立的个体，理应在体验时得到所需的时间和关心，以便展示出更深层的意义。卡瑞纳这样的老师看到了童年的丰富多彩，重视儿童的想法和追求。老师们用这种方式花时间观察儿童，努力发现他们的想法和理解力，而不花时间制定授课表，填写儿童发展量表。他们用自己的观察来指导自己的反应和制订实施计划，然后再从中提取资料，填写儿童发育数据或入学准备评估表格。

重读这个故事、研究照片，留意卡瑞纳在教学活动中所做的具体事情。

- 卡瑞纳准备了开放的材料供孩子们探索。她知道哪些材料吸引儿童，她挑选的材料可以从质地、美观、复杂性和其他可能性等方面进行利用。
- 她提供材料时关注到材料的排列顺序和美学，这能唤醒儿童的兴趣，帮助他们聚焦各种可能性。
- 卡瑞纳仔细地观察，记录孩子们探索和活动时这些寻常时刻的点点滴滴。她有时会即兴地和孩子分享她的观察，向孩子描述她所看见的一切，给他们看他们游戏的照片。
- 卡瑞纳分享她看见孩子忙碌时的喜悦。她提出开放性问题，避免那些只求特定答案的问题，让大脑处于好奇和开放的状态，想知道为什么孩子喜欢这些特别的活动。
- 甚至当一个孩子用令人意想不到的方式摆弄纽扣时，比如，吹纽扣，卡瑞纳夸奖他聪明。她没有制定规矩。
- 卡瑞纳急切地与其他老师分享自己的观察结果，想了解从他们的角度能否对正在进行的活动或以后可能组织的活动提出别的建议。

为什么是学习研讨课?

因为老师面对许多要求和分神的事,学会专心地观察孩子需要系统的学习和不断的练习。本书提供这样的机会。研讨学习课最初设计为大学的课程,以消解观察儿童是令人厌倦的工作这个观念。这些学习研讨课提供系统的课程,帮助你以全新的方式了解儿童。通过练习,你会发现,培养观察的技巧是你能自己和为儿童做的最刺激和最有营养的事之

一、能让你的工作更加轻松而且更有乐趣。

你会发现，这些学习研讨课没有设计成表格清单形式供使用或数据事实供学习，而是提供新想法、活动和经历帮助你发现**与孩子相处的另类之道**。每个学习研讨课程将让你参与一系列活动，旨在帮助你放慢节奏、提高自我意识和练习专注度；你将提升自己的灵活、批判和深入思考的能力。所有参与这些学习研讨课程的老师都发现这些课程对他们与孩子相处，甚至在生活的其他方面都大有益处。这里有一些参加过学习研讨课的老师所做的评论。

今天我看见一个蹒跚学步的孩子牵着祖母的手从我家走过。我从窗口看着他迈着小碎步蹒跚而行，好几次停下踩树叶、踢小草、指着一些落在地上的小果子。因为参加了这个学习研讨课程，现在我很好奇踩树叶、踢小草和指着那些我看见的明艳的小果子所给予他的快乐是什么。我突然意识我路过这里无数次，却从未注意它们。我对自己以前见过的事极快地做出判断，现在我开始对事情感到好奇，我对自己周围的小事情了解得越来越多，注意得越来越多。这真的很令人身心愉快。

——琳达塞

我感到自己被延伸了，在成长。现在看着儿童游戏时，我发现自己更细致地研究他们游戏，我意识到自己以前从来没有真正地看他们玩，对此我感到难过，不过，现在我知道的比我想的多了许多。

——朱迪

我觉得受到挑战，但是我也经历了一个学习过程。现在我明白观察是一个过程。这些引言真的让我开始思索。观察艺术的各种活动给了我全新的视角。观察练习帮助我更好地注意到细枝末节。我现在看周围的世界和几个月前有很大的不同。我看得更清晰，获得更多的乐趣。这是新起点。

——盖尔

这个学习课程教我用新方法去观察，不仅仅观察儿童，而是观察所有事。这和我以前参加的活动完全不同。以前我从来没有观察过事情；现在我正在尝试搞清楚观察是怎么回事。有时候挺难的，不过我学到很多。

——贝基

学习研讨课的构成

前四个学习研讨课——第2、3、4、5章——提供一些基本技巧，帮助你开始观察你周围的儿童。后七次研讨课——从第6章到第11章——结构组成类似。每个章节重点观察童年的某个特别方面。每个学习研讨课程都以一个老师的观察故事结束，这些观察故事详细地描绘观察的过程，他们被发布在幼儿园、博客或其他网络平台上。

第2章是第一个学习研讨课"学会看见"。在这章中，你将学习审视自己的经历如何影响自己的感知；将有机会练习去察觉自己的判断与自己的所见在细节上的差异。

第3章是"留意儿童的想法"，介绍一些观察策略，告诉你如何从老师的日程安排转换成发现儿童的想法，如何发现他们生活在此时此刻多么重要。这个学习研讨课程将是许多活动的起点，这些活动会唤醒你童年时喜欢的游戏的记忆，帮助你更轻松地站在儿童的角度看问题。当你能从儿童的角度看待儿童的游戏，他们将展现给你他们真的很能干。儿童的想法和由这些想法所激发出的尊重和信任将会改变你的教学模式。

第4章向你介绍"观察儿童活跃的头脑"。通过案例，你将了解为什么近距离的观察会让你发现即使最年幼的儿童也能聚精会神地研究游戏材料，并愿意学习得更多。

第 5 章"观察儿童如何运用感官"，介绍了儿童如何利用他们的感官探索他们遇到的新鲜事物。

第 2 章到第 11 章中的学习研讨课程以同样的方法建构，以帮助你练习观察技巧，并通过多种练习活动回顾各章节的重点内容。这些课程连贯的结构帮你同时发现左半脑和右半脑的技能。左半脑的技能帮助你观察孩子们活动的细节；右半脑的技能负责帮助你统观全局。每个章节里都有描述详尽的观察孩子的故事，以突出那个章节中所重点关注的童年的某个方面。

随着你阅读每个学习研讨课程，你会发现下列组成部分。

有关看的引言

我们行走在世，以为我们眼睛所见的就是真实的，其实，我们每个人对自己所见的事物都有自己的理解。

——唐纳德·霍夫曼

为了提醒你，每个人看待事情都是不一样的，每个学习研讨课皆以引言为引子，随后是对引言的反思，就像你刚才读到的唐纳德·霍夫曼的引言一样。这些引言出自艺术家、博物学家、诗人或其他耗时对自己所见进行深刻反省的人。用这些引言来点燃、刺激或挑战你，让你明白个人的经历可能会影响你如何看待这个世界、儿童和作为老师的你自己。

在《视觉智能：我们如何创造我们的所见》一书中，唐纳德·霍夫曼（2000）讲述了一个幼年失明，后来重见光明的男人的故事。霍夫曼描述那个男人遭遇了极大的困难来分辨清楚他所看见的事物。什么都认不出来，一切都是混乱的，因为他对明眼人的世界一无所知。他必须闭上眼睛才能正常地活动，因为他对世界的理解来自他其他的感官。这个故事充分地说明我们如何通过我们自己的经验、偏见和滤光镜来看待世界。我们在与儿童相处的工作中如果有了这样的认识，就能更周到和更有自知之明地进行观察。

学习研讨课的学习目标

这个清单介绍了你将参加的学习研讨课的学习目标的概要，供你在学习过程或研讨课结束时参考；同时，这个清单可以帮你反思自己的所学，帮你找出自己可能错过的内容。

对引言的思考

在这部分，你会被提问以帮助你思索所读到的引言，比如，霍夫曼关于看的引述。你有机会记录自己的反应和想法，以及这些想法和反应对你与孩子相处的影响；同时，鼓励你与别人分享自己的反应和想法，你或许也想收集这些引言，发布它们，或者留在身边帮你保持警觉以随时提醒自己。这些引言会启发你去看得更多、看得更宽。

观察艺术的活动

要给儿童和童年理应得到的关注，我们必须以全新的思路从事自己的工作。正如柯瑞塔·肯特和扬·斯图尔德在本章开篇的引言中所建议的那样，我们需要重新发现我们自己看的能力，而不是评判或摒弃。每个学习研讨课所呈现的观察艺术的活动将会质疑你第一时间的反应和判

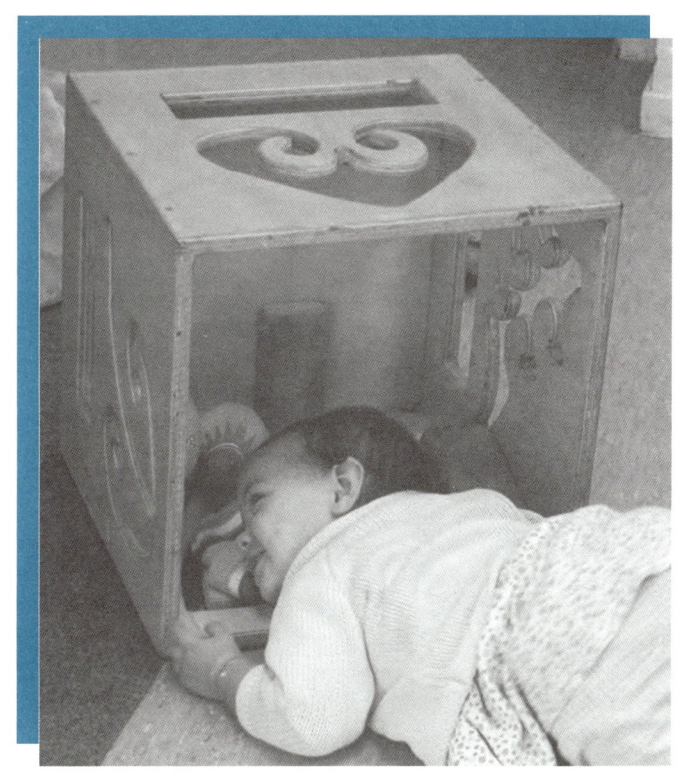

断。这些活动旨在帮你跳出你的第一印象。许多活动并不直接与孩子相关,而是有关艺术家、心理学家和博物学家的工作。

这里介绍的学习活动没有采用教师教育的传统方法,它们旨在提高你与孩子相处时的整体意识。有些活动帮助你锻炼思维和换位思考;有的活动要求你挖掘自己的创造力和表达独树一帜的看法。如果你发现头晕或感觉精神错乱,不要惊慌。开始感到心神不宁是学习过程的一个部分,将让你更清醒地意识到你是一个老师。

如果你认真地学习观察艺术的各种活动,这些活动将帮助你重新找到自己感到惊奇和好奇的能力。儿童以清澈的眼睛和清新的眼光看待这个世界;他们听到飞机引擎的轰鸣声,总是抬起头赞叹飞机;他们把冰淇淋含在嘴里,任其顺着下巴滴下来;他们会停下脚步,研究人行道上的裂缝。

学习观察的艺术将帮助你像儿童那样看待这个世界,敞开心胸,释放感官。你的生活和工作将因此更丰富多彩。

记住童年

每个学习研讨课程都以童年时期的某个特别主题为中心而构成。这些主题是老师们从日常工作中发现提取的。更深入地理解童年主题的意义,你会回忆起自己经历过的点点

滴滴和各种情感。你自己的经历将为随后介绍的观察故事搭建起舞台。

观察样本和观察练习

每个学习研讨课程都有观察故事的样本,利用这些观察样本可以研究那些对儿童来说极有意义和极其重要的经历的细节。随着你探究每个观察故事的细微之处,你会学到如何整理和描述你观察时所看到的点点滴滴。这些观察故事是童年平凡时刻的快拍照,把它们当成邀约,走近那些珍贵而丰富的资料以帮助你更好地了解儿童。有些观察故事后面还附有观察的老师再次研究这些故事后所做的进一步反思。

每个观察练习后会有一些问题,利用这些问题可让你更仔细地探究这个观察故事的细微之处,尝试发现这些细微之处对儿童的意义和影响。这会让你跳出你自己的滤光镜和教学安排,练习观察得更加深入细致。你可以独自反思,也可以和别人一起反思。

再看一眼

学习了观察故事之后，我们邀请你把这些方法用在你自己的工作中。这些问题和活动将促进你围绕童年时期这个特别主题进行实践、学习。你会发现需要审视的领域，可以在你工作环境里添加的材料和活动内容，找到进一步仔细观察的建议。随着你与儿童相处时不断地练习这些方法和技巧，这些观察方法和技巧将会成为你的第二天性。你开始自然而然地重视儿童的追求，在照顾和培养他们时变得更富有创造性。

更多可做的事

每个学习研讨课程都为提高自我意识和成长活动提供额外的建议，帮助你更好地了解自己，提高自己的感知能力，调整自己对待儿童的态度。

观察样本展示

所有学习研讨课程在结束时，由一位老师挑选出内容完整的书面观察笔记作为范本，配以照片，把它演变成为观察样本。研究这些观察样本时，你可以问自己：故事中的哪些东西对那个老师产生影响，使他/她愿意花时间这样分享这个故事。不管你是把自己的观察故事发布到网上还是打印出来在自己的幼教项目中做样本，决定花时间这样做应该由这几点决定：你想让别人如何看待儿童、你的价值观、儿童的独特视角和能力。

如何让观察研讨课程发挥作用

每章学习研讨课程的指南都提出了建议的学习方法，供你独自或与同伴或小组成员一起学习。只要有可能，就找个同伴一起共同学习吧。这种协同学习可以安排在不同场合，取决于你们打算如何让本书发挥作用。这些指导方针可以在员工大会、大学课堂、研讨会、督导项目等情境下使用，或者在同事之间，甚至与孩子家长相处的非正式场合使用。和其他人一起工作将让你见识到迥然不同的看法、更活跃的讨论以及对各个课程中不同活动意义的更深入的理解。如果有更多的眼睛、耳朵和观点汇聚在一个观察活动之中，你就能发现更多的细节、见解及其他各种可能性。

每个学习研讨课程的时间结构可以根据个人或集体的需求和日程安排灵活地调整。活动可以轻而易举地持续几个小时，也就需要额外的时间来做后续的建议。你需要制定一个适合自己的体系，这个体系要帮助你约束自己以完成需要做的练习。

利用和分享你的观察

第 12 章不再采用学习研讨课模式，而是介绍方法让你们自己组织起来，去观察并收集观察的材料。我们提供了宽泛的系列问题供你们研究。当你们发现重要的可以与他人分享的观察故事时，你们也可以利用这些问题，帮助厘清自己的观察。第 13 章提醒你们，文档记录经常被视为样本或模板，记录文档的过程让你们有大量的机会使用自己的观察。比如，你们可以利用这些记录：

- 作为自己了解儿童和儿童成长的研究工具。
- 作为与儿童相处时探索儿童想法的一个途径。
- 作为丰富自己的教学环境和课程的灵感源泉。
- 作为邀请同事和儿童家长参加谈话的方法。

放慢节奏来学习

你现在已经做好准备,开始《观察的艺术》的旅程了,给自己一点时间,学习做个有心人,享受你所发现的一切!有时,你可能发现自己心神不宁,那是因为身体和大脑按部就班已经太久了;也许到目前为止,你的观察方式和教学方法一直重点关注自己作为成年人的日程安排,没有尝试理解儿童,从儿童的看法中有所受益。也许你是个不停地积累观察材料和孩子照片的老师,但是没有把这作为提高自己研究和专业发展的途径。无论你在练习观察艺术的旅程中身处何处,我们介绍的这本书,都为你自己和你周围的儿童提供了一个拓展视野的机会。

第 2 章

学习研讨课：学会看见

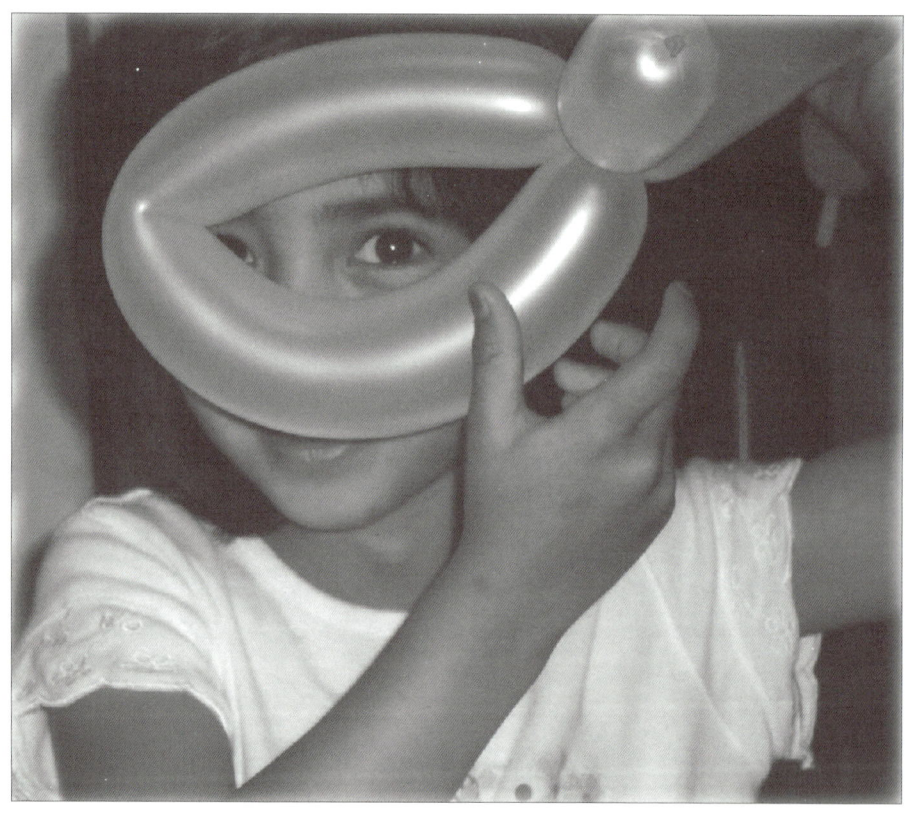

　　我们并不是真的用自己的眼睛或耳朵去看或听，而是通过我们的信仰去看或听。放弃了自己的信仰，那一刻我们也就不是我们自己了。

——丽莎·德尔皮特

本章研讨课的学习目标

在本章学习研讨课中,你将:
- 反思你自己的思维方式并反思它如何影响自己的认知。
- 区分描述和解释之间的差异。
- 学习观察技巧的组成。
- 练习看见一个观察活动的细节。
- 通过认知练习探索灵活的思考。

反思引言

学习观察时,我们必须从审查我们自己的经历和视角开始。重新阅读上面丽莎·德尔皮特的引言,思考以下这些问题。

1. "我们通过自己信仰去看或听"对你来说意味着什么?
2. 这个引言让你想起了什么经历?
3. 你认为这个说法与你和儿童相处的工作有何关联?

你可以独自反思,或者与同伴、小组成员讨论。你也许想参阅下面其他老师的反馈,激发或拓展自己的想法。

我觉得,这个引言的意思是我们都愿意自己是正确的,能掌控一切;要摒弃我们一贯的处事或做事的方式,真的很难。有时,同事和我在如何处理孩子之间的矛盾这件事上意见很难统一。我们尝试谈论这事时,都会非常戒备。我认为，我们必须找到沟通方式，意识到我们各自都有自己的观点和经历，我们不应该一开始就认为我们中有一个人是对的，另一个就是错的。我们有必要找到各种途径进行更坦诚的对话。

——基尔，学步班老师

这个引言让我明白为什么人们很难理解别人的观点。这个引言暗示，我们不但必须放弃自己的观点，还必须放弃自己的身份和个性。我觉得人们可能发现这太可怕了。哇哦！对我来说，这意味着我们要做许多事情才能相互理解和理解我们自己。

——迪伊，学前班老师

观察艺术活动

练习去探索那些影响你感知的因素

在用全新的视角观察儿童之前，你必须承认自己戴着有色镜。哪些因素影响你看待事物的方式？找到这些因素是最大程度发展我们感知敏锐度的第一步。下面列举的活动将帮助你探索这些感知差异的一些情况，这需要你至少有一个合作者，以比较你们反应的差异。一个团队的合作会使讨论更加活跃，有更多的差异供大家反思。

1. 在书本、杂志或网上找一幅一群人共同参与活动或相互交流的有趣的照片；给每个参加这个活动的人分发一个拷贝。
2. 如果你和一个同伴一起合作，每个人都应该花几分钟时间仔细研究这张照片。不要交谈或书写，记住你所看见的一切，记住自己看照片时的情感反应和所看到的细节；然后把照片拿走，依次向对方描述各自在照片中所看到的一切。每个人应该描述自己所看见的一切，无须评说或与对方进行讨论。

3. 你和一个团队一起工作时，请两三个人自愿走出房间（自愿离开者无需担心有圈套或被人评说）。然后请志愿者一个一个依次回到房间。把照片的拷贝给志愿者看一到两分钟，请志愿者在脑中默记照片的细节和看到照片时的情感反应；拿走照片，请志愿者口头描述他们所观察到的一切。

4. 每个人都讲述了他们所记得的照片的细节之后，大家讨论各自回忆的差异之处。参阅以下问题来引导讨论。

   - 每个人观察照片的差异分别是什么。
   - 你认为你们每个人有这样反应的原因是什么。
   - 你们的背景、经历和价值观中的哪些因素可能影响你们对照片的观察呢？

理解影响感知的因素

我们行走于世，赋予我们所见、所闻和所经历的一切以一定的意义；我们拥有不可思议的接收信息和即刻理解信息的能力。如果不能理解某事，我们就感觉不适与失衡；有这种感觉时，我们会努力探寻原因，我们渴望回到我们惯常的、舒服的待物处世之道。

从孩提时期起，我们就在学习如何理解我们周围所发生的一切，我们发现面部表情和身体语言传递着丰富的信息，语音语调给我们留下进一步的印象，这些都是影响我们今天观察世界的那些最重要因素中的一部分。我们会立刻评估形势，哪怕我们并不清楚哪些因素影响着我们；我们每个人的行事方式大相径庭，深受我们童年、性情和经历等诸多因素的影响。

如果我们更清醒地意识到我们对世界的理解，我们就可以分析那些起作用的因素。过往的经历极大地影响我们如何理解事情。我们观察一个场景以发现那些我们熟悉的东西，然后根据过去的经历赋予其意义。我们对即将所见的一切的期望也是这过程的一部分。有意或无意之中我们经常看见我们期望看到的一切，我们在那一刻的感觉强烈地影响着我们的所见。如果我们疲惫、寒冷或刚刚与朋友争吵过，这些经历会影响我们的感知。正如本章开篇所引用的丽莎·德尔皮特直言不讳的阐述，我们的价值观和信仰影响着我们对一种情形的理解和判断。

这个描述照片的活动提醒我们，我们所有人在理解事物时都会有所出入。有些人描述场景中具体的实物，而另一些人注意到这个场景中人与物的关系；有的人描述细节，而另一些人则描述他们看到照片时的感觉。

显然，我们看待事情的角度大相径庭。但是在平时生活中，我们通常以为，我们的所见是真的，别人必须看见与我们所见完全相同的事实。碰到观点相左时，便产生矛盾冲突。我们以为，假如我们之中一方是对的，那么另一方肯定是错的。我们许多人不喜欢矛盾冲突，试图避免矛盾冲突。然而，我们都承认倾听各种经历和新奇观点能给我们带来机会，哪怕我们对此并不喜欢。这是拓展我们思路和提升我们人文情怀的机会。

本书帮助你开发一种积极、理性的方式来反省和解释你对儿童的观察。目前的任务是当你审视自己对事情和情景的反应时要保持警觉和自我反省，尝试发现那些可能影响我们感知的因素。提醒自己，别人可能有不同却是正当的观点。一旦你明白自己在观察时戴着有色镜，你就可以有意识地更仔细地审查自己的所见。这种对自己的所见立即做出判断的习惯会限制你的视野，你会忘记自己的所见只是自己观点，而不是你自己之外的某个东西。改变这个习惯需要不停地练习和不断地自我反省，因为人们很容易待在自己的舒适区里。

另一个更具说服力、让你放慢节奏、用心观察的理由是你必须确保自己尽可能发现儿童最能干的那一刻。美国众多的教育和政治理论强调让儿童做好上学的准备和修正缺点，这种对儿童的狭隘的评判渗透在我们教育儿童的语言和实践中。正如瑞吉欧·艾米利亚教育家提醒的那样，我们对儿童的印象影响着我们所做的每一件事，而这会压制或提升儿童的潜力。如果我们视孩子为需要帮助的、缺乏某种能力或技能的人，我们可能就限制了给他们提供机会，或者我们可能会阻碍他们去体验某些宝贵的经历。通过仔细观察，发现儿童的能力，会让老师在与他们的交往中更好地激发他们的潜力。

观察练习

下列活动旨在帮助你练习更有意向地进行观察。在观察时，你要尽力摒弃先入之见，不要考虑如何记录或利用自己的观察，抹去头脑中有关如何正确观察的一切杂念，让自己在这一刻全身心地学习你所能学会的一切。

练习留意描述和解释之差异

学习观察的最大的难点之一是辨别描述和解释之间的差别。这个活动帮助你提高从描述性信息中剥离出解释的能力。

独自或与同伴、团队成员一起观察下列照片，记录自己对这个问题的回答：你在照片中看到什么？答案越具体越好。

练习创建一个"停车场"

我们观察孩子时，经常会基于我们自己的成见和价值观做出第一反

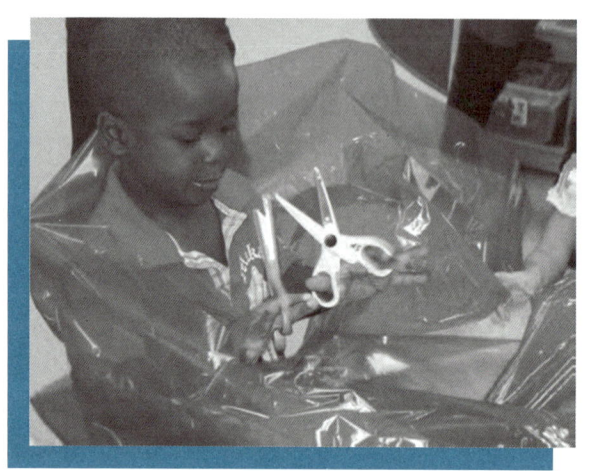 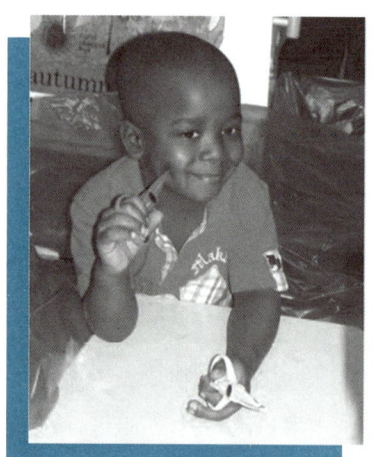

应，这些都会阻碍我们真正地看清孩子所做之事的重要性。认清这些最初的反应，并把这些第一反应搁置在一边——放入"停车场"，有益于我们进行观察。你可以把这些反应单独记录在观察笔记中。以下是"停车场"样板，供观察上图照片的老师参考。

- 男孩用剪刀的方法不对。
- 他玩弄剪刀，试图吸引我的注意力，他不应该这样做。
- 剪刀离眼睛太近了，我最好干涉一下，因为他会伤到自己。

你最初的反应可能有一些价值，安全问题可能需要你立即采取干涉行动。但是，留心这些第一反应，在干预之前稍稍等一下非常重要，除非是危险迫在眉睫。如果你仔细观察，暂时搁置自己的第一反应，你可以更周全地考虑是否要进行干预，如果必须干预，应该如何干预。

阅读自己为上图照片所记录的观察笔记，考虑一下是否有些内容应该从观察信息中挪放到"停车场"里。

重新阅读自己的笔记，和下面的表格做个对比。注意：笔记分列在两个条目中，一个标注为"**描述**"，另一个标注为"**解释**"。在练习写作观察笔记时，要在笔记本中间画线，将页面一分为二，分列两个条目提醒自己，何时描述，何时解释。

在和儿童相处时，观察的最终目的是理解展现在眼前的一切，充分地解释你目睹的儿童所做的一切，以便你能做出积极的反应。在这个过程中，要清醒地意识到，你收集的细节和描述与你对此所做的解释之间的差别。

描述	解释
照片中，男孩两手各拿一把剪刀，大拇指和手指头都插在剪刀把的洞里。	
他握着剪刀，伸出手和手指头，仿佛要张开和闭合剪刀。	他饶有兴致地查看剪刀，想搞清楚它们怎么用。
他仔细地看着手里握着的两把剪刀。	他灵巧地比较两把剪刀，看它们如何一起工作。
在另一张照片中，男孩有两把剪刀，一把放在桌上不动，另一把则压在自己脸颊上。他笑着。	他玩得正开心，为自己做的事感到高兴。

另取一张纸，从中间画一条线，在左边标注"**描述**"，在右边标注"**解释**"。然后用这个图表把你的观察笔记从你的观察活动中剥离开来。哪个表格中记录了真实发生的那些细节呢？哪些是你所理解的可能正在发生的一切呢？别担心会把句子揉在一起了。你可能发现句子的前一半是观察，后一半是反思。这没有关系。

认清观察技巧的构成

要发现观察活动的意义，你必须描述细节，以支持自己的解释。详细的信息有助于你发现因自己的偏见和成见而可能造成的解释和误解。你发现的细节、信息或观点越多，你就会发现越多的办法对儿童做出回应。

你可以学会观察细节。在解释时，你必须留心，寻找那些构成整体的较细小的组成部分。发现自己进行解释时，停顿一下，问自己"我具体地看到了什么让我做出这种解释"，比如，观察照片中握剪刀的孩子时，你的笔记可能写着"他正调皮呢，想吸引我们的注意"或"我担心他会伤到自己"，你具体看到了什么，让你这样解释他的动机或动作？他举动、面部表情、肢体语言或语调中的什么被你理解为调皮或不安全呢？

照顾儿童时，我们利用这些观察技巧来提醒我们用心地寻找我们所看见的微小细节，这些细节也帮助我们看到他们的能力。它们促使我们支持孩子们的主动性，提高他们的自信心。下面是观察技巧组成的各个要素，以及各个要素的定义，最后是一个例子，学习如何运用它们来观察那幅拿剪刀男孩的照片。

客观性：观察但不评判。做到客观很难，因为即使你试图暂不评判，但是观察时你仍然会选择性地进行关注。做到客观的最好方法是寻找细节，然后留意自己的主观性，这能帮助你暂缓担心那个手握剪刀男孩的安全；它让你看到他能力的各个细节和他观点的价值。你可以靠近他一点，以便在必要时立即采取行动，但是尝试一下发现那些细节，它们能让你有更有益的想法。

男孩手握两把剪刀，在用手和手指头操作剪刀时，他非常仔细地观察剪刀的动作。

具体性：寻找具体的细节，比如，图片中有多少儿童和成年人，有什么材料和多少材料，活动的时长。

这是教室里的自由选择时间，男孩选择了剪刀和桌上色彩鲜艳的玻璃纸。

直接性：尽可能地记录直接引语。静止的照片当然没有声音，但是观察者可以听到并记录孩子所说的话。

那个男孩一边笑着一边对旁边的人叫道："我能同时用两把剪刀。"

情绪：描述一个场景的社交和情感细节。这些细节包括音调、肢体语言、面部表情、手势和其他非语言信息。情绪线索可能难以破解，因为我们对此有习惯性、无意识的反应。我们从婴儿时期就已经学会如何读取情绪线索，我们对幼年的这些记忆与语言并无关联。需要经过许多练习才能学会利用情绪信号来描述细节而不是做出解释。

那个男孩观察剪刀时的表情很专注。他一边灵巧地张开和闭合剪刀，一边看着自己的手。他声音激动地叫喊道："我能同时用两把剪刀。"

完整性：描述事件起始、中间过程和最后结局。一个完整的记录要描述场景、参与的人物、按顺序发生的行为动作、回应、互动和结局。

游戏时间开始时，约书亚坐在桌边，他开始用各种方式研究纸张。他碰碰它，试图用手指头撕纸，又尝试用剪刀剪。他的注意力转移到剪刀上，他把手指头伸进两把剪刀里，开始张开、闭合剪刀，他一边弄剪刀一边检查自己的动作。尝试摆弄剪刀几分钟之后，他叫道："我能摆弄两把剪刀。"

说"约书亚在摆弄剪刀"是一个不值得讲述的故事。其实，如果仅从表面上来看，你可以用安全与正确使用剪刀的理由来阻止约书亚摆弄剪刀。如果你这么做了，你很可能没有意识到这个经历对他重要而深远的意义。如果你留意到细节，你会为探索和发现这非凡的童年时刻而感到惊讶；你会支持约书亚做个自我主导型学习者，而不会反复纠正他的行为。用观察技巧来汇集这个故事的点点滴滴，揭示出这个活动的丰富内容。随着你留意到越来越多的细枝末节，你会发现那些看似平常，或者富有挑战性的童年时刻给孩子提供了了解自己和周围世界的重要机会。

练习描述细节

你也可以练习观察那些与孩子经验无关的细节。这个练习活动可以让你对自己描述细节的能力进行自我评估。做这个练习，你需要一个同伴和两套相同的小积木或玩具。

1. 与同伴背靠背坐下，每个人各拿一套积木或玩具。
2. 用积木搭建一个建筑或做一个设计。
3. 向你的同伴描述你做的建筑或设计，你的同伴必须根据听到的指令争取模仿搭建这个建筑或摆出这个图案，但是不能看你搭的东西，同时，你们也不能问问题。
4. 你的同伴完成后，你们一起观看完成的作品。讨论你给的指令哪些有效，哪些无效。
5. 互换角色，让另一个起主导作用。依据同样的程序，但是看一下你们从第一轮练习中汲取的教训是否在这次练习中让你们有所裨益。
6. 这轮练习结束后，思考一下这两轮搭建活动的差别何在。

整个活动结束后，与同伴讨论以下问题。

- 第一轮活动中，描述人在描述搭建什么东西时发生了什么？你们各自发现了什么？
- 你们成功在何处？你们各自为成功做了什么？
- 是什么妨碍你完成这个任务的？
- 又是什么本来可以助你们一臂之力的？
- 你觉得这个任务对你来说是容易还是困难呢？

这个任务旨在帮你了解交流时分享相同的理解和达成一致意思的重要性。你描述的细节越具体，你就越可能成功地发出指令。你或许发现你的理解，特别是在没有反馈或交流时，导致了误解。你们一起汇总意见，讨论细节，就能更好地理解所遇到问题的复杂程度，这比各自从自己的观点和理解角度出发有更好效果。

再看一眼

一旦你意识到那些影响你观察的因素和你是多么容易或困难地留意和描述细节，你已经踏上了提高自己观察技能的道路。这个背靠背、根据指令搭积木的活动也同时帮助你评估自己的倾听技能。一旦你知道哪些因素影响你的感知，你迈出的每一步就都能提升你看和听的能力。要留意情绪信号可能影响做出客观判断的能力；同时要明白需要什么才能战胜这些因素以及如何使自己的感知更敏锐。还有更多的活动可以在这个过程中提高你的能力，助你前进。

进一步探索思维定势以及其对感官的影响

和朋友或同事到公共场合，比如街角、公园、商场，坐在长凳上看看来往的人群，互相讲述各自的所见，让对方描述具体细节，而不是解释；讨论你们所注意到的不同之处，讨论你们怎么会看见相同或不同的事情或人以及为什么会对所见有相同或不同的解释，并就你们的发现写出反省笔记。

更多观察练习——把这些放在一起

尝试独自或与同伴、小组成员做这个活动，进一步练习汇集细节，描述所见，并解释自己的观察。

1. 收集更多的照片。许多漂亮的摄影书籍提供了大量表现孩子们活动和情感的照片资料，如，杰瑞·梅森（1977）的《儿童之家》，西尔维亚·查德和伊凡纳·高根（2009）的《我身边：做孩子》。你也可以上网搜寻孩子们的图片来练习观察。开始练习时用照片比用真人视频容易许多。
2. 为了帮助你区别描述与解释的差异，在纸的中间画一条线，一侧写着"描述"，另一侧写着"解释"。你也可以在纸上为"停车场"留点空间，随手记下你的即时反应并做好标注。
3. 把你图中所见写下来，把你的字和词放在相应的分类中。
4. 回顾观察技巧的组成要素（23—25页），练习观察图片中更多的细节。

这些技巧练习得越多，你就越善于观察。如果你已经通过图片充分地练习了观察技巧，你就可以遵循同样的步骤练习观察儿童的短视频。最后，练习观察现实生活中的儿童。记住：花时间，真正地观察孩子；不用担心是否有正确的答案或有完美的写作技巧。

更多要做的

你已经完成观察学习课程的第一课！你或许认可，培养这种方法和必要的技巧需要时间、需要练习。你的某些练习应该聚焦在那些有助于你改变观念的活动中。尝试放弃你的成见，离开舒适区；接受那种伴随放弃惯常视角而来的不安感。这里有一些观察艺术活动供你练习。这些活动并非直接与观察儿童有关，而是有趣的试验，帮你开发灵活的思维方式——当然，这也与你的幼教工作密切相关。

光学幻觉

下面图片中哪些横线是平行的？你怎么知道的？

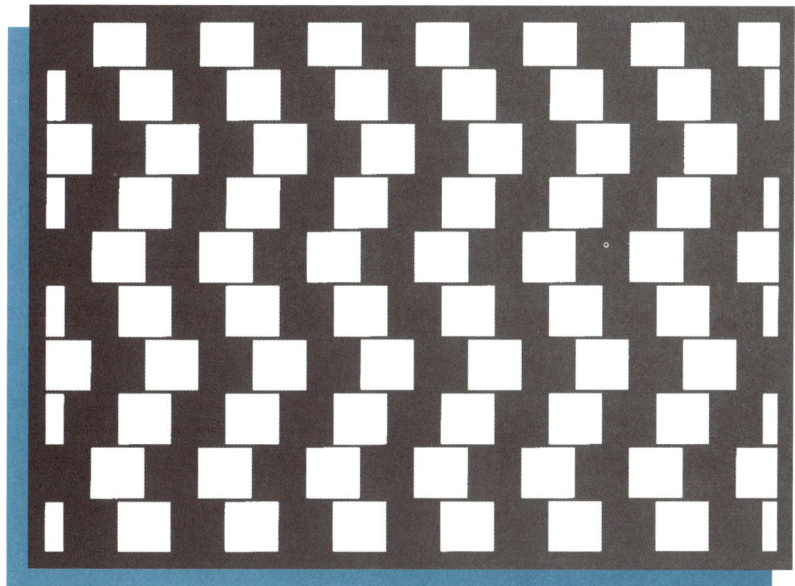

（本图使用获得 www.exploratorium.edu 网站的许可）

右侧的图片中是个老太太的头像还是个年轻姑娘的头像呢？如果你仔细观察，两张头像同时存在。再努力地看，你可以一会儿看见老太太，一会儿看见年轻姑娘。留意你从一张头像切换成另一张头像时的那种微妙失衡感。练习快速地在两张头像中切换，直到自己可以舒服地做这个动作。

（本图使用获得 www.exploratorium.edu 网站的许可）

等角透视设计

花点时间用彩色铅笔或记号笔给这个图案涂色。注意在涂色过程中视角的变化,研究自己完成的作品,继续练习变换自己的视角。

(来源:约翰·洛克,等距透视设计与绘制,多佛出版公司,1981。该书已获使用权限)

魔眼三维设计

找一些有魔眼的明信片、年历画或图书，比如《魔眼：看世界的新途径》（N.E. 森公司出版）。你也可以在 www. Magiceye.com 浏览魔眼网页。将图案放在眼前，然后慢慢地，非常慢地把它从眼前拿开，看着这个图案，但不要聚焦双目，努力不要眨眼睛，你会发现一幅隐藏着的图像神奇地出现了。这里的关键是放弃看见某个东西的期待。只有当你这么做了，真正地看入图案之中，一个图像才会出现，这是很诡异而有用的练习，让你学会放弃期待，才能看见真正呈现的一切。

发现差异/发现细节

看见细节和差异的能力来之不易，亦不可不练而得。获此技能的一个有趣方法是善用"找差异"的儿童读物。你可以独自练习或与同伴一起练习。图书馆或书店有许多这类书籍。这里介绍一些最受欢迎的书。

- 学术书屋出版社（Scholastic Books）的《我是大侦探》。有系列丛书供选择。它们挑战你的能力，让你根据主题或谜语从众多物品中找到特定东西。
- 由 A. J. 伍德编著的《瞧！终于"辨明差别"之书》。第一眼看来，相对页面上的漂亮图画似乎完全一样，但是再仔细观察，就会发现令人着迷的差别。
- 由马克·威克斯编著的《蜕变：终于"发现区别"之书》。这是一本更加复杂的发现差别的书。相对的页面上有插图和文字供比较；更有难度的是全书暗藏着一个主题：生命的周期。

视觉感知游戏

另一个方法可以提高你发现细节的能力，就是玩与视觉感知相关的游戏，这些游戏可以与团体成员一起玩，也可以独自玩。比如，由赛特有限公司（Set Enterprises, Inc., www.setgame.com）设计和发布的赛特卡片游戏和美泰公司（Mattel）设计的棋盘游戏"角斗士棋"就是两个很有趣的例子。

网络上的视角转换游戏

你也可以在网络上找到许多游戏来练习切换视角。上网搜寻关键词"透视拼图"（perspective puzzles）和"光学幻觉"（optical illusion），或者上 YouTube, 找"光学幻觉（optical illusions）"，你会发现无穷无尽的有趣的练习材料。

反思"转换视角"

使用了这里所提供的资源之后，写下对自己的发现的思考和反省。下面是一些老师反思的例子。

刚尝试时，大多数这类游戏都让我感到头晕头痛。但是，认真玩了以后，我可以感觉到头脑镇定下来，我越来越能够控制自己从两张头像中进行相互切换。的确，我们不喜欢自己的视角被颠覆，我现在明白为什么我们面对不同意见时总竭力坚持我们自己的"事实"。

——盖尔，学前班教师

这些活动真的让我注意到我自己视为理所当然的陈规陋俗，我认识到寻找细节极其重要，我不应该自以为是地认为看第一眼就知道发生了什么。

——尼可，幼教学校学生

观察样本展示

学习新的观察方法需要你留意细枝末节。不要对自己的所见立即采取行动,而是要挑选一副镜片来研究那些细节。这副有用的镜片就是想象儿童神奇灵动的大脑如何看待这个世界的种种可能。下面的观察故事中,达纳老师演示了她如何运用自己活跃的大脑来想象当她邀请四个月大的多米尼克看到她给的魔术跳舞灯时可能体验到的一切。因为练习有意识地看,达纳已经改进了她教学和观察儿童的方式。

多米尼克和跳舞灯

多米尼克,你趴着的时候,我觉得这正是让你认识灯的魔法的好机会。我把电筒和两三个玩具一起放在你近旁的地板上,你注意到离电筒最近的玩具上反射出的灯光,但是这似乎没有吸引你的注意力,于是,我拿起电筒,在两个玩具之间前后移动电筒。这时令人激动的时刻开始了!

你开始踢腿,发出声音,仿佛你在说你看见了什么。你转动脑袋追随在房间里跳动的灯光,跳动的灯光停在你跟前时,你伸手去够它。

多米尼克,你是试图抓住灯光

吗？或者，你是想拿灯光照耀下闪光的玩具？你咿咿呀呀时，是在说你看见了什么吗？你是在问"那是什么？它怎么让玩具发光的呢？是不是光接触到一切都会这样呢？"吗？我觉得，在你了解灯光的奥秘时，你可能有很多问题和答案让我来注意。

多米尼克，我一直知道像你这样的孩子有巨大的学习能力，但是我以前不知道你从我这里可以学到多少，我从你那里能学到多少。我已经改变了如何看待你和自己做事的方式。我做着许多同样的事，但是我做这些事的方式跟以前不一样了。我不再关注一个活动，而是关注你和你参与这个活动的体验。我已经学会想象你可能正在体验什么。我知道你看见许多我看不见的东西。我向自己提出问题，问自己如果我第一次看见某个东西，我会发现什么呢？我可能想知道"这是怎么发生的？这怎么到这里来的？"我太激动了，因为我看见你脸上惊奇的表情，你身体兴奋的反应，我知道我们是相互联系的。

——达纳，老师

第 3 章

学习研讨课：留意儿童的看法

如果你有一个两三岁的孩子或者可以借用个孩子，让她给你上堂"看"的启蒙课，这只需要一点点时间。请孩子从屋前走到屋后，仔细观察她这短短的路程。一路上她会不断地停下来，转圈、摸和捡东西，去闻、摇、尝、擦和刮。孩子的眼睛会盯着地面，沿路每张纸、每个碎片、每个物件都将是新的发现。

如果这是熟悉的地方——同样的屋子、同样的地毯和椅子，那也无关紧要。对孩子来说，这个特别日子的旅程，和特别的光与声，是以前从来不曾有过的。于是孩子尽情地释放它应该得到的好奇和关注。

孩子完全正确。

——柯瑞塔·肯特和扬·斯图尔德

本章学习研讨课的学习目标

在本章学习研讨课中，你将：
- 练习仔细地观察你周围的东西。
- 回想最喜欢的童年记忆。
- 研究童年的要素。
- 练习看见孩子的想法和能力。

反思引言

柯瑞塔·肯特和扬·斯图尔德提醒我们，成年人记住儿童眼里的世界很有意义。带着这些问题再读一遍上面引述的肯特和斯图尔德的话。

1. 你对这段引言的反应是什么？
2. 你近期有与此相关的经历吗？
3. 有什么事情是孩子教给你的或提醒你的？如果不是那个孩子指导或告诉你，你可能不会注意到那件事。

阅读老师的反思以激发你自己对此引言的思考和讨论。你也许想独自反思，也可与同伴或在团队中讨论此引言。

这个引言告诉我，我日常生活过得过于匆忙。每天我走着同一条路，路过同样的街道，遇见同样的人，经过同样的房子、树或花草。我的眼睛直视前方，思想在千里之外，我错过每一天的小小的精彩，这些小小的精彩真的让生活很珍贵。如果我摘掉有色镜，这点点滴滴和惊喜会充满我的感官，我就真的看见了！我和儿童在一起时，我将观察和理解儿童所做和所见的那些小小的惊喜，我会知道我看见了某些非常珍贵的东西。

——雪莉，幼教学生

观察艺术的活动

仔细地看

到户外走一圈。散步时就好像第一次看到这些东西，就像你所反思的柯瑞塔·肯特和扬·斯图尔特在引言中所描述的孩子旅程一样。当你走动的时候，把注意力放在地上。停住脚步、转个圈、摸一摸，捡起一些东西闻一闻、尝一下、擦一下、刮一下或弯一弯；留意影子、光线和声音。挑选一样吸引你的东西，多花点时间探究这个东西，给它画张素描，详细地描述这个东西的方方面面和你对自己所观察的反应。和一个同伴交流一下你的发现。

学习视童年为生命周期的重要部分

儿童看见太多我们看不见的东西。一旦成年，我们最会忽略的事就是儿童究竟是什么样子和童年的价值。日日与孩子相处的父母和老师经常关注孩子将来会成为什么人，而不是此时此刻他们是什么样子。假若我们想抛开这种成年人的视野，我们就必须开始注意年幼孩子的与众不同的想法和童年的重要任务。

儿童经常展示出他们的所学和他们知道如何去做，他们的语言表达看上去可能幼稚或不成熟，但是这其实说明了儿童想了解世界的渴望。

目前的研究表明，儿童的大脑与成年人的大脑有很大不同，儿童比成人更专注地听、看和感觉着（古普尼克，2010）。我们对儿童的发育越了解，对大脑研究得越清楚，就越能确定童年是人的生命极其重要的阶段。

看到孩子在游戏和交谈时追求自己的兴趣，我们不得不承认这些时刻正是生命成长的核心。见证与参与这个过程让成人有机会更广义地了解自己在生命周期中的地位。当我们停下脚步，欣赏童年的经历时，我们的生命得到了丰富和延长。

如果我们花点时间回想一下我们自己最喜欢的童年记忆，我们就更能全面地重视我们所见的儿童的所为。时常回想你自己童年难忘的时刻大有裨益；这些记忆让你经常意识到孩子需要你做什么。下面的活动让你有机会探索童年的回忆。

练习回忆一次最喜爱的童年时光

你可独自、与同伴或在团队里做这个练习。首先，凝神冥想，回忆自己童年最喜爱的记忆。请参阅下面问题帮自己探索记忆深处的点点滴滴：

- 你回想的事情发生在何处？
- 当时的环境如何？
- 那个地方感觉怎么样？
- 当时它看着、闻着、听着、摸着或尝着像什么？
- 还有别的什么人在场呢？
- 你对这段回忆有何感受？
- 你的时间感是什么？
- 有什么样的技艺和能力是这个经历的一部分呢？它们对你的现状有什么影响？

在回忆自己的童年或者听别人讲述童年记忆时，思考上面提到的问题。大多数人的童年回忆都有这些共同的元素：

- 在户外亲近自然和/或动物。
- 富有创造力；把捡来的东西变成游戏的道具。
- 敢冒险，渴望力量、刺激和身体对抗。
- 大多不受成年人干扰进行探索。

- 搞得一塌糊涂，脏兮兮，有时调皮闯祸。
- 独立或与他人协力工作，解决问题和消解矛盾。
- 参与有意义的工作，经常和成年人一起。
- 喜欢节日和家庭或社区的聚会。

一点也不奇怪，成年人经常谈论起这些话题，这些是童年最有意义的经历的一部分，它们影响着儿童的成长和学习，因此老师应该承认并重视这些经历，这点相当重要。最简单地承认这些经历对孩子极有价值的方法之一就是记住在我们自己的孩提时代它们如何影响了我们。如果能敏锐地观察和你在一起的儿童，你会发现这些经历对他们的意义。

记得我们自己的孩提时代帮助我们在思考和做计划时给它们留有一角，而这有助于我们在观察孩子时留意到儿童的想法。

观察练习

这里介绍几个观察故事帮助你练习发现孩子的想法。

你好，影子！

这是暮春阳光灿烂的美好一天。两岁的亚当决定探索院子中央干涸的泥坑。他用手指头挖地，用手掌拍打尘土，激起一片小小的飞尘。亚当嘻嘻地笑着，继续挖着泥巴。突然，亚当停了下来，一只手在地面上方来回移动，并摆动着手指头。亚当盯着地看，时不时地把手举到脸前，摆动着手指头。再一次把手放在地面上方时，亚当摆动着手指头："你好，影子！"亚当友好地向自己的影子挥手打招呼。

——雪莉，学步儿童老师

反思这个观察故事时，请思考这些问题：

1. 亚当如何显示出他对影子的兴趣？
2. 哪些线索表示他注意到影子的什么了？
3. 他对影子的探索可能让他明白了什么或者他试图理解什么呢？

虽然像亚当这样蹒跚学步的婴儿不会使用许多词汇，他们有许多方法告诉我们他们注意到什么，并试图去了解什么。亚当用手势和行为作为表达的语言，通过自己的身体和手与影子产生互动，他告诉我们他注意到的细节。成年人经常忽视初学走路的婴儿看似无足轻重的经历，其实，仔细观察我们会发现这其中复杂的过程。

在出生之时和出生之前，婴儿天生就拥有不断提高的了解周围世界的技能，他们是天生的科学家，在追求并要求人们关注他们的需要和利益方面，他们是了不起的沟通者。有些成年人不得不训练自己以注意到他们这些小小的需求，而另一些成年人则轻而易举地被婴儿经历的表达所吸引。你属于哪一类人呢？什么能帮你开始注意到更多的细节呢？

把东西摆好

杰森六岁了。每天参加课余活动时他总是做同样的几件事。首先，他走一圈，招呼每个人，用单调的节奏称呼他们的姓与名：罗恩达·布来克，帕姆·威尔纳，翠珊·克丝特。然后他检查房间里所有的门，如果门开着，就把门关上；遇到灯关了的时候，他打开灯。做完这些事后，他走到积木区，只要老师同意，他就一直待在那里。

杰森没有亲近的朋友，也不参加别人的活动，但孩子们都知道他能搭建令人难以置信的积木建筑，而且经常找他帮忙。他回应他们的请求，然后又独自玩耍，这通常意味着搭建繁复的积木城市或机场，把所有的小汽车一个不剩地排列整齐。

——辛迪，老师

请仔细阅读这个观察故事和照片的细节以发现你能从杰森身上学到什么。

1. 他行为中一成不变的规律是什么？
2. 他擅长什么？
3. 他似乎喜欢什么？
4. 你觉得他和其他人的关系如何？

写下你的反思或讨论一下，探索杰森的能力和想法。

杰森被评估为有特殊需求的儿童。这个标签会导致他周围的人看不清楚他是个什么样的孩子，而忽略他所知和所做的不同寻常的事。当然，杰森这样的儿童需要特别的照顾，但是与这样的孩子一起工作的起点应该是承认他看世界的角度，认可他给自己和他人带去的益处。

如果你对杰森的反应是一种怜悯或想修正他的行为，那么你能否把它变成好奇心，更多地了解透过他的眼睛世界是什么样的。要让自己关注他的能力，你会问自己什么问题呢？你如何帮助其他孩子来赞赏他的能力呢？

与风角力

尼克立即有了主意，如何使用他在游戏场上发现的那块鲜艳的红布。他决定用它来盖住桌子，不过这个任务不好完成，因为风不停地吹，尼克想把它铺在桌子上，但是布在飘动，在摇晃。他试了好多办法把布铺平：他趴下来，用身体把布压住，但是他一起身，布就被风吹跑了；他试着舞动红布把它摊在桌上，但是没有成功。后来，他又拉着布的一角，但是布仍然跟着风飞舞。布不断被风吹起，贴在他身上。风小点的时候，尼克能把布铺在桌子上。实现自己的目的后，他潇洒地把红布从桌上扯下来，开始旋转，随着风和红布跳起了舞。

——吉姆，老师

请参阅下列问题来关注这个观察故事中尼克的体验。

1. 从尼克的角度来看,这次体验的本质是什么?
2. 尼克明白了什么?知道应该怎么做了吗?
3. 尼克在探索、试验或试图弄清楚什么呢?
4. 什么让尼克感到受挫?
5. 尼克对自己的感觉如何?

当你从儿童的角度仔细观察和审视他们行为的细节,你会发现,儿童开始自主地追求自己的想法和兴趣时是极其聪明和积极的。尼克灵活地思考,想方法解决他给自己设定的挑战。他的坚持不懈值得推崇。

再看一眼

在教学的每一天，你都有机会注意到儿童的能力和创造力，即使他们忙于那些挑战你的事。如果你以研究者的身份与他们待在一起，脑袋里装着问题，而不是标签或评判，你就会找到应对他们的新方法。当你开始培养这种思维模式时，试试下面的活动来提高自己的观察能力。

练习接纳孩子的想法

观察你工作环境中一个儿童普通的自主游戏，参阅下面问题帮助理解儿童的想法。

1. 从那个孩子的角度来看，这个经历的本质是什么呢？
2. 那个孩子知道什么？知道怎么做吗？
3. 那个孩子在探索、试验或试图弄清楚什么呢？
4. 什么让他感到受挫？
5. 他对自己的感觉如何？

尝试做你看见的儿童做的事

如果你仔细地观察儿童，然后尝试模仿你所见到的他们做的事，你就能高效地学会看见儿童之所见。留意孩子如何使用材料、完成任务或解决问题的细节，准确地模仿他们。你可以征得他们的同意，和他们一起做这件事，尝试了解他们的想法，然后一边工作一边描述你所做的和所留意到的细节。儿童经常会与你互动，让你更了解他们的视角。他们可能重复或解释他们的行为或者告诉你更多他们的想法，就像下面观察故事中所建议的那样。

安东尼和画笔

二十个月大的安东尼正玩着画笔和水彩。我坐在他旁边,看了一会儿。我不想干扰他的注意力,于是我等着,直到我注意到他画的一个模式。在我看来,这表明他可能有一个发现并重复地做着。我注意到他非常小心地用画笔画出一块块的颜色,于是我拿起自己的画笔,提议说我想试试他做的事。我一边做着,一边描述画笔的细节,我们画的时候,画笔如何移动。我同时也指出并评论我们用画笔画出的那些色块。安东尼立即检查自己的画笔,而且再画色块时他研究着自己的动作,他一次又一次地重复地做着同样的动作,整张纸上都布满了色块。

坐在他旁边的莉丽听到了,看着安东尼和我一起做的事。她立即把近旁的蓝色水彩罐拿来,也开始尝试安东尼的想法。安东尼看见莉丽拿了水彩罐,用幼儿的尖叫声表示抗议。我建议说:"看,安东尼,莉丽很喜欢你的想法,想尝试它呢,她像你一样用水彩在纸上画了小小的色块,她需要蓝色的水彩来画。"于是他顺从地放弃了想要那罐水彩的念头,仔细地看着她的动作。他们开始欣然地在俩人之间来回移动那罐水彩,继续画着小色块,一边画一边看。我很高兴,通过模仿和说出安东尼和莉丽各自的动作帮助他们发现并且相互关联起来。这个经历帮助我明白,即使这么年幼,儿童也有合作的欲望和能力。假如我看见他们的技巧和能力,并且把这些反馈给他们,神奇的事情就会发生。

——德波,幼儿老师

你也可以在儿童不在时尝试做他们做的事,这样同样可以探索孩子的想法,这会让你洞悉那些你认为是挑战你的活动和行为,就像下面这个观察故事所反映的那样。

忙碌在水台旁

一群精力充沛的、有使不完的青春活力和好奇心的男孩,闹哄哄地围着水台旁的水管和试管。"把桶装满水,让水流出来。""打开水笼头……哈!打开了!"当许多双忙碌的手把水管弄断,切断供水,我听到瑞德响亮而清晰地叫喊道:"大家别慌!我知道怎么处理!"如他如言,他把水管接好,游戏又恢复了先前的热闹。

必须承认,第一眼看见他们扑向我们新搭建的水管和软管结构时,我脑海闪过的念头是"这简直是胡闹"!但是,仔细观察后我发现男孩们游戏时真的很用心。没人向他们解释水管是如何工作的,但是,这群孩子用每个装置分别做试验,直到他们完全弄清楚它是如何

运作的。孩子们有目的地推导出，他们需要把水装进水桶，用水阀引导水流，然后对准相应的软管以便把预期的容器装满水。这是件有意思的事吗？当然。是胡闹吗？也许有一点。但是这是可控范围内的，它让探索变得最有意思。

为了更清楚地了解孩子们丰富的行为，我审查了我观察到的细枝末节，目的是自己试验孩子们用水做的事。令我惊讶和激动的是，用这种方法摆弄水和水管，我度过了非常愉快的时光。因为这个试验，我决定要帮助孩子们继续这个玩水的游戏，和他们一起投入到这个胡闹的活动中。

——米歇尔，幼儿中心老师

修剪照片见儿童之所见

通过修剪和放大儿童游戏的照片来研究他们的想法。相机和数码技术易于操作，它们为老师提供了众多的机会来拍摄照片，利用照片研究孩子的想法和视角。你用照片做研究时，拉近镜头聚焦在儿童之间的互相关系和儿童与材料之间的关系上有助于你的研究。开始时可以选择大背景下的一个孩子的照片，然后拉近镜头对准孩子的手、脸和肢体语言。研究照片时，你可以突出你想看得更清楚的东西，然后修剪照片，裁去背景，放大你想要重点研究的元素。比如，这里介绍的例子中，儿童在探索玉米淀粉和水，你可以看见肌理、形状、动作和光在材料上的反射等细节，这似乎正是她注意到的东西。这样研究照片让你看清儿童有意识地探索世界的行为。如果你以这种方式观察和研究正在忙碌的儿童，你就能更好地认识他们的能力，更重视儿童；这个方法也可帮助你参与他们的体验，分享他们眼中的世界奇迹。

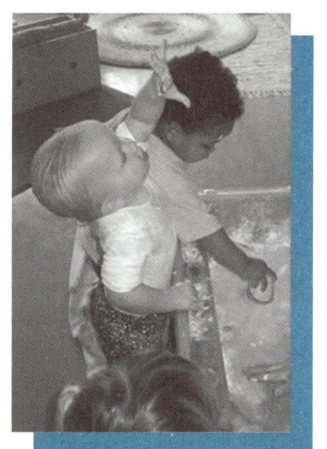
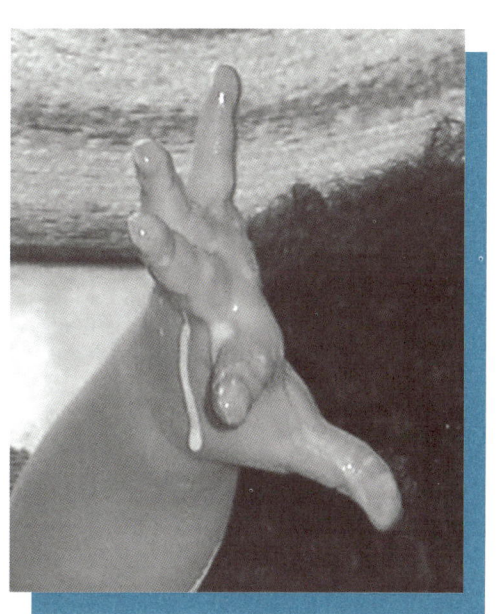
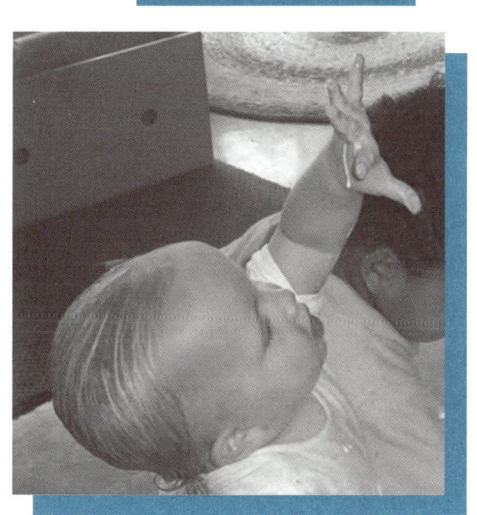

留意儿童如何看待成年人

儿童全神贯注地注意成年人所做和所说的一切。他们是了不起的社会科学家——通过观察周围的人了解自己、各种关系和这个世界。事实上，儿童天生就能读懂我们。婴儿生来就有能力，最远看到八到十四英寸的地方，是从母亲的怀抱看清楚父亲和看护人的最佳距离。这是开始建立各种联系和关系的最佳距离，是从看见我们的所作所为中学习的最佳距离。如果我们对儿童如何看世界感到好奇的话，那么反思他们如何看我们很有益处。

- 我们脸色是高兴还是惊恐呢?
- 我们的手势表示安慰还是责骂呢?
- 我们的声音是邀请一起唱歌还是命令闭嘴呢?
- 我们的身体是以块头或力量吓唬孩子还是安抚地拥抱他们呢?

作为敏锐的观察者,儿童留意到我们的肢体语言、语音语调和行为举止的最细微的变化。我们的互动和出现对儿童如何看待自己和我们有极强的影响。与这个影响力相伴而来的是机会以及巨大的责任——让我们好好利用和承担。注意下面的例子中西蒙娜如何对此进行反思。

西蒙娜和秋千

西蒙娜坐在秋千上,观察孩子,这时一个好说话、自信的孩子走过来,脸上是困惑的表情。

"嗨,西蒙娜小姐,你不能那么做,"他说道,"你不能坐在秋千上!"

西蒙娜对他的说法很吃惊,也困惑,问道:"我为什么不能坐在秋千上呢?"

"因为你是老师,"他就事论事地解释道,"你是成年人,成年人不玩秋千。"说完,他就跑开去玩洒水壶了。

后来,西蒙娜反思这次遭遇。我很好奇他为什么认为老师或成年人不能坐在秋千上,是因为成年人的体型?他认为成年人不适合坐在为儿童设计的结构上,还是因为我们个头引起的身体限制?他认为虽然我们的大身体能做许多事,但有些活动或游戏是专属于孩子的。或者他希望成年人不要有儿童的行为举止？他生活中的成年人经常用这个说事：他们是成年人，以此为理由不参与很多游戏或不积极地参与——避免出汗或弄脏？

我们使用自己身体、经历和能力的方法如何影响孩子看待我们呢？我很想知道我们自己的行事方式在向儿童传递着其他哪些下意识的信息。

——西蒙娜，老师

更多要做的事

要培养这类与儿童相处和对待儿童的方式需要持续的练习。下面的这些活动能提高你的能力。

探索你目前看待儿童的方式

独自或与他人一起阅读下面的说法，同时看看旁边的照片，探索你会如何看待这个儿童，思考下面的哪些说法接近你的观点。这里没有标准答案，每个说法在很多方面都是正确的，只是意在帮助你反省一下哪个观点指导着你自己的行为举止。

- 儿童很脆弱，需要保护。
- 儿童自己能做好，成年人不应该干扰他们。
- 儿童在生活中需要成年人强有力的指导。

- 儿童既从扶持他们的也从挑战他们的成年人那里有所收获。

上述所有说法对儿童来说都是简单的真理，但是，我们如何对待儿童却不那么简单。我们对儿童的看法影响我们做的每件事，影响我们如何回应孩子，影响我们给孩子提供什么。假如我们视孩子为能人——能自己做重要决定，能有目的地自主学习——那么我们就能为他们提供更多的成长和发展的可能。对正常生长以及有特殊需求的儿童来说，这是很重要的。仔细观察儿童技能和能力的点点滴滴，并且尝试发现他们的想法有助于我们做出有价值的回应。

探索儿童文学中的童年形象

从《小熊维尼》到《雾都孤儿》，各种童年形象激发我们的想象和情感，同时也帮助我们增强责任：要在各种活动中为儿童提供丰富多彩的体验。找一些儿童文学书籍来学习，独自或与他人一起研读三四本书，这里提供一些可供选择的图书：巴巴拉·M.约斯的《妈妈，你爱我吗？》，玛格丽特·怀斯·布朗的《逃家的小兔》，乔纳森·爱伦的《我不可爱》，爱丽丝·麦克林伦的《洛克萨博克森》，乔伊丝·邓巴的《在我睡前给我讲点高兴的事》。

在对每个故事进行反思时，请思考下面的问题。

1. 这个故事里描述的童年主题是什么？
2. 这个经历对儿童的自我意识和归属感有何裨益？
3. 你打算为与你相处的儿童创造这个故事中的哪些元素？

观察故事样本展示

请留意下面观察故事中杰斯莉看见芬妮在篮子里做的事之后如何进

行反思的。她注意到芬妮的想法，不但没有阻止芬妮进行探索，反而很高兴地看到芬妮有独特的想法，看到她把从一个旋转物体中所获得的知识转换成一种新体验。这个观察故事的模式受新西兰幼教专家所创立的幼儿评估方法的启迪，被称为"学习故事"，直接针对儿童写作，详细地描述所发生的一切，同时对这次经历所产生的意义及各种可能进行分析。

旋转的芬妮

发生的事情：

亲爱的芬妮：

我看见你拿了一个大金属陀螺，上下推它，想让它旋转。你一边操作它一边向后靠，想看它如何旋转。后来，你把所有的陀螺从篮子取出来。然后，我看见你爬进篮子里。你扶着篮子的边，坐直身体，用双腿让自己的身体和篮子做圆周运动。开始时，你的动作很慢，因为在篮子里身体可能前倾，你努力保持平衡。你往篮子的中央调整自己，找到了平衡。芬妮，你意识到，如果你不坐在篮子中央你就不能让篮子旋转起来。你弄清楚如何在这个晃晃悠悠的篮子里控制自己的身体后，你就可以用自己的腿转动起来，就像那些金属陀螺一样。你越弄明白这些事，你就转得越快。你旋转了很长时间。

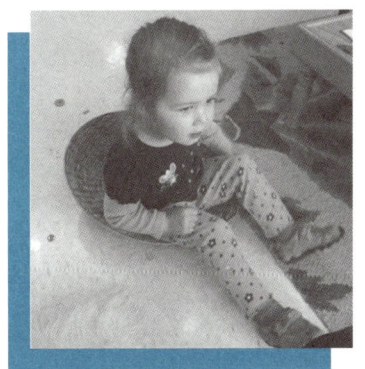

我们认为这件事意味着：

我很好奇，检查金属陀螺的旋转是不是让你想试一下在篮子里让自己旋转起来。我觉得你很聪明，有了这么好的主意。通过这个游戏你学会好几件事。

你能观察陀螺的运动，思考如何把它用于自己的身体。

你调整自己的身体去做心里想做的事，在这个体验过程中你有能力解决问题。

你能够通过试验和修正错误，操纵自己的身体和篮子，让它旋转。

通过这样使用篮子，你表达了自己的创造力。

你也告诉我们你能多么灵巧地协调自己的身体。

这次经历给你和老师提供了什么机会呢？

我意识到，我经常阻止孩子用不同寻常的方法摆弄材料，就像你摆弄篮子那样。我知道了，如果我在干预之前等一下，看一下，奇妙的学习可能就发生了。

我想继续支持你们以这种富有创造力的方法使用各种材料。

我想设置更多的障碍挑战你们能干的身体，比如，平衡板和更多旋转的方式。

——杰斯莉，幼教老师

第 4 章

学习研讨课：观察儿童活跃的头脑

我们过去认为婴儿和幼儿不明事理、自我中心和不辨善恶，他们的思维和经验都是现实的、即刻的和有限的。事实上，心理学家和神经学家已经发现婴儿不仅有学习能力，而且想象、关爱和体验能力都远远超出我们的想象。从某种意义上说，婴幼儿其实比成年人更聪明、更富有想象力、更有爱心，甚至更具感知力。

——艾莉森·高普尼克

本章学习研讨课的学习目标

在本章学习研讨课中，你将：
- 提高自己集中思想和记忆的能力。
- 增强大脑的灵活性。
- 练习观察儿童大脑活跃运作时的细节。
- 提高对孩子与生俱来的专注能力和学习能力的尊重和欣赏。

对引言的反思

艾莉森·高普尼克提出引发争论的观点：婴儿其实比成年人更聪明。反思这个引言时请思考下面的问题。

1. 对幼儿比人们想象的要更具能力的观点，你是怎么看的？
2. 你有过哪些对儿童头脑感到惊讶的经历？
3. 对幼儿比成人更聪明的观念，你的看法是什么？

参阅下面老师的反思，独自思考或与团队成员合作以提高自己的认识。

婴儿一直让我感到惊讶！他们与成年人和其他孩子的交流能力令人着迷，特别是他们还不会开口说话时。我第一次见到我最好朋友的孩子时，她十二个月大，正在享用麦片小点心。她让我喂她吃几片麦片，我一说"香"或"好吃"她就点头，咯咯地笑。有时，她用手势表示她还要吃。有一次，我说"我真想有你这么香的点心啊"，她把手伸到杯子里，开始喂我吃她的麦片。我们一直分享她的麦片，互相喂着吃，最后吃完了，她高兴地叹息一声，"没了"。这可能是我与这么年幼的孩子共度的最珍贵和最温馨的时刻。

——西蒙娜，早教老师

我想知道，是不是随着年龄的增长，我们的思想就慢慢地狭隘了——我们可能就一天比一天思想封闭。我认为年幼的儿童是极有天赋的学习者，远胜我们成年人，如果我们把这个能力等同于聪明、学得快、学得好，我绝对相信婴儿比我们成年人聪明。正因为如此，我们特别幸运我们拥有的身份：和幼儿一同学习的成年人。我们每天都有机会惊讶于幼儿思维的深奥与复杂，因为他们努力破解我们视之当然的事情的微妙所在——也许这让我们抵消那种日趋封闭的想法，为各种新的可能解放我们的大脑。这是多么惊人的礼物啊！

——杰西，幼教老师

儿童让我吃惊。他们既像镜子又像海绵。他们反射我们对他们的理解，你总能感觉到儿童被成年人尊重和理解的时候。你能在他们眼睛里及他们与你的关系中看到这点。儿童吸入他们的经历，然后把它们挤出来，形成关联，这种关联在成年人那里并不那么明显。这正是我对儿童的思想感到惊讶的地方。

——乌维玛娜，幼教老师

观察艺术的活动

下面的练习活动将帮助你提高自己的专注能力并锻炼你活跃的头脑。

善用周边视野

直视前方，尽力看清一切：前方的和周边的（这就是你的周边视野）。不要移动你的双眼或头。这么做的时候，看看你是否能记住你看到的一切，并把它们写下来。与他人分享你的发现。这会强迫你使用自己的记忆力，刺激头脑分泌相关的化学物质，这些化学物质对集中思想和增强记忆尤为重要。

尝试用另一只手

如果你和大多数人一样，那么你只能协调地使用一只手，我们称之为右撇子或左撇子。对大多数人而言，一只手起主导功能。做个游戏，使用不常用的那只手来做事，比如，写字或画画，这会挑战大脑去使用它以前不习惯使用的那个部分。

学习视童年为前所未有的学习时段

过去的十年间，我们对大脑发育和幼儿学习的理解有了革命性的进步。幼儿拥有的学习动机和能力远远超出我们以前的理解。研究表明，儿童学习的动力和他们吃的动力一样强大。目前为儿童学习制定的政策、项目和活动还没有反映这个研究成果。大多数的早教活动强调让儿童做好入学学习的准备，这些幼教项目都突出评估、标准和课程模式，而所有这些只注重于教育孩子去满足某种确定的结果。它们不提升或优化儿童在学习过程中已经表现出来的学习兴趣和能力。这种注重文化课程和入学准备的错误导向让许多从事早教的老师看不到孩子学习时特别活跃的头脑。老师们过度关注教授字母和其他孤立的技能和事实时，他们可能就看不到孩子为了认真完成任务想出的种种办法和如饥似渴理解周围世界的探求。正如丽莲·凯兹所说的那样，儿童更倾向于智力追求而不是对文化课程投入兴趣。观察儿童投入于这些智力追求可以帮助老师学会尊重和响应儿童的学习体验，并为儿童制定出更有意义的学习体验。

《韦氏大词典》把 intellectual(智力的，知性的)定义为"致力于研究、反思和猜测"和"潜心于需要创造性使用智力的活动"。显然，对儿童来说，掌握适当的技能和完成任务很重要，但是不应该过分强调这些目标。老师拥有保护和提高儿童本能的学习天赋的责任，可以帮助儿童始终对身边的神奇之事充满热情。幼儿一直有强大的学习动力，所以你的工作就是找到各种方法真正地看见、欣赏和促进他们的智力追求。

练习拓展头脑的灵活性

儿童头脑令人惊异的能力之一就是他们形形色色的使用寻常物体的能力。这里介绍一个拓展头脑灵活性的方法。

- 独自工作，或最好与团队一起工作，这样你们可以共享智力和反思。
- 在一张纸上写下一列 1~100 的数字，在每个字数旁边记下想法。
- 找出一个熟悉的东西，比如钥匙、叉子或围巾。
- 开动脑筋，想出至少 100 种不同的使用这个东西的方法，然后将每个想法记录下来。
- 记录完成这个任务的时长。

讨论下面的问题。

1. 想到一个新点子对你来说有多困难或多容易？
2. 思考新点子的时候你运用了哪些思考和学习策略？
3. 你如何评估自己作为富有创造力、灵活的思考者的能力？

下面的观察样本将揭示儿童如何灵活地进行思考。

尼古拉斯探究振动

让尼古拉斯玩电池驱动的后背按摩器。雪莉老师第一次把按摩器给他时，她开启按摩器，按摩器振动起来，发出嗡嗡的响声。这让尼古拉斯咯咯地笑起来。他立刻抓住按摩器，在地板上开动它。后来雪莉关掉了按摩器，把它递给尼古拉斯。他开始有点困惑不解，似乎想弄明白为什么按摩器不工作了。他把它转了过来，检查每一边，想找出头绪。尼古拉斯终于发现了电源开关，他按下开关。令他高兴的是按摩器又开始在地板上跳动起来了。随着电池的消耗，按摩器振动得越来越慢，声音越来越小，最后停了。这种情况第一次出现时，尼古拉斯立刻按下电源开关，按摩器没有启动，似乎有点出乎他的意料。他站起来，走到桌子

旁边，把按摩器放到桌上，然后又按下开关。让人吃惊的是，它启动了，但是仅仅是短短的几秒钟。他又感到迷惑不解了，他把按摩器拿到地毯上，按动开关。同样，它又只启动了几秒钟！每次按摩器一停，尼古拉斯就找个新地方，按下电源开关。雪莉想帮他，提议他们一起打开按摩器，检查电池，但是尼古拉斯拒绝了，在房间里玩别的玩具时，他还是紧紧地握着它。

——雪莉，幼儿老师

浸没在毛绒球里

贾梅森急切地向堆满柔软的、五颜六色毛绒球的台子走过去。玩弄这些球时，她全部的感官都很兴奋。她捡起一只球，认真地看着，把它放到鼻子跟前似乎要闻一下，又把它放在舌头上，然后，她用手压这个毛茸茸的球，接着她扑了过去，把双手埋进球堆里，又把两只胳膊和身体都埋在这个巨大的球堆里，开始在盆里摆动这些球，看着球滚过来滚过去。然后她发现她可以扔球玩，她兴奋地看着球弹起来，在地板上四处滚动。期间我们演示给她看，可以用勺子把球舀进容器里。她专注地往容器里舀球，但是，很快就把球抛向空中，球在地板上向四处滚去。

——杰斯莉，早教老师

认真对待儿童的行动

匆匆结束儿童的游戏很容易,因为他们动作敏捷,搞得一团混乱,处于看似危险的状态。要认真对待孩子的游戏,必须练习等待,在决定干预之前要等一下,搞清楚他们行为背后可能的思路是什么,这么做大有好处。如果这么做了,你会发现儿童做的大多数事情都有他们自己的想法。他们有目的或有疑惑,他们带着目的和疑惑行事。只要认真地对待他们最微小的举动,你就会吃惊地发现他们全情地投入探索周围简单的神奇之事。你会注意到他们在研究,在推测,每一刻都聚精会神。

看见儿童的学习能力

研究表明,儿童生来就拥有许多学习和了解他们生活的世界的能力。

强烈的、本能的好奇:儿童具有天生的、不断探索、实验和发现的动力。这个动力给了儿童强大的专心和专注以及坚持不懈的能力。

灵活的头脑:研究表明因为幼儿的头脑有着科学家们称之为"弹性"的特点,他们其实能比成年人看到、听到和感觉到更多的东西,因此,具有更强的观察能力,观察得认真而细致。这也赋予儿童以灵活的想象力,具有看到各种物体和情形的众多可能性的天资。

科学的方法:如果你仔细观察儿童,你会发现他们其实使用一种大多数科学家使用的科学方法。他们从问题开始——"为什么"——然后收集信息回答这个问题。孩子观察、探索、调查研究、整理并分类,之后形成一个假设。他们试验这个假设,分析发生的一切。他们一遍遍地尝试以强化自己的理解。根据数据,他们或者否定假设,同时重新开始这个过程,或者形成最终的假设,或者得出结论。

观察练习

研究下列观察故事,仔细看孩子如何运用天生的能力、活跃的思想和灵活的头脑来学习。

整理杯子

奥莉维亚带着一副认真的表情走近摆着杯子和鲜艳物体的台子,开始工作起来。首先,她把杯子排成两排,在每个杯子里放入一个透明的

菱形块。她认真地说:"像冰块。"然后,她取出菱形块,在每个杯子里放入一个小字母。她把杯子小心翼翼地堆叠在手臂上,大胆地在房间走了一圈,一边走一边收集更多的杯子。过了一会儿,她把杯子拿回到台子上,把最矮的杯子排列起来,里面装满不同形状的玩具。然后,她把大一点的杯子排列起来,在里面装上一半的字母。她在台子的另一边看到更多的空杯子,把它们加到排列整齐的杯子中,在这些杯子里也放进了字母。她后退一步,看着自己完成的作品,激动得脸都红了。

——苏,早教老师

请参阅下列问题,研究奥莉维亚的智力追求活动。

1. 故事的哪些细节告诉你奥莉维亚在想什么和她试图完成什么?

2. 在这个观察故事中,奥莉维亚对学习表现出什么样的倾向?
3. 你在她的研究中找到了什么学习理念?

这么多纽扣

杰克整个上午都被桌子上摆放着的数千个纽扣所吸引。他最初玩纽扣的想法与其他孩子不一样。别的孩子比较各种纽扣,把它们分类,杰克没有这么做,他似乎喜欢纽扣,把它们当成感官材料。他把双手放进装纽扣的袋子里,让手指头在纽扣中动来动去。他喜欢纽扣滑动时的感觉,他注意到他摆弄纽扣时纽扣发出的声音。这样玩弄鲜艳光滑的纽扣很长时间后,杰克决定要把所有纽扣收集起来,放到袋子里。这是个大工作,因为有太多的纽扣,

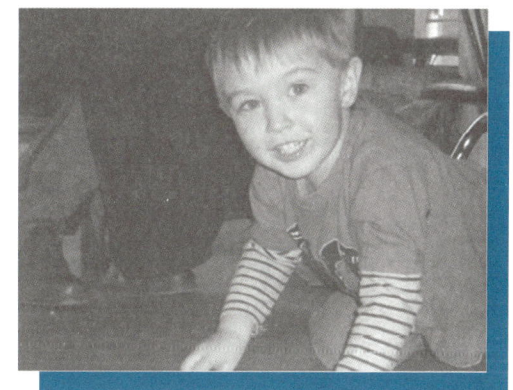

但是他决定把袋子装满!

杰克面临挑战:如何把这么多的纽扣一次性地装进袋子里。他尝试了许多创新的办法来解决这个难题。首先,他用双手捧起纽扣,但是他想装的扣子是他双手捧不过来的。然后,他想用一张纸把扣子装起来。最后,他想到把扣子放在托盘里,把它们堆在一起,再倒进袋子里。他为自己的成功感到兴奋极了,立即把扣子从袋子倒出来,把这个过程又来了一遍。杰克就这样把扣子装进去,再倒出来,玩了好几遍。每次都因为完成这个任务而很兴奋。

——戴安娜,安琪拉,尼可,温迪,德比和诺玛,实践社区幼儿老师请参阅下列问题引导你们对杰克活跃的思维进行讨论。

1. 杰克展示出什么样的技能和学习倾向？
2. 在杰克玩纽扣的游戏中，你注意到哪些细节？
3. 你从杰克如何玩纽扣的经验中获得了什么有关纽扣的新想法？

像这两个观察故事所描述的那样，大量的开放性材料为儿童练习和培养各种能力，如灵活地思考、想象多种可能性、形成假设和解决问题提供极佳的工具。它们是简单的材料，但是，要邀请儿童用各种复杂的方法来利用它们。奥莉维亚和杰克告诉我们，儿童用这些材料学习的可能性远比我们知道得多。他们提醒我们，应该观察儿童智力追求的细节，用开放的心态来发现他们想法的价值。假如观察得足够仔细，许多丰富的学习体验将会在我们眼前一一呈现。

和儿童一起投入智力追求

老师的教学安排会阻碍孩子活跃的思维。我们阻止孩子的智力追求，理由是安全、团队管理、教学技艺或事实，以及我们自己对于有意义的事的想法。在奥莉维亚和杰克的观察故事里，老师或许会打断他们的学习：奥莉维亚可能被要求不要在教室里乱走、收集所有的杯子，杰克可能被告知，纽扣是用来分类的。认真地观察，你会发现意义，然后你可以参与孩子的活动，帮助他们拓展天赋的能力。阅读下列的观察故事范例，听听一个老师讲述观察孩子游戏时活跃思维的另一个故事。

密不可宣的技法

乌维玛娜在美术室照看孩子，他们在一块特殊的、供小组活动的画布上画画玩。她要确保画画的孩子不要在别的孩子已经画好的图案上作画，这样每个人都能在活动中得以表现。她注意到，每次她抬头看的时候，不同的孩子在画布上画画，颜色变化非常大。她开始提醒孩子围绕他们看见的图案着色，而不要在图案上着色，但是，孩子们仍然用颜料在彼此的图案上着色。画布从蓝色变成棕色变成桔色，又从桔色变成有点蓝的棕色。有个孩子雅苒，看着另一个孩子在画布上着色，她看见不同的颜色被添加到画布上。画布上真的没有太多的空间来添加颜色了；但是，雅苒说，她喜欢画画。她要了绿色。几分钟后，她把整个画布画成了绿色。其他的颜色都不见了。乌维玛娜正要提醒雅苒关于画画活动的协议，这时她看见雅苒拿起画笔的另一端，用它在画布中央刮起来。她开始用画笔在画布上画线，在整个画布上向各个方向移动画笔杆子的头。她反常规地使用画笔，创作出不同的图案，她的动作让被覆盖的所

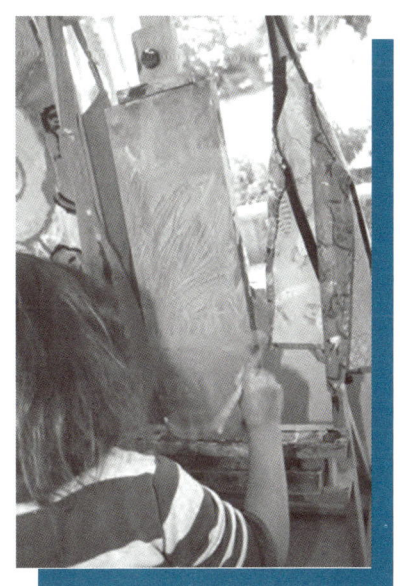

有的颜色都显现出来。雅苆不停地刮呀刮，直到画布显露出被绿色颜料覆盖的各种各样的色彩。

——乌维玛娜，早教老师

下面是乌维玛娜对这个观察故事的反思。

别的孩子在画布上着色时，雅苆在一旁看着，她发现他们在彼此画的图案上画画，同时她听到我提醒孩子在画布的空白处创作。她用画笔在画布上刮的技法让她同伴画的画隐约呈现出来。似乎她听见我说的话，看见其他孩子所做的事，然后找到了一种妥协的方法，对每个人都适用。有没有这种可能：所有参与在画布上创作图案的孩子都使用了一个密不可宣的技法？他们似乎在画布上画画时脑海中已经有特别的目标，这个目标并不总是考虑要保护同伴的作品。有的时候孩子们非常小心；他们在同伴作品的周围画画，相互提醒这么做。我正在学习观看、等待和倾听。我也正在学习修正我们的规则和协议，仅仅因为同意了某事并不意味着这个协议就不能被修正或更新。神奇之事可能发生。

——乌维玛娜，早教老师

再看一眼

因为我们成年人的头脑完全不同于与我们在一起的儿童，所以我们需要练习才能跟上他们活跃的思维。当你知道儿童是如饥似渴的学习者，每分钟都在追寻新信息、知识和技能，那么你就会带着尊重、好奇和敬畏之心接受他们的想法。练习下面的活动来更仔细地观察这些令人惊讶的儿童吧。

观察儿童学习的能力和天赋

你和一群孩子在一起时，每天花时间观察他们，记录他们天生的学习能力的点点滴滴。如果看见儿童做下面这些事时，请做笔记和拍照片记录下来。

- 运用他们强大的、本能的好奇心。
- 显示出他们专注和专心的能力。
- 坚持完成任务或活动，一遍遍地尝试某件事。
- 运用他们灵活的头脑认真地观察和发现细节。
- 运用他们的想象力和天资去发现多种可能性。
- 实践科学方法时，他们提问、探索和研究，整理和分类，形成假设，通过观察、尝试和错误来试验假设，分析发生之事，形成新的假设，解决问题，一遍遍地尝试，最后巩固自己的理解，得出结论。

当你试图阻止儿童的智力追求时，请留心。留意这样的时刻：你看着孩子，本能地想阻止他们，理由是健康、安全或者你自己的关于什么有意义的观念。在自己参与活动前，先认真地观察孩子，反思下面的问题。

1. 孩子头脑中的好奇、疑问、假设或想法是什么？
2. 你看到孩子做的事时，你看重的是什么？
3. 在这种情况下，你会如何加入或支持孩子的智力追求呢？

更多要做的事

这里介绍其他方法让你进一步提高自己的观察技能，拓展你理解孩子活跃思维的能力。

研究艾莉森·高普尼克的著作

艾莉森·高普尼克是加利福尼亚-伯克利大学的心理学研究员和教授。她对当前有关幼儿大脑发育和学习的研究做过广泛的研究、写作和演讲。她的著作《哲学婴儿》和《摇篮里的科学家》为了解幼儿这个神奇的世界提供了全面的、通俗易懂的资料以及令人惊异的领悟。请访问她的网站 www.alisongopnik.com，所有与儿童一起工作的人有必要了解她所知道的一切，因为这对我们与儿童相处的实践有巨大的意义！

定期进行健脑练习

下列活动来自网络。网络上有数千种游戏和活动帮你提高大脑的智力、灵活性和创造力。这里介绍的只是几个我们写作本书时发现的最喜欢的活动。在网上搜索 brain boosters(头脑助力器)开始自己的健脑旅程，或者尝试下面的健脑游戏。

学习一种语言：学习一门新的语言一直被证明能暂缓大脑因年老而功能衰退。这也让你的头脑接触到新的概念和新的处世之道（比如，英语说我害怕，而西班牙语说我担心）。这是最佳的健脑练习之一。

注意力练习：只要你消除分心，就能集中思想，思路清晰。学会停下来，看看自己忙碌的头脑。当你意识到事情微妙得让你分心时，处理它们。这可能意味着打个你必须打的电话或者把事情记下来，暂时忘记它们。练习能让专注变得容易，你的思维也会变得更强大。

改变信念：相信你更聪明了，你会越来越聪明。对自己的肯定会起作用，但是有证明材料效果更好。记录你所有的成功。如果做了有创造力的事，告诉自己："嗨，这真的很有创造力。"有了绝妙的想法，要记下来。收集证明你智力的证据，你将开始体验更多的聪明才智。

观察样本展示

最后一个观察故事直接写给孩子。你阅读时,请注意,沙瑞克多么幸运,他和一个经验老到的老师在一起,这个环境充分地调动了他天生的学习能力和禀赋。小小年纪,他已经成为文艺复兴式的人物。他使用提供给他的所有工具,运用早就具备的强大的工具,创造出一个充满各种可能的新世界。正如研究者艾莉森·高普尼克所说,"婴儿的头脑改变世界"。我们能在沙瑞克的故事中体会到这个说法的真谛。

我为自己创造了一个东西

亲爱的沙瑞克:

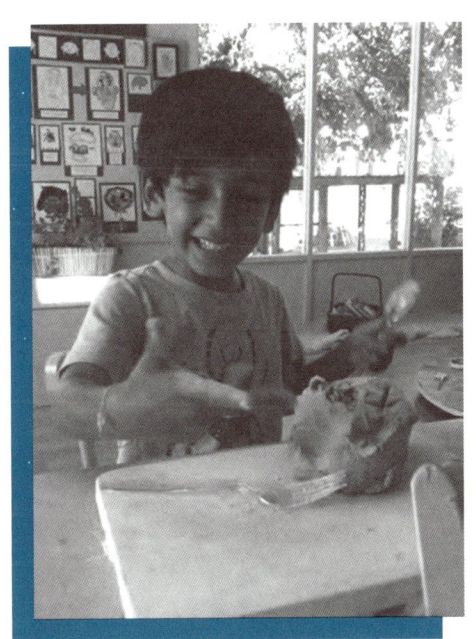

最近我看见你越来越有兴趣在美术室里创造和探索各种材料。几个星期前,你悄悄地走进美术室,在旧物回收台前给自己找了一个小空间,把想法付诸实践。刚开始时,你的想法通常是把一两样东西用胶布粘在一起,并且要求把自己的名字写在上面。一段时间之后,你是美术室的常客了!你径直走进来,在桌边坐下来,告诉朋友们"我在这里工作"。你的想法越来越详细和缜密。你现在带着目的来,当材料不如你想象的那样合理时,你会花时间解决这些难题。我注意到你的空间理解力增强了,因为你进行三维建构了,你的想法变得更远、更高,也更宽了!

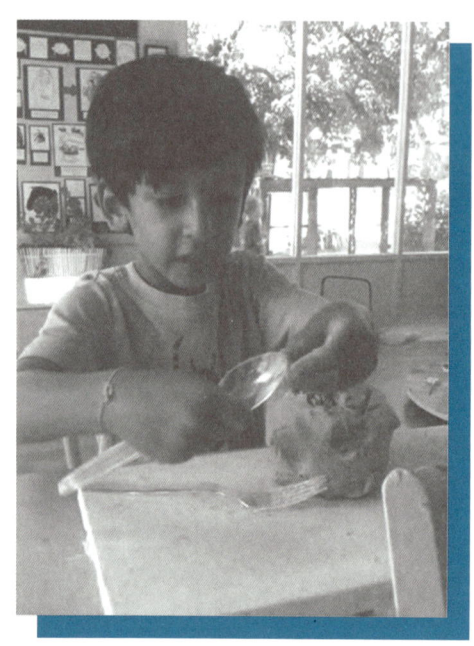

沙瑞克,我同时看到你对美术室的其他区域也逐渐感兴趣了,你粘木块、做陶器、在画架上画画、做幻灯。你探索和尝试各种新东西的方法告诉我,你对我们的活动越来越感到自在,对种种刺激也兴趣盎然。我看见你找到了新的角落,知道你很自信,因为你喜欢。你不仅知道日常规矩,还清楚美术室的规矩。你独立、充满自信地创作自己的作品,把它放好,再回过来清理工作场地。我看见并欣赏你对美术室和美术室里的材料表现出的极大尊重。

通过你所创作的新作品,我也发现你变得非常自信,口头表述能力

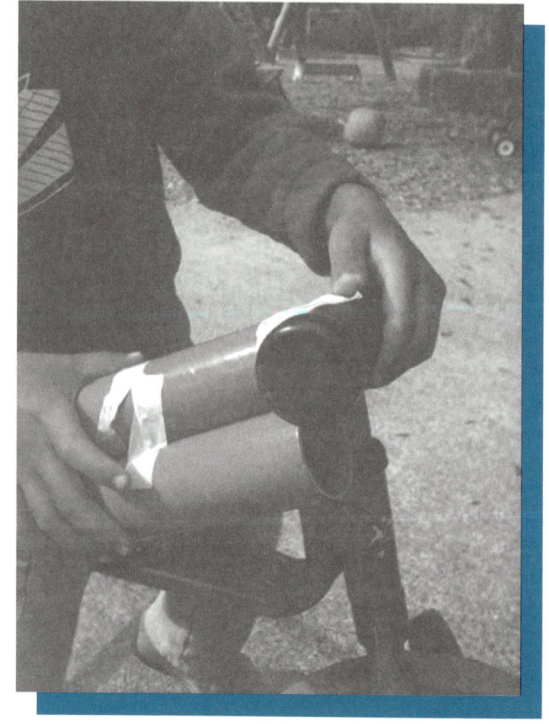

有了极大的提高。我听见你告诉同学你在做什么，你在什么样的空间里工作，你需要帮助时也会提出请求。我相信你很快就能帮助其他不熟悉美术室的孩子。

美术室里搭建的许多东西都与飞机相关，我注意到你对它们也感兴趣。在朋友们描述他们飞机模样的时候，你也参加他们的讨论，把你自己的描述添加到讨论中。现在你对材料的使用越来越得心应手。我想知道你是不是想加深对飞机的了解，以便完善自己的设计。如果能看到你的想法和模型也出现在你同伴在美术室创办的《飞机》一书中该是多么好的事啊。我很高兴地看见，对飞机的共同爱好把你和几个朋友联系起来，你们相互诉说或无言地分享自己的想法和兴奋的事，我都看在眼中。你们的对话、哈哈大笑、微笑和表情手势都有助于提高你们在美术室的

创作。

最后,我最喜欢的事之一就是看见你在美术室里的笑脸!我知道,创作时你特别开心,作品完成时你也非常自豪。那天你用陶土做了一个蛋糕,你还记得吗?你高兴得脸都红了,你叫道:"这个蛋糕是给我和老师的。做好了!"我喜欢看见你充满想象力和创造力。

你这么快就成了美术室的专家,我真是太吃惊了。我很高兴地看见你开始使用其他材料,开心地进行创作。

爱你的
西拉小姐

第 5 章

学习研讨课：观察儿童如何运用感官

与你的孩子一起探索自然几乎就是一件接受自己周围所有一切的事，就是重新学习用自己的眼、耳、鼻和指尖，打开尘闭已久的感官通道。对我们大多数人来说，知识主要通过眼睛获得，但是我们以一双"视而不见"的眼睛看世界，我们像是半盲人。一种睁开双眼去发现被忽视的美的方法就是问自己：如果我以前从未见过这个会怎么样？如果我将永远无法再见到这个会怎么样呢？

——蕾切尔·卡森

本章学习研讨课的学习目标

在本章学习研讨课中,你将:
- 重新唤醒用自己所有的感官去观察的能力。
- 用珠宝鉴定放大镜仔细地查看。
- 练习看见儿童感官探索的细节。
- 欣然向孩子学习如何使用感官。

反思引言

蕾切尔·卡森敦促我们审视自己使用感官的能力,要像儿童那样看世界。阅读下列问题,反思上述的引言。

1. 你怎么看卡森说的"与儿童在一起就像是唤醒自己的感官"这个说法?
2. 你有什么与上述引言观点相关的经历吗?
3. 卡森的思维方式与你的幼教工作有何关联?

与同伴或团队成员讨论你的想法,写下自己的反思笔记。你可以参阅下列老师的反馈以点燃或拓展自己的想法。

作为成年人,我们大多数人都已经不视世界为神奇之地,或以无动于衷的麻木或以批评式的评判看待周围的一切。儿童则以迥然不同的方式看待这个世界。我们必须意识到,儿童以不同于我们的方式对待事情,这点很重要。能从另一个角度看世界，是件多么幸运的事！遗憾的是，我们丧失了惊奇感，但是更悲哀的可能是，我们根本不知道这样的惊奇感已经不存在。我们有必要为自己和身边的儿童闭上我们过去的那双眼睛，睁开全新的眼睛。

——莱斯莉，幼教学生

观察艺术的活动

近距离地看

利用下列活动练习看世界，就仿佛你从未见过这个世界。这将让你有一种像孩子那样看世界的感觉，而且它将提供更多仔细观察的练习。

克里·卢福的《第三只眼：似类比的"5倍"看/想——开发跨学科思维的指导手册》(见 www.the-private-eye.com/indes.html)是一本从幼儿园到十二年级的课本，里面介绍了各种活动，其中就有你马上要做的活动，如用珠宝鉴定放大镜来看世界。你可以通过本地的眼镜商店或上网搜寻珠宝鉴定放大镜或普通放大镜。你也可以用高倍放大镜，虽然它无法提供聚焦的视野。

遵循下面指令，用这个简单的工具来查看和探索你可触及的世界。

1. 将珠宝鉴定放大镜或放大镜大的一端放在眼睛上，拿起你要检查的物体，在眼前或近或远地调整距离，直到对准焦距。忘记你要看的东西的名字或标签，只是审视它复杂的细节、颜色和质地。
2. 记录或描述你所见的各个细枝末节。
3. 画出你真正看见的东西的草图。不要试图让它像你熟悉名字的那样东西。
4. 反思并且说说或写下它让你想起了什么。

这里是一张用珠宝鉴定放大镜看到的物体的草图和观察课老师所写的描述。

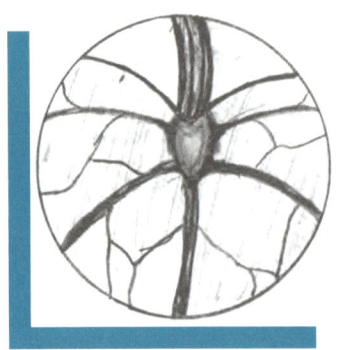

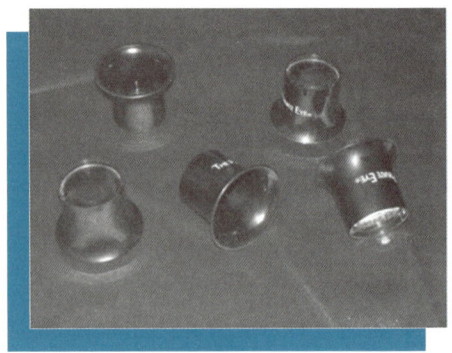

这是树叶的一部分,是茎与绿叶相交的地方。我可以清晰地看见每一条叶脉,它好像是河流的水系,叶脉又仿佛是蜘蛛的腿。

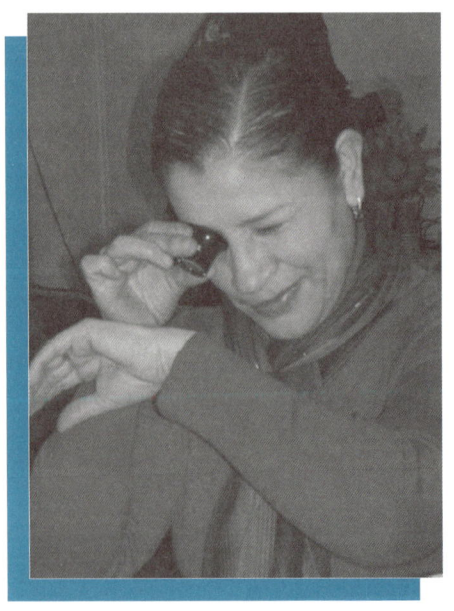

学习视童年为充满神奇和发现的世界

在早教领域，教育家经常讨论感官探索。早教教室里有各种刺激感官的盆子和桌子、许多供感官学习的食谱、课程指导和资料。然而，大多数成人对于孩子感官探索的评价是"太乱了"，这是可以理解的。让孩子们自由发挥时，孩子们会把这个世界里的所有东西混合起来、洒出来、溅飞、摔倒、碰撞、拆散、四处撒开来。你和儿童天天待在一起时，似乎阻止他们自行其是是件更容易的事。说到底，限制这种感官探索意味着少一些混乱和噪音、少点细菌扩散、少一些工作负荷和家长的抱怨。但是，读一下海伦·凯勒有关感官的说法，然后再思索一下吧。

气味是一种强大的魔力，带我们跨越千山万水，与我们四季相伴。水果的清香把我带回南方的家乡，带回在桃园里嬉笑的童年。其他气息，稍纵即逝的和飘忽而至的，会让我的心脏幸福地扩张或因悲伤的回忆而收缩。就在我想到气味的时刻，我的鼻腔充斥着各种味道，开始唤醒甜蜜的记忆，那是离去的夏日和远处成熟麦田的气息。

儿童的感官探索是他们发现自己和周围世界的重要途径。知道儿童其实比成年人更专注地看、听和感觉时，你会发现你自己对感官体验的特征描述其实非常浅薄，主要集中在自己提供的材料上。仔细观察时，你会发现孩子能更全面地投入到美的体验之中，他们的身体、头脑和情感会全部投入进去。对孩子来说，这不仅仅是他们所接触的和摆弄的东西，而且是对那一刻的各种体验用身体和情感全情地回应。在他们体验周围世界的神奇和惊奇的时候，他们的大脑通途正在建立联系，这些联系将是他们一生学习和快乐的基础。

正如海伦·凯勒所建议的那样，这些感官是我们了解过去和当前丰富多彩生活的手段。孩子有越多的体验越好。

成年人的生活相当忙碌，充斥着各种各样必须做的事、安排好的日程和截止日期。我们忙忙碌碌，觉得自己没有时间停下来闻闻玫瑰或欣赏落日。我们自己摒弃触手可及的感官享受和丰富的美的体验。我们总是活在过去或活在未来，而不是全身心地活在当下。假如我们珍爱这种体验，并把它们传递给孩子，作为成年人，我们还需努力。我们必须唤醒自己使用感官的能力来体验这个世界。让自己的感官清醒、让心和思想敞开，我们才能更容易地欣然看见孩子的思想和观点。保留我们身上最好的孩子般的品质，即保持感官的清醒和警觉。

练习唤醒自己的感官

作家亨利·米勒曾经说过："一旦你认真关注某物，哪怕是一叶草，它也会变成一个神秘莫测、令人敬畏、无法描述的宏伟世界。"记住此话，利用下面的活动唤醒自己的感官。你可以独自，或与同伴，或与团队成员一起练习。

在室外收集各类大自然材料。找到那些有各种质地、颜色、形状并且复杂的东西，比如，树叶、树枝、石头、贝壳和豆荚，把它们排列起来以便于探索。努力忘记这些东西的名字、本质、作用或人们对它们的通常描述，观察它们，仿佛你第一次见到这些东西。利用下面的指导说明，专心致志地探索。

- 注意你能用这些东西制造出多少种不同的声音，记录你发现了多少种，并把它们列在表上。
- 探索这些物体受光线影响的所有情况，寻找亮斑、发光面、反射、折射、透明状和半透明状。

- 抚摸这些物体，写下描述纹理和你观察到的触感词汇，写得越多越好。除了手，还可以用身体的其他部位来触摸它们。
- 用你想到的各种方法移动这些物体。
- 尽可能地发现多种方法来改变、改造、组合这些物体（拆解、叠加、挤压、堆砌、碰撞等）。
- 留意你感兴趣的是什么，在探索时你的感觉如何。
- 写下你对所探索物体的反思以及从这个经历中获得的新领悟和发现。

观察练习

阅读下面观察儿童进行感官探索的故事，看看这个唤醒感官的练习是否激活了你的感官，让你自己的观察有了新的意义和理解。

泡泡交响曲

今天谢尔比走进教室，立即被感官台吸引过去，上面全是暖暖的肥皂水、干净的容器、漏斗以及各种长短和各种直径的透明塑料管子。她用手指尖小心翼翼地试了一下水，喃喃地说："哦，暖暖的。"于是她把手、胳膊肘都浸到水里。她在台子里轻轻地前前后后地拨动着水，看着肥皂水的泡沫随着自己激起的小波浪一点点地堆积起来。她把一个漏斗放到一节管子上面，用杯子装水，把混着泡沫的水倒进去，看着水流出来。

"看！"她叫喊道，指着管子的内壁："泡泡粘在上面。"

谢尔比用杯子，故意舀水上面的肥皂泡，试着把肥皂水倒进管子。有些泡泡粘在管子的顶部，而有些则沿着管壁滑下去。谢尔比把嘴靠近管子，轻轻地吹。肥皂水流到底部，末端出现一些新泡泡。

"泡泡!"谢尔比叫喊着。

她把管子的末端放进水里,开始轻轻地吹气,发出嗡嗡声。她看着水随着自己轻柔的呼吸上下跳动,制造出瀑布般的小泡泡,上下涌动。在她旁边玩的别的孩子开始学她的样子,在水里吹泡泡,一边吹气一边发出嗡嗡的声音。他们此起彼伏地发出"欧咿"的声音和节奏。随着孩子们异口同声地吹着气,他们创造出的音乐令人舒心,让人安静,真是奇妙的"泡泡交响曲"!

——迪波,幼教老师

独自反思,或与同伴或团队成员讨论你对这个观察故事的反应。

1. 从儿童的角度来说，你认为这个水和泡泡经历的本质是什么？
2. 你能说出来他们懂得了什么和知道怎么做了吗？
3. 他们似乎在探索、试验和试图弄清楚什么呢？
4. 讲述一个你观察到的儿童探索感官体验的例子。

看着孩子忙于这种体验时，你关注的重点是什么呢？你想到细菌的扩散、混乱或噪音吗？你认为感官游戏的价值是什么呢？你认为这时孩子学到的东西与孩子理解数学概念、科学和物理、掌握小电机技巧、社会技能和合作有异曲同工之妙吗？

当然，承认感觉游戏中有学习元素是有益的想法。但是，更重要的是，你看到童年的那些快乐时刻吗？你珍惜这些时刻给予儿童的欢乐、惊喜和神奇吗？你注意到儿童投入这种以水为乐器演奏的"泡泡交响曲"的丰富细节了吗？在这短暂的时刻，这些孩子享受着共同生活在这个世界里的美妙经历。他们得到安慰，通过他们的感官以下列方式联系在一起：

- 一起发出嗡嗡声。
- 干净的肥皂水。
- 暖暖的、流动的水在他们手和胳膊上流过的感觉。
- 小小水波翻滚、飞溅的景象；光滑平整的表面；水滴和吹气，以及水珠和泡沫、水和泡泡活泼跳动的图案。

在早教活动的现实世界里，儿童的感官探索可能会让老师恼火和不堪忍受。一个孩子把一罐水洒到地上，看着它形成小水坑，另一个孩子身上涂满水彩，因为这很好玩，而且这是今天你第三次帮孩子换上干的衣服。在这样的情况下，你可能难以欣赏这种时刻的惊喜和神奇。但是，假如你采取这种常规的、有意识的、仔细观察儿童的做法，作为一个老师，你通常会感到镇定和冷静，更有教育情怀。这种认真的关注消解你可能有的挫败感，这样你就会选择一种支持儿童自尊和天生好奇心的教学方法。

当你把挫败感和老师要做的事项放在一边，想象儿童投入这个共同的、神奇世界而产生各种感觉，你就会有全新的视角。也许他们心里满是敬畏、快乐、亲近、满意和好奇。与其说这是你准备的、简单的课堂活动，不如说这个经历唤醒了儿童生活在这个世界上的惊奇的感官能力。带着这些想法阅读下一个观察故事。

蒲公英

拉诺注意到草叶丛中藏着一点黄色。她在自己的发现旁蹲下来，小心翼翼地伸出手指头，慢慢地，拉诺把手靠近蒲公英去触摸它。拉诺全神贯注地抚摸着花朵金色的花瓣，娇小的花瓣随着她的抚摸颤动。她的抚摸如此轻柔，花朵本身并没有弯下或摇晃。拉诺在她的花朵旁待了一会儿，探索全部的花瓣，她的手指头沿着花瓣的边缘、在花瓣上向各个方向转移。几分钟后，拉诺离开了她的宝贝，开始沿着操场的周边走了一圈。她驻足了一下，细看另一朵蒲公英——这朵尚未绽放——于是她回到刚才的那朵蒲公英旁。拉诺立即重新开始探索，又用手指轻轻地抚摸它的花瓣。

——雪莉，幼教老师

独自反思，或与同伴，或与团队成员讨论你们对这个故事的反应。阅读下列问题以指导自己的反思和内省。

1. 你如何描述拉诺这个经历的本质？
2. 在她这样抚摸探索蒲公英时，你认为她试图弄清楚什么？
3. 作为她的老师，你会如何回应？为什么？

在这个故事中，拉诺的观点是什么？她如此认真研究蒲公英时，你认为这是神奇的时刻吗？拉诺在蒲公英身上可能发现了什么神奇的事？她如此投入地研究让你对她所追求的世界的理解有何领悟？认真地观察拉诺的举动，我们会发现儿童既现实又充满惊奇。她像一个富有经验的科学家，能认真观察，小心翼翼地抚摸蒲公英以验证自己的疑问和假设。因为她如此投入时间和注意力研究这朵花，我们必须认真对待她的探索。如果我们停一停，像她那样观察这朵花，我们就会想起蒲公英的复杂结构，享受深入研究所带来的知识和乐趣。

沉浸在纸张的快乐之中

埃米娅坐直身体，她大大的、明亮的眼睛急切地盯着今天摆在她面前的一大堆碎纸片。她没有马上投入探索，相反，她等着老师丹娜和她一起玩。埃米娅仔细研究这些纸，检查它，把它拨开。埃米娅和丹娜用各种不同方法玩弄这些纸——把这些碎纸拨弄开、把它们抛到空中，看着它们飘落下来，轻轻地落在她们脸上。她们还发现如果摇晃，纸可以发出窸窸窣窣的声音。埃米娅喜欢和丹娜一起玩游戏，丹娜摇晃着这些纸，然后埃米娅也开始摇晃。她的脸上和眼睛荡漾着笑意，她的小腿动着，仿佛她随着纸跳舞。有一次埃米娅把纸放自己脸上，丹娜学着她的样子。她们把脸藏在纸堆里，偷偷地往外看，开心地大笑着。

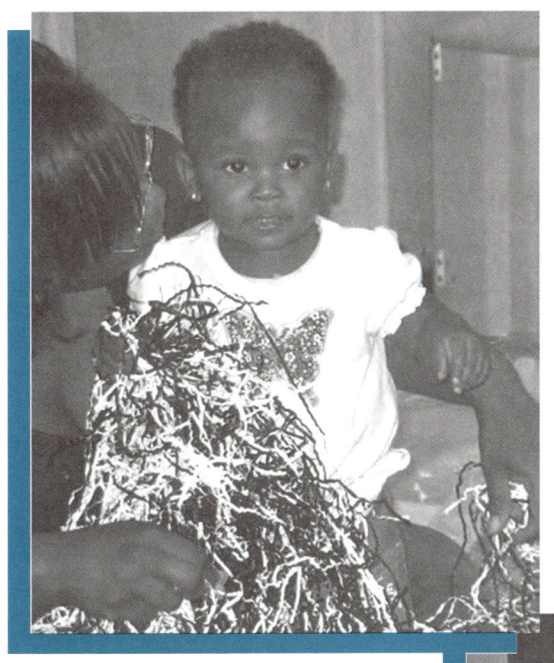

——香农，尼可，玛丽，丹娜，金姆，切尔，辛迪，法兰西斯和安琪尔，老师组

独自或与同伴或与团队成员一起研读这个观察故事，思考下列问题。

1. 这个故事中埃米娅探索了什么感官元素？
2. 在这个时刻，你认为埃米娅体验和感觉到了什么？
3. 对埃米娅和丹娜来说，埃米娅与丹娜的互动如何加深了这次体验？

对于幼儿来说，投入感官的探索经历是天天发生的寻常之事，老师看到儿童所注意到的、不为人所注意的细节时——他们周围的声音、光线、颜色和动静——加入这个体验，对幼儿和成年人来说，乐趣和参与感都得到了提高。

再看一眼

儿童全身心地投入感官体验活动，因为这些活动包涵着行动和互动。感官体验让人安心，得到释放，充满各种可能。对儿童来说，当他们操纵和改变感官材料时，他们觉得很神奇。那些成年人觉得普通、杂乱，甚至无聊的东西，在儿童眼中神奇极了。从儿童的角度来看，这些新东西可以看、抓、摸、尝和闻。你有必要把这些细节记录下来，珍藏起来，以提醒自己和其他成年人那些在幼儿生活中最有意义和最重要的体验。这里还有更多的活动可以提升你用感官去发现的能力和增加你享受感官快乐的能力。

反思引言

既然你有机会去唤醒自己的感官，以新的感知去观察儿童的感官游戏，请思考巴克明斯特·富勒的这些话。

如果你想做对儿童有益的事……给他创造一个环境,让他能触摸尽可能多的东西。

——巴克明斯特·富勒

请与同伴和团队成员讨论这个引言,写下你的反思和反省。

阅读下面的观察故事,思考它如何反映儿童天生的、用感官探索世界的能力。

海绵的魔力

罗娜给她班里的婴儿准备了一些干海绵和盛了一些水的小盆。孩子们立即对这个新材料表现出兴趣。他们好奇地拿起这些硬硬的、没有水的海绵,开始认真地探索。海绵是干的,孩子们带着认真的神情仔细检查海绵,然后立即把海绵放在水里。他们摆弄着海绵,专心地看着海绵吸饱水。他们似乎也对水感到好奇,他们看着自己的手在水里移动,激起小小的波浪。孩子们发现了,然后高兴地把水从海绵里挤出来。他们不停地让海绵汲水,然后把水挤出来。

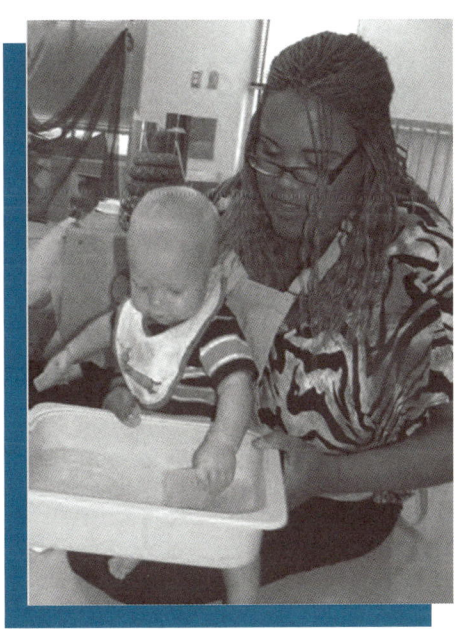

——罗娜,婴儿班老师

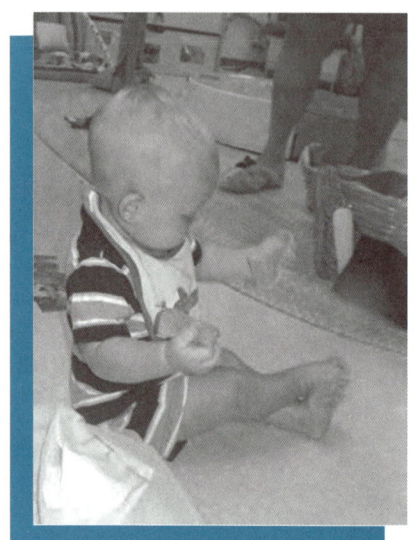
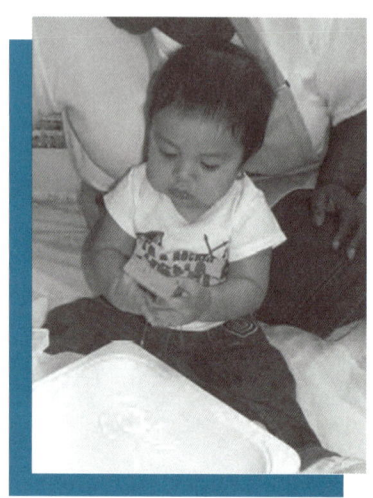
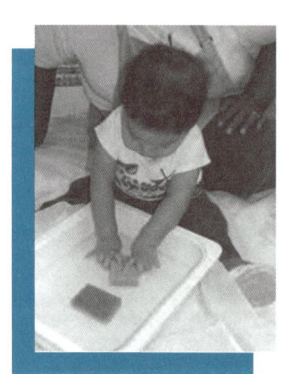
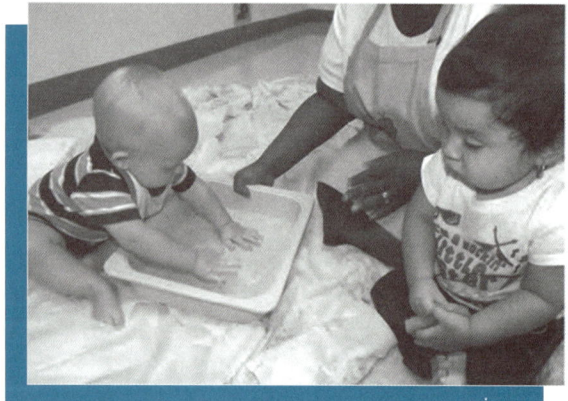

仅仅提供了海绵和水就能让婴儿进行认真的探索。他们轻而易举地发现自己的举动能对水和海绵产生影响。他们似乎从材料中、从自己的动作中、从相互观看中学习。我们可以说这些经历与科学和物理概念相关，比如浮与沉、汲取与位移。如此年幼的孩子的专注度和迅速接收信息的能力真是不同寻常。他们就像海绵那样汲取一切。用他们的视角看世界，我们对极其普通的海绵和水有了别样的理解。

观察感官探索

倘若你以高度的敏感对待观察,你能学会留意到儿童感官探索的最微小的细节。这点清晰地反映在观察婴儿玩海绵的活动中。挑战自己去留意儿童在积木区、戏剧区、画架旁、野外郊游或坐成一圈上课时如何使用他们的感官。在与儿童相处的真实环境里观察或观看一段电视录像,观察时,练习记录儿童参与活动的细节,然后从儿童的角度来寻找意义。什么是他们体验的本质呢?他们在探索、研究和试图理解什么呢?他们发现什么令人愉快、令人舒心或吸引人的事了?

收集描述感觉的词汇

由于不习惯于注意细节,我们描述细节的词汇相当匮乏。这里介绍一些描述感觉的词汇。自己独立或与他人合作进行大脑风暴,找其他的词汇添加进来。把这个词汇清单放在手边,看看它能否在你观察孩子感官体验时帮助你记录细节和发现情感线索。

感觉	词汇
视觉	发光、闪亮、闪闪发光、闪烁、闪耀、明晃晃、耀眼的、明亮的、暗淡、朦胧、模糊、透明、银光、流光溢彩、五颜六色、鲜艳、褪色、苍白
听觉	嘎吱声、噼啪地、嘶嘶地、飕飕地、咔嚓地、砰砰地、叮咚地、飒飒地、吼叫声、轻声细语、响亮的
味觉	咸、甜、酸、辣、油腻、涩、苦、可口
嗅觉	刺鼻的、香甜的、浓烈的、发霉的、新鲜的、泥土的、酸的、霉臭的
触觉	黏糊糊的、冷冷的、冰冷的、暖暖的、清凉的、热的、刺刺的、柔软的、光滑的、痒痒的、湿润的、起伏的、暖和的、毛糙的、硬硬的
动作	滑动、猛扑、摆动、跑动、沸腾、爆发、躲避、碰撞、弹跳、迅速、优雅

更多要做的

这里还有更多的活动让你保持感官敏锐，提高意识。你可以独自练习，也可以和同伴一起练习。

玩泡泡

收集各种产生泡泡的物体，比如管子、棍子、草莓篮子和弯成不同形状的衣服架子。给自己做一些泡泡溶液，花至少三十分钟吹泡泡。注意你吹出的泡泡的形状、大小、颜色和彩虹反射。试着吹出特别大和许多非常小的泡泡，并追逐和刺破你吹出来的泡泡。

泡泡溶液配方：

1 份洗洁精（乔伊或唐这两个牌子最好）；

1 份玉米糖浆或甘油；

3 份水。

把洗洁精和玉米糖浆或甘油倒在水里，轻轻地搅拌，直到它们完全融合。

用鼻子

利用一整天，找一个不常去的地方，注意周围各种气味和芳香，花点时间去闻闻花、深呼吸。注意室内和室外的气味：自然的气息、人造的气味、芳香的或难闻的。闻到各种气味时，留意它们给你留下的感觉和你的反应。写下或与同伴讨论你的体验。

用珠宝鉴定放大镜

用珠宝鉴定的放大镜探索不少于十件物体,写下详细的描述,然后画出它们的草图。

观察样本展示

阅读下面的观察故事,注意老师如何把新西兰式的传统融合到写学习故事中。这些故事包涵着下列元素:

- 详细地描述所发生的事。
- 解释所包涵的意义。
- 老师对随后可能出现的机遇和可能性的思考。
- 邀请家长把他们的想法写进来。

学习故事通常是针对儿童写作的,它帮助老师勾画出所看见的一切、对孩子的了解和理解、什么让自己感动高兴和吃惊,如果把这个观察故事讲给儿童听,他们可能有什么样的体验。

布的海洋

尼克拉斯,今天我准备了一些蓝色的薄织物,它立即吸引了你。你是第一个跳进布堆的孩子。你在布堆里打着滚,把它贴在自己的脸上。你注意到质地了吗?或者你发现你可以透过布看清东西吗?

尼克拉斯,你似乎玩得很满足——你一直满脸笑容!你站在布

堆里，慢慢地把它举到空中，让布从手里滑落下来，飘到地上。这样玩了几次后，你试图把布放在自己头上，但是，某件事似乎阻止了你。尼克拉斯，你试着向前弯下身，要把布都盖在头上，但是，你一开始没有注意到自己踩住了布边。试了几次后，你意识到这个，后退一步，布突然被松开了，你最终用它把头全部盖住了！

你透过布偷看，似乎对自己的成功很激动！你用各种方法探索这个材料——你跳进去、在里面打滚、用布把身体盖住。尼克拉斯，你甚至在布里面走各种各样步子。你拖着脚走，看着布在脚边聚起来，然后在布堆里跨着大步走。尼克拉斯，你如此专心地投入探索！

这意味着：

尼克拉斯告诉我们，他是一个独立的思想者。他用整个身体探索这个材料。他是一个领导者，他告诉其他孩子这是个安全的地方，可以玩耍。他用不同的方法探索这个材料。尼克拉斯告诉我们，有足够的时间彻底探索这个材料的特点很有意义，因为在这个活动过程中他一直专心致志。开始时，我们打算把灯光调暗，但是在把材料介绍给他们之前，我们改变了这个想法，事实证明灯光是他们探索的重要组成部分，它让孩子看清织物的阴影和层次。今天，尼克拉斯用他的灵活惊喜到了我们，让我们改变了计划并让许多成年人也加入到这个活动中。

咨询家长的想法：

亲爱的安琪拉：

我们想和你分享尼克拉斯探索薄织物的体验。他非常专注地投入到研究中！请你和我们一起分享你对这个经历的感想。另外，尼克拉斯在家是否也有类似的探索呢？

伊丽拉和雪莉老师

妈妈安琪拉的回复：

在家里，尼克拉斯最喜欢的游戏就是在毯子和枕头里打滚。他让爸爸和他一起在地板的毯子下玩耍。另外，尼克拉斯对织物的纹理特别感兴趣。他喜欢用柔软织物在脸上揉擦。他的填充动物玩具（戈麦斯）有长耳朵，尼克拉斯每晚睡觉时都把戈麦斯的长耳朵放在脸上，他甚至还会把我丈夫擦眼镜的眼镜布拿来在脸上揉。

当年尼克拉斯在我肚子里时，我们曾做过3D超声波，超声波几乎没有让我们看见尼克拉斯的脸，因为他的半张脸隐藏在胎盘后面。我记得超声波医生告诉我们，他喜欢把脸藏起来。她是对的，他每天晚上就是这样睡觉的！

机会和可能性：

显而易见，尼克拉斯喜欢不同质地的东西。我们可以给他提供许多不同质地的枕头套、小布袋、有纹理的故事书图片。尼克拉斯可能有兴趣用毯子和同龄人一起建城堡和帐篷。我们期待把各种质地的材料用在尼克拉斯日常探索的活动中！

伊丽拉和雪莉老师

第 6 章

学习研讨课：观察儿童如何探索、发明和建构

童年时期，游戏是人发展最突出的表现，因为游戏本身就是儿童心灵中一切的自由表达。

——弗里德瑞奇·福禄贝尔

本章学习研讨课的学习目标

在本章学习本次研讨课中,你将:

- 通过绘制取景器图,练习仔细观察。
- 研究儿童学习使用开放性材料进行创造的重要性。
- 用开放性材料或松散零件进行探索和创造。
- 练习发现儿童如何使用开放性材料的细节。

反思引言

反思本章开篇所引用的弗里德瑞奇·福禄贝尔的话,写下你对此引言的反思,或与他人讨论,参阅以下问题作为指导。

1. 福禄贝尔的话对你意味着什么?
2. 在观察游戏时,你看见儿童心灵的故事了吗?
3. 为什么你认为游戏对人的发展特别重要?

思索下面这个老师所写的笔记。它是如何反映福禄贝尔的观念的?

儿童以令人激动的、别样的视角看待一切。如果我们能以这种全新的视角看待生活,想想我们的生活该是多么令人激动啊!上星期,我和我女儿(五岁)在去学校的路上,我们开着车,她看到天上的云彩,她留意到每一朵云彩,而且每朵云彩都不一样。整整二十分钟我们都在谈论云彩。然后她说:"等我们碰到爸爸时,我可以告诉他云彩多么令人激动。"我这天特别忙碌，着急送她去上学，她让我看见了我几乎要错过的美。这个引言，特别是我女儿，提醒我，像儿童那样思考是多好的一件事啊！

——卡瑞，早教学生

观察艺术的活动

用取景器画画

柯瑞塔·肯特和扬·斯图尔特在《用心学》一书中向我们介绍了另一个观察的工具，他们用废旧材料制造了一个取景器。这个工具的功能与照相机的镜头或取景器的功能一样。取景器有助于把物体从背景中凸显出来，让你练习不用标签和无须评判地看见物体的细节。

1. 给自己做一个取景器，快捷的制作取景器的方法就是用一个空白的 3.5 厘米幻灯的滑动架。你也可以在一张厚纸片或硬纸板上剪一个洞（大约 1×1.5 英寸）。

2. 带着你的取景器绕着建筑物或在户外走一圈，找一个有许多东西可看的地方。透过取景器看世界，至少看十分钟。你可以独自这样看世界，但最好和一个同伴一起看世界，然后讨论你们所注意到的。记住，这个活动的目标是练习看见各种细节，而不受其名字或功能的影响。

3. 下一步，用取景器框住杂志或日历照片的一小部分。仔细观察被小取景器框住的那些细节。

4. 用彩色铅笔或细记号笔，画出你在长方形框内所看见的东西，在8.5×11英寸的纸上画一张放大图。改变尺寸会让你以新的方式注意到细节。
5. 你画的将是长方形框内东西的放大版。打个比方说，这正是我们所试图要突出的对童年那些平常时刻的观察，让这些时刻更清楚地凸显在我们和社会的眼前。

学会视童年为充满各种可能的世界

儿童对世界应该是什么样、应该如何感觉或根据既定的模式必须做什么鲜有先入之见。在他们眼中，世界充满各种可能，每天都是满满的新发现，完全没有各种责任的紧迫压力。每一分钟和每一个活动都是此时此刻的体验，完全不需忧心忡忡地展望未来。

与成年人不同，幼儿不会给事物贴上标签，也不会思维定势，或看到周围的大部分材料就想到通常的用法。他们还没有学习所谓的正确的答案或正确使用东西的方法。有时这种缺乏经验和信息会让他们陷入麻烦或遇到危险。因此，许多成年人认为，我们成年人的角色就是保护儿童远离危险。另一方面，成年人又经常视这种无知和天真为非常讨人喜欢和幽默的行为。儿童被看作可爱的小家伙，小孩子说了可恶的事，我们哈哈一笑。

如果我们以开放和尊重的心态看待孩子，

我们就不会那样小觑他们。认真观察可以帮助我们发现童年充满好奇、创造力和无限的可能。孩子生来就会投入、拆卸、重新安排和创造，只要有东西吸引他们的想象力和好奇心，无论是一时兴起或怀有强烈的目的。我们成年人会权衡利弊再做。我们必须给儿童提供词汇和工具，这些词汇和工具是在这个世界安全活动所需要的，而且我们还要提供多种可能和材料来增强他们的好奇心和创造力。我们必须尽力关注他们的好奇心和研究，如同强调他们的保障和安全一样，只有这样我们才不会扼杀他们天生的好奇心和他们以自己的、有效的方法去学习的权利。

正规教育和消费主义世界合谋阻止我们做这份工作。针对儿童所创造和推销的许多活动和材料绝对不是由儿童发明创造的。家长和老师以为，买了最新款的、漂亮的玩具或课程包就是帮助孩子。然后，他们看到孩子很快就厌倦了，寻找下一批新的玩具或活动。我们都知道这类事情，儿童玩弄礼品盒的时间比玩盒子里玩具的时间长。儿童真正需要的是一个环境，里面堆满了各种开放性材料和松散零件、来自大自然和回收箱的东西。我们给儿童提供这些东西时，他们就是自己体验的创造者而不是商品的消费者。

我们成年人也沦陷在这个消费者世界里。我们不再视自己为创造者。幼儿商品目录向我们提供包装好的、准备好的材料——老师以前自己创造的这些东西。下面的活动能帮助你想起这其中的差别。开始时这可能很困难并令人不舒服，因为我们已经习惯在我们自己之外寻找答案。坚持这种练习来恢复你自己的创造力和发明力。

练习用零散材料进行探索和创造

从回收箱和大自然中收集各种开放性材料，这里推荐一些物体供你收集：

- 石头、贝壳、树叶、树枝、沙滩眼镜。
- 硬纸管和小盒子。
- 瓷砖、颜料和层压材料样品。
- 纱线、羊毛和编织扎带。
- 胶片盒、塑料容器和盖子、门绞链。

确保每种物体都有足够的数量，这样才有足够的材料进行探索和创造。与同伴或团队成员一起合作，相互交换想法并进行反思。阅读下面的指导，集中精力用各种材料进行活动。

1. 研究各种材料以便发现有多少种分拣和归类这些材料的方法，找出它们的相同或不同之处。
2. 然后，用各式材料创造或建造一个物体。独立完成或与团队成员协力完成。利用你们的各种研究和讨论以寻找发明和创造的灵感。

完成你们自己的创造之后，参阅下列问题对这个过程进行反思和反省。

1. 回顾自己开始分拣和归类各种材料的过程。开始处理这些材料时，你的想法是什么？你决定分类的方法和策略是什么？在这个过程中你发现了什么？
2. 讨论发明和创造过程。你们怎么会有这些想法？团队的决策过程是什么？什么促使团队团结合作？什么妨碍了团队的决策进程？如果你决定独立工作，讨论你为什么做出这个决定以及这与团队工作有何不同？
3. 回顾整个经历以及它与儿童使用材料的关系。这类材料的价值是什么？儿童如果用这些材料玩游戏会有何受益？

尝试多做几次这类活动。为自己收集一些零散材料，以便可以经常使用这些材料，保持自己的创造力。观察儿童，汲取儿童的想法，他们会有你意想不到的、无数可能的想法，进一步拓展你的练习活动。

以儿童为榜样能教会你许多有关灵活和创造性思维的内容。这里介绍几个观察样本来证明这个观点。

搭建化妆品店

今天在我们积木区，丹特打算建造个新东西。他先拿了剪贴板、纸和笔以及一个小的卡普拉积木画出设计草图。把部分设计画在纸上后，他停下来，开始搭建他画好的草图；然后他回去继续画下一步的草图。在三十分钟的时间里，这个过程重复了好几次。设计的建筑完工后，他把教室各处的镜子和彩妆都收集过来，对着大家宣布说："化妆品店开业了。女孩子，来吧，拿你们的化妆品。男孩也可以用化妆品。"

——维基，学前班老师

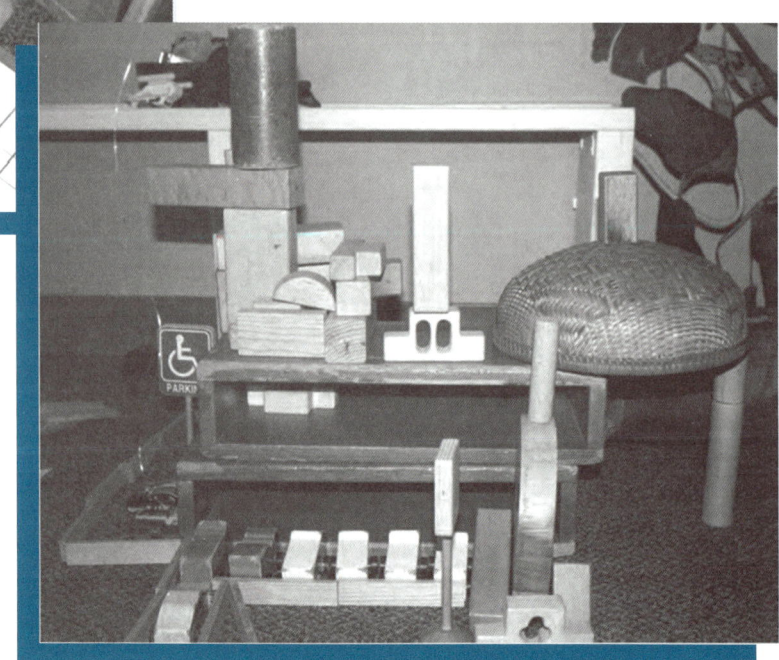

达到 100

今天孩子们都很有创意，想让我们体重秤的指针指向 100。约拿领头进行这个游戏，他把各种不同的东西放到秤上。随着更多的孩子参与进来，他们开始讨论怎么才能让数字够大。于是，越来越多的物体被拿过来。更多的创意是他们用自己的身体来尝试。

——贝琪，幼儿老师

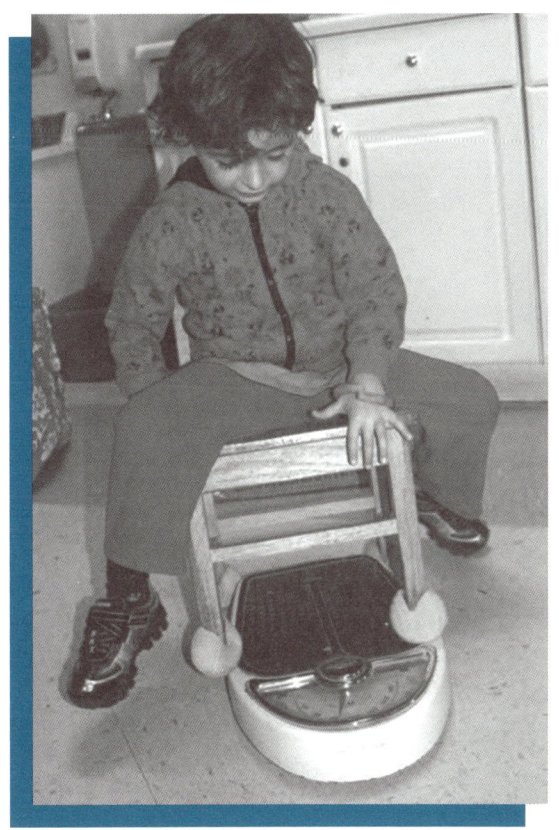

坡道和管子

今天,琳赛决定给她班级提供一些新的材料。她收集了不同长度、各种形状的管子和木板,还拿了一些木线轴和装小木珠及木球的盒子。孩子们看到了新材料,他们好奇但谨慎地走了过来,一个探索过程慢慢地开始了。奥斯汀小心翼翼地把两个木板排列起来,用一个小木凳造了斜坡;李走过来,在一个斜坡的末端加了另一块木板,然后又加了一根管子,建成了另一个斜坡。奥斯汀在一旁看着,她拿一个木球,让它沿着斜坡滚下来。

不一会儿,奥斯汀和李发明了一个游戏,把球放在斜坡的顶上,大喊着:"球滚得有多快。"

"我的最快!我的最快!"李叫着,笑嘻嘻的,脸上透着兴奋。

这种探索和创造继续进行着。后来,一群男孩一起把管子从最长到最短按序排列起来,然后挨个让球落到每个管子上。他们激动地大笑着,把管子砸翻了,球在地毯上乱滚;他们精力充沛地四处捡球,又开始用球填管子。另一些孩子则用线轴和管子做望远镜,透过

它们看教室里的物体。

——迪波，学步儿童班老师

独自反思，或与同伴、团队成员讨论这些观察故事的意义。参阅下列问题指导你的思路。

1. 儿童如何利用材料来表示他们熟悉的东西？
2. 在儿童利用这些材料的过程中，你注意到哪些细节？
3. 从观察儿童的创造发明中，你学到了什么？

仔细研究这些观察故事，我们可以开始回答问题，这能加深我们的理解。在儿童的游戏和学习中，环境和材料起了什么作用？当允许儿童凭自己的兴趣和根据发展水平去玩游戏时，会发生什么情况呢？儿童一遍遍地用同样的材料玩游戏，价值何在？儿童的游戏如何帮助他们获得社会技能和建立关系？

除了学习价值，开放性材料让儿童体验了什么是可能的，而不是什么是正确的。看、听和支持儿童用开放性的材料进行创造发明时，你会发现，他们全身心的投入和强大的干劲使他们自己的想法和假设变成了现实。他们想出新点子解决问题和实现自己的目标时，你发现他们的思路相当灵活。观察儿童用开放性材料游戏，你就理解，为什么只要有时间、机遇、目的和热情，人类就能发明车轮、建立社区、谱写交响曲和飞上月球。

再看一眼

如果你目前的工作环境中还没有向儿童提供零散材料，你需要逐步提供这些材料：食品包装盒、卷纸筒、几卷遮蔽胶带等，这是很好的开始。这些东西是非常开放的，孩子不会认为，你的脑子里对这些材料有特别的想法。你可以这样做示范：一边拿起不同的材料一边自言自语地说"这让我想起了……"或者"如果我想做个需要长管子的东西，我可以用这个"。一旦孩子知道，他们可以用这些材料来表达自己的想法，他们就会更灵活地利用这些材料。

在教室指定某个区域专门摆放可回收利用的零散材料。有些人称这个架子或存放箱为发明家的盒子或创造站。在《美丽的东西！用找到的材料学习》一书中，作家凯西·威斯曼·托普尔和莱娜·格迪尼演示了老师和孩子如何创造教室的空间，这是一个长期幼教项目的一部分，参与的家庭收集各种材料，邀请孩子分拣、组织和整理这些材料。

提供开放性材料

提供足够的、来自大自然和回收箱的开放性材料，观察儿童如何利用这些材料。对学龄前和稍大点的儿童，要确保你准备好足够的物品和材料，供孩子们把东西组装起来——用胶带、编织带、订书机、不粘胶、绳子和电线。同时要确保这些物体没有可能会对婴儿和学步儿童造成危险或伤害的小零件或小部件。

连续七天提供这类选择好的材料，这样你就可以发现在这段时间内所发生的一切。认真观察儿童如何利用这些材料，独自或与同伴一起对下列问题进行反思。

1. 儿童如何利用这些物体和材料？
2. 是什么吸引他们的兴趣？
3. 什么是好玩和令人愉快的？
4. 儿童把哪些体验、人或其他材料与这些开放性材料联系在一起？
5. 他们如何谈论这些材料？

6. 他们如何利用这些材料来反映他们的想法，像符号和道具那样真正地创造和构设自己的想法和游戏？

7. 他们利用材料的方法在一定时间内有什么变化呢？

观察如何利用找到的材料

记录儿童如何使用他们自己找到的、教室内或户外的开放性材料。阅读下列问题，反思你的所见。

1. 他们发现了哪些开放性的材料或物体？
2. 他们是如何和在哪里使用这些材料——用于感官探索、搭建、演戏？
3. 这些材料有什么共同之处？
4. 儿童如何使用这些材料来反映他们的想法和理解？

下面这个是雪莉写作的,有关小拉诺对平衡感兴趣的故事,请反思这个故事。

平衡实验

拉诺在游戏场走来走去,时不时地停下来检查我们放在周围的小圆木。几分钟后,她挑选了一个小圆木,把它搬走,直到她捡起第二个和第三个小圆木。拉诺把它们堆在一起,然后开始仔细地排列这些圆木,一个紧挨着一个摆好。她扫了一眼这个地方,很快又找到一个圆木,放进摆好的木堆里。然后她把脚放在最大的圆木上,张开双臂,轻轻地挪动自己的脚。

调整了几次后,拉诺抬起另一只脚,放在最外面的那个圆木上。她花了一点时间调整自己的站姿,然后挺直身体,咯咯地笑了,双臂放松地垂了下来。

——雪莉,学步儿童班老师

提供真的工具

因为要保护儿童的安全,许多老师不给儿童真正的工具做建筑和搭建。非常不幸,因为儿童渴望用真正的工具做有意义的事。如果我们剥夺了儿童使用这些工具掌握技能和熟悉安全措施的机会,我们会给他们留下什么样的自我印象呢?只要有周全的计划,儿童可以学会使用木工工具(锤子、螺丝刀、锯子和钻子)、手工工具(胶枪、雕刻工具)、园艺工具(铲、犁、锄、泵)和烹饪器具(搅拌器、榨汁机、奶酪切片器,研钵和杵)。

观察使用真正的工具

研究下列照片,阅读下列问题,进行讨论或写下反思笔记。

1. 你在儿童的脸上、手上和肢体语言中发现了什么?从他们的角度来看,这个体验有什么意义?
2. 你认为老师让儿童使用这些工具应该做哪些准备工作?
3. 你如何把使用真正的工具融合到教室布置和课程计划的安排中?

更多要做的事

利用找到的材料创造东西的理念不只局限于幼儿教育中。实事上，你阅读有关艺术家、建筑家和发明家如何开发他们作品时，就能发现他们经常运用这样的理念和材料。

尝试更多的取景器图

找更多的图，透过取景器来观看，完成至少十张取景器图画。

观察艺术家的作品

这里介绍一个有趣的活动，帮助你以艺术家的批评眼光发现更多的细枝末节。

参观艺术画廊或收集照片或印有油画、绘画、雕塑或其他艺术形式复制品的明信片。

独自或与同伴、团队成员一起工作，参阅下列问题，一起分析艺术作品。

1. 你认为艺术家想让你留意到这个艺术作品的什么内容？为什么？
2. 这个艺术作品的哪个地方最吸引你？为什么？
3. 研究艺术家运用线条和形状的不同方法。用你的手指追寻这些线条和形状。这么做时，注意观察它们怎么变化的，从哪里来，又到哪里去。
4. 描述这个艺术作品中的图案、颜色、纹理和物体。
5. 你如何描述艺术作品的情感？

自己学习使用新的工具

在你考虑向儿童提供新工具得可能性时，给自己找一个没有使用经验的工具，探索你可能如何利用这个工具。这个工具可能让你完成什么呢？使用这个工具时，你应该采取什么安全措施呢？你会如何把学习过程分解成各个步骤以熟练使用这个工具呢？

观察样本展示

在基尔的观察故事中，注意她如何给读者留下熟悉这个孩子的感觉，如何描述她对费恩坚持搭建平衡积木的好奇，以及如何分享她对那些吸引孩子兴趣的材料的看法。

棘手的平衡

有几件事我对费恩相当熟悉：他喜欢玩汽车和读书，他喜欢乐高玩

具,他真的喜欢走来走去。我注意到的另一件事是,如果时机正好合适,或者教室的布置点燃了他的想象力,无论周围发生了什么,他都会极其专注地做某事,最近有一天,这样的事情就发生了。

费恩注意到我们一套新的彩虹积木散落在台子上。盯着积木看了一会儿,他把这些木头、石头形状的积木拿了过来,开始工作了。大概有十分钟的时间,他一直让这些积木在螺旋楼梯的顶上保持平衡。似乎费恩想让九块石头形状的积木一个一个地叠加起来,并且保持平衡,即使在平地上,这也需要相当的技巧,何况他是利用楼梯的顶部作为起始点。每次都有几块积木倒下来,他重新来过,脸上是平静和坚决的表情。似

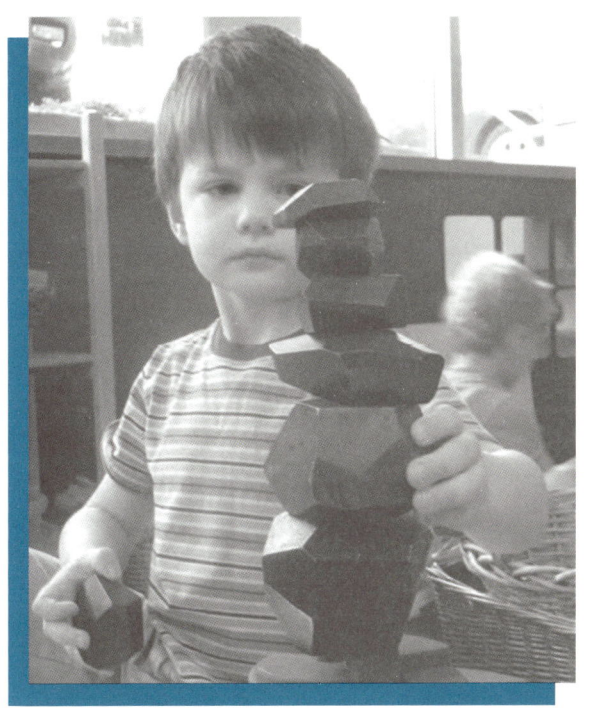

乎他知道自己的试验相当棘手，积木倒下是这个过程的一部分。也许正是棘手才让费恩感到满足。

我们选择提供给孩子的材料包涵着许多想法和意图。我喜欢这里教学的一件事是鼓励我们在教室里利用自然材料。我认为，对儿童来说，让东西看起来既诱人又有趣，这点非常重要。我作为老师经常寻找新的和不同寻常的道具和玩具，总是找可以放在一起的新东西。我喜欢这样，不管我在某个东西里投入多少心思，孩子们总是会有完全不一样的、非常有创意的想法来摆弄这些材料。这真的让事情非常有趣！我想知道，是什么让费恩认为要把这两种材料放在一起，又是什么让他坚持了这么久。我打算让他看看他玩时的照片，告诉他这是我所看见的，看看他是否会说点什么。

我喜欢这个理念，教室里既有个人活动的空间，也有集体活动的空间。看到费恩在我们这个忙碌的教室里如此专注、不被打扰，真是太好了。今年我打算挑战费恩一下，让他多离开他的舒服区——乐高积木，鼓励他和别人分享自己的想法。我会告诉你们这事的进展情况！

——基尔，老师

第 7 章

学习研讨课：观察儿童如何与自然世界相联系

  作为儿童，他们有那种神奇的能力：能穿越地球的多个纪元，像动物那样看着这片土地，以花或蜜蜂的视角仰望蓝天，感觉我们脚下大地的颤动和呼吸，嗅出泥土百种不同的气味，自然而然地听见树木的叹息。

——瓦莱丽·安德鲁斯

本章学习研讨课程的学习目标

在本章学习研讨课中，你将：
- 重新与自然世界建立神奇的联系。
- 学会欣赏孩子对自然和生物的深深迷恋。
- 练习看见孩子与自然世界关系的细节。

反思引言

思考瓦莱丽·安德鲁斯的话，参阅下列问题作为指导。

1. 你对安德鲁斯的引言有何反应？
2. 你是否记得童年时像她描述的那样看世界？
3. 你是否见过儿童像她描述的那样亲密接触自然世界？

写下反思笔记，与他人或团队成员讨论你的想法。你也许想参阅这些教育工作者的反馈以点燃自己的思想火花或拓展自己的思路。

儿童探索自然时是如此不可思议的纯真。我自己童年岁月的大部分时间在自然界中度过，与自然为伴。潺潺的小溪和弯弯的柳树就像是我的第二个家。有时，我真怀念那些短暂的年少时光，在自然里，没有期望或压力，我可以真正地生活着。现在，作为幼儿老师，我非常幸运，能见证这些幼儿爱上地球。儿童在自然界初次体验是如此自然纯朴，它召唤着我去重新和自然亲密相处。

——雪莉，幼儿老师

我对这个引言的最初反应是敬畏和悲伤。我感到敬畏的是儿童所具有的看世界的神奇能力：看见一片雪或一粒沙不可思议的美，能在落雨之前闻到雨的气息，只有他们才具有这个能力。我感到悲伤是因为我觉得我们渐渐地丧失了这个神奇的能力。我很想知道自己是为什么或什么时候丧失这个能力的。我记得自己是小孩子的时候在屋后树木里度过的漫长的日子；记得在泥里挖坑时土壤的味道，挖得越深，味道越重；记得小仙子真的住在蓬蓬的蘑菇伞下；相信天上的云彩就是动物的说法。当儿童有机会真的与自然世界亲密接触时，我总能在他们身上看到这些。

——罗莉，管理者

观察艺术的活动

观察大自然

尝试改编自柯瑞塔·肯特和扬·斯图尔特的《用心学》一书中的活动。

1. 选择观察来自大自然的东西：树、花、月亮、影子或生物，比如昆虫、鸟、小狗或小猫。注意要选择你可以多次进行观察的东西。
2. 阅读下列指南以聚焦观察内容。

- 细看观察对象的形状和各个组成部分，这些构成你观察对象的整体。
- 细看观察对象的图案和纹理。
- 细看明暗的阴影。
- 细看观察对象颜色的微妙又生动的差别。
- 细看观察对象移动的不同方式。

3. 连续七天,每天至少观察十五分钟。列出清单,写出你每天观察所注意到的特别细节。如果喜欢,你可以在清单旁画出草图。

4. 坚持不间断地收集你观察到的细节。留意每次观察时你的观察过程和你自身所出现的变化。

5. 七天观察时间结束后,和同伴或团队成员一起讨论研究观察对象所经历的过程。与他人分享你对自己和观察对象的发现。

学会视童年为充满自然奇观的世界

那时有关小孩的主要事情是:我们有巨多的时间无所事事……我们大家有很长时间都是这样:用脚踢很长时间的野花、抓蝌蚪、寻找慈姑、把脚弄湿、玩泥巴、沙子和水。你知道的,就是无所事事。怎么弄沙子呢,就是让沙子从指缝间漏下来。怎么玩泥巴呢,就是拍打它,摔打它,抛起它,把它扔下来……当我是孩子时,我的世界里充满了成年人根本不在乎的事。

——罗伯特·保罗·史密斯

上述罗伯特·保罗·史密斯的话揭示了我们人类有一种强烈的欲望，渴望有地方能让我们觉得同大地、天空和其他生物紧密相连，因为只有在这些地方我们才感受到比我们自身强大的某种东西的一部分。在户外才能感受到童年最真实的快乐，那里有无垠的天空和精致的树叶。在城市，光从建筑物上折射出来，创造出影子与投射，吸引你去追随。

户外有狂风怒吼的日子，激荡我们的身体和想象力；有绵绵细雨，银光闪亮，形成小小的水坑，正适合跳跃和踩水；阳光温暖着我们的身体，点燃我们的精神。户外有形形色色的生物，或奔跑或飞翔或滑行，它时时变化，不断地重生，正适合我们去研究、改变和创造迷你世界和戏剧。

在户外，儿童可以喧闹和嬉戏或者安静和默想。他们体验生命的周期、等待季节的变化、观察并关爱各种生物。他们可以发现人们生活、工作和玩乐方式的差别。在户外，儿童发明游戏，学会如何照顾自己并爱护他人。户外是人们精神相通以及情感和精力释放的地方。

令人悲哀的是，大多数的儿童成长在幼儿园中，户外活动时间受日常课程计划安排的限制，被水泥游戏场所制约，游戏场

里安装着固定的商业游戏设备，它们不会随风摇摆或随季节变化。伴随着现代化世界的扩大以及成年人对儿童的安全问题的担忧的加剧，儿童越来越缺乏机会来实现人类极其必需的、与自然的亲近。这种与自然世界缺乏关联的危险在理查德·洛夫的作品中得到很好的证实，其中就有《林中的最后一个孩子》和《自然的规则》。好消息是，有许多本地、国家和国际社会的提案决议专门推进自然教育和让儿童与自然世界亲密相处，其中包括"儿童与自然网络"（www.childrenandnature.org），世界论坛基金组织的"为了孩子的自然协作"（www.worldforumfoundation.org）以及"植树节基金自然探索项目"（www.arborday.org/explore）。这些资源让我们牢记，保护儿童与自然的天然纽带是极其重要的。

参与幼儿项目的成年人要认清儿童与自然世界建立联系的深远意义，这点极为重要。观察孩子投身这类体验是获知和明晰自己与自然界关系的一个途径。回忆自己童年的户外经历是另一个对认清儿童极有意义的有力工具。

练习回忆大自然的奇观

这个练习将帮助你继续与自然界的奇迹重新建立联系。回忆童年时期你最爱光顾的户外场所，画一张那个地方的草图，在图上标注以下这些特点。

- 生长的东西：树、植物、草地或花园。
- 你发现的生物：动物、昆虫、爬虫或飞鸟。
- 自然或人造事物的形状及结构：水、岩石、树桩、山冈、棚子、谷仓、走廊、藏身的地方、水塔或桥梁。
- 你游戏的地方、玩什么样的游戏、用什么材料玩游戏。

完成草图后，与同伴或团队成员分享草图和它唤起的故事。比较各

自经历的相同或不同之处,讨论这些经历在你们各自生活中所产生的影响。把你自己的经历与你所教育的孩子的经历做个比较。

观察练习

回忆自己的经历和讨论时听到的别人的经历,思考下面观察故事中儿童是如何与自然界联系在一起的。每个观察故事后都附有问题帮助你反思各个故事。

初霜

这是晴朗而寒冷的早晨,孩子们穿着大衣、戴着帽子和手套,冲向操场。走出大门后,他们突然停住脚步,看到闪亮的霜冻给操场上的每个表面都涂上光亮:小坑、草地、轮胎台阶、沙箱和秋千,每样东西都覆盖着一层薄薄的、亮晶晶的、白色的冰。孩子开始跑向操场的各个地方,试验所有的地面,激动地喊叫着,探索这迷人景观。

"哇哦……看!"瑞蓓卡开心地叫着,她走近轮胎台阶,用戴着手套的手指头谨慎地抚摸着表面,然后她抬起手,观察着,说道:"哇哦!"她欣赏着自己

的手指头在冰霜上留下的印子。

她捡起一片落叶，仔细研究它表面上细小的晶体，后来她收集了一堆树叶，检查每片叶子，把它们沿着沙箱的边排列起来。然后，她开始在木头边上擦刮这层冰霜。有一次，瑞蓓卡慢慢地向木头边低下头，伸出舌头，舔了一下霜冻。她抬起头，满脸笑容，叫喊着："是冷的！"

瑞蓓卡跳起来，跑过去，加入到其他孩子中，他们正在草地上活力四射地跺着脚，时不时地停下来，看着自己留下的脚印。他们一个跟着一个把脚印留在冰霜上，把他们冬日的舞蹈变成了追逐的游戏，那神奇的冰霜毯子在他们脚下融化了。

——南希，家庭儿童照顾者

独自或与同伴、团队成员一起反思以发现这个故事的意义。参阅以下问题以指导自己的思路和讨论。

1. 儿童探索霜冻时，吸引他们兴趣的是什么？
2. 他们用什么策略进行探索的？
3. 你从他们举动的细节中发现他们在探寻什么问题或假设呢？

当你仔细观察儿童时，你会发现他们追求与自然的亲近。令人欣喜的是，只要有一点点机会，孩子们就会在他们的环境中找到自然世界。他们在人行道发现裂缝，剥去水泥壳露出柔软的泥土。在城里，他们被沥青路面上的每个小坑所吸引。或者，正如《初霜》故事描述的那样，他们在体验身边季节变换时看见自然的神奇和找到发现的机会。我们必须抓住机会强化孩子对自然界神奇和惊喜的天然喜爱。在作品《好奇心》一书中，蕾切尔·卡森向我们展示了孩子和我们自己的愿景：

儿童的世界新奇、新颖而美丽……不幸的是，对我们大多数人而言，那种清澈的眼光，那种真正看见美和令人惊叹之事的本能，早在我们成年之前，已经迟钝，甚至丧失殆尽。假若我能说服那个善良的仙女，据说她负责所有儿童的洗礼，我就会请求她，赐世上每个儿童不可摧毁的好奇心作为礼物，让他们终身享用，成为抵御未来岁月无聊与失望的万灵的解药，不致徒劳地沉溺于那些人工的东西，疏离于我们力量的源泉。

这边有东西看！

杰克森正在沙箱里玩，他突然跑到老师面前，睁大眼睛，咧开嘴笑着，急切地叫道："快过来，这里有东西看！"

老师杰西跟他走到沙箱的另一端，杰克森指着一只大大的、美丽的蝴蝶。不一会儿对他的发现感兴趣的其他孩子围了过来。杰克森跪在蝴蝶旁，用双手罩着它。

"别碰它！"他轻声地、充满敬意地说。

可是，一会儿，他伸出一根手指头，碰了一下蝴蝶。碰触是轻柔的，但是他急促地说："我想抓住它，我想把它放在箱子里，它可以跟我回家了！"

慢慢地，蝴蝶飞到操场的另一边，飞飞停停。杰克森紧紧地跟在后面，一脸惊奇的神情。尽管他不断地表达想抓住蝴蝶的意愿——口气越来越肯定——他只是轻轻地碰了下，还保证

其他孩子不能靠得太近。

蝴蝶飞过栏栅，飞出操场，杰克森挥着手，叫喊道："再见，蝴蝶！快点回来！"

——杰西，幼儿老师

回顾杰克森观察故事时，请记住下列问题。

1. 从杰克森的视角来看，这个经历揭示了什么？
2. 这个故事告诉我们杰克森对自然界了解什么？
3. 你能说出在这个故事中杰克森展示了什么技能？

杰克森的故事让我们看到儿童与自然界与生俱来的关系以及他们渴望与自然相处的热情。杰克森强硬的用词与他对蝴蝶轻柔抚摸和温柔举止的反差令人吃惊，他的内心似乎经历着斗争：他真的想抓住蝴蝶，把它带回家，从而与它建立一种关系；但是他也知道蝴蝶的身体非常脆弱，必须尊重这个生命。这个故事表明杰克森越来越理解其他生物的需求，有越发强烈的研究他周围世界的好奇心和技巧。

林中之旅

这是我们和蹒跚学步儿童的第二次林中旅行。我们爬过蔓延的树枝和藤蔓，这时两岁半大的利亚姆停住了脚步，眼睛睁得大大的。似乎他记起来了，这是我们第一次来时见过的树。利亚姆向那棵树跑了过去，抓住被雨水浸湿的树皮，他想把自己吊到树上，可是，他很快滑了下来，倒在地上。他一落地，就迅速地跳起来，他检查了一下自己的手心，然后在裤子上擦擦手。他盯着树看，似乎在盘算他的下一步行动。利亚姆的注意力被树干上伸出来的新枝条所吸引。他双手紧紧地抓住树枝，快速而有力地拉了一下，利亚姆再次开始爬树，他把一只脚踏在树干上，

用树干做杠杆,开始把自己拉上去。他信心满满地抬起第二脚,放到树干上,用双手把自己吊了起来,站在落脚点上。利亚姆转过身来,一脸骄傲的神情。"我成功了!我自己爬上来了!"

——雪莉,早教老师

请参阅下列问题反思利亚姆爬树的观察故事。

1. 你对利亚姆的举动是什么反应？在这个情况下你可能会做什么？
2. 对利亚姆来说，这个体验的本质是什么？
3. 利亚姆表现出他掌握了哪些技能和知识？

自然界蕴藏着无限宝藏，并且给儿童提供了许多学习和快乐的机会。户外活动有开放的空间、自然和人造的各种构造，可以进行跳、爬、跑和其他具有挑战的身体冒险活动，有一定的危险。利亚姆无疑表现出他完成爬树任务的决心。我们的第一个本能反应可能是阻止这个两岁半的孩子做这事，这相当危险。但是我们仔细观察，看到他行为举止的细节，我们知道，利亚姆的能力和这个机会对他成长的重要性。

儿童理应接受自然界提出的各种挑战和冒险，并且要从中受益。如果他们能完成与他们个性和成长水平相当的冒险，他们的自尊会伴随他们身体和心理能力的提高而提升。我们想让孩子安全，但是同样重要的是在孩子独自应对危险情况时，认真地研究孩子的能力和快乐。自然世界就是这种情况出现的重要地点。

再看一眼

儿童理应有一个可靠的地方，躲避冷酷、贫瘠、快节奏、忙碌的现代社会以及制度化的设置、城市环境和商业利益。这是他们的权利和我们最大的责任。利用下列活动以更多地了解在自然世界里的儿童。

观察自然环境中的儿童

到海边、公园、树林中或其他儿童游戏的户外场所，挑选三个不同年龄段的儿童进行观察，注意他们如何与自然亲近的细节。参阅下列问题以指导自己的观察，写下反思笔记与同伴或团队成员进行讨论。

1. 在他们亲近自然的时候,你特别注意到什么?
2. 看起来什么最吸引他们的兴趣?
3. 他们似乎在探寻什么问题?
4. 关于他们自己和自然界,他们试图弄明白什么?

观察儿童与动物在一起

在你的幼儿园中,注意儿童与宠物或动物如何相处。在动物附近放一个小笔记本,看见一个孩子或孩子们在这里活动,就过来看看。如果教室里没有宠物,每天到户外都随身带着笔记本,观察孩子们与户外的

动物——鸟儿、昆虫、松鼠、蟾蜍和蜘蛛相处,坚持记几个星期的简短笔记。参阅下列问题指导自己的观察、反思笔记,或与同伴、团队成员讨论。

1. 在他们与动物亲近时,你特别注意什么?
2. 他们与动物构成了什么联系?
3. 看起来什么能吸引他们的兴趣?
4. 看起来什么是好玩的和愉悦的?
5. 他们似乎探寻什么问题?
6. 关于他们自己和动物,他们试图弄明白什么?

更多要做的事

除了观察儿童和他们与自然界的关系，你也应该追求相似的关系，这点很重要，这将让你对如何筹划机会以鼓励儿童与自然的亲近有更深入的领悟。回忆自己的经历将让你更积极地回应儿童在自然界里进行的自发性探索。

发现没有两件事是一样的

独自或与同伴一起在自然界找到四组相似的东西，比如，同一棵树上的两片叶子、两块相似的岩石、两个同类的贝壳、两个苹果或草莓。观察每组东西五分钟，然后列出各组之间的所有不同之处。

写一封"亲爱的蝴蝶"的信

写下你与最喜爱的动物之间的对话，比如鸟、鱼、狗、狮子或蝴蝶。想一想什么让你与这个动物结成朋友，你要做什么或说什么才能成为它世界里一分子？这个活动的目的是要求你尝试与自己角度不同的、别样的视角。

尝试别样的视角

另一个利用动物试验不一样视角的方法是阅读儿童系列读物《一天而已》。这些图书从各种动物的角度带着读者踏上旅途。比如，在《追风》一书中，加拿大鹅鼓动着有力的翅膀，飞过田野和城镇，带着读者踏上一段旅途。《阳光下的蜥蜴》鼓励读者从变色龙的角度看世界。挑选另一种动物，从你挑选的昆虫或动物的角度写一本你自己的"一天而已"。

观察样本展示

阅读下列学习故事时，注意达什的老师杰西描述的达什探索的细节。她受达什探究的启发，对他的家庭产生好奇心。除了与达什家人分享这个故事之外，还有什么更好的发现方法吗？

"在这里！那些树叶！"

达什，从你第一天来学校，你就表露出对树叶的兴趣。我看见你收集、翻捡、抛撒树叶，在口袋里装满树叶、撕碎树叶，和别人分享树叶。

最近，我发现你在花园里探索，你长时间站在花园边上，观赏植物，然后你看着我，轻声地问："在这里？哪些树叶？"你脸上的表情非常专注。我问你，你看见了什么？你对我微笑着，并不回答。相反，你又向花园里走了几步，然后蹲下，植物把你包围起来。

不一会儿，你开始捡树叶，用手指翻动它们，把它们举起来对着阳光，眯着眼认真地看着它们，想把它们重新装回到落下的植物上，又闻闻别的叶子。有些叶子进了你的口袋。

你一言不发地探索着,即使别的孩子停下来问你在干什么。有时,你聚精会神的神情被灿烂的笑容打断。你蹲在植物下继续探索着,不时抬头看一下,生长的叶子的背面似乎吸引着你。

几分钟后,晨会的铃声响了。你急忙爬过栏杆,在教室门口加入到你的小组里。你一边走一边掉落一些树叶、几个小石子和碎的棕褐色的树皮,身后留下一道痕迹。

达什,我真高兴,你已经有信心在学校进行独立的探索。我很喜欢看着你在花园探险。多么丰富的经历!我欣赏你对细小东西的注意,你好奇的头脑和专注的精神。我想知道,你在家里是否也有这样的体验。你似乎很熟悉植物生长的方式,你非常小心地不去伤害植物。这让我认为你可能在建立和父母一起探索的环境与我们学校环境之间的联系。我们的园子还有许多植物茂密的地方可以探索。我期待你的下一个发现!

——杰西,早教老师

第 8 章
学习研讨课：观察儿童如何探求力量、戏剧和冒险

有个天天向前走的小孩，

他第一眼看到某个东西，他就变成了它，

它成了他的一部分，在那天或者在那天某个时间里，

或者好多年里或者一个个世纪连绵不已。

——沃尔特·惠特曼

本章学习研讨课程的学习目标

在本章学习研讨课中,你将:
- 重温那种感觉冒险、强大、戏剧性和得心应手的愉悦。
- 审视力量、冒险、戏剧和危险对儿童成长的重要性。
- 练习观察孩子参与力量、探险、戏剧和危险活动时的细节。

反思引言

沃尔特·惠特曼提醒我们,儿童对试验有强烈的渴望,他们几乎吸收他们遇到的一切。他们所目睹的周围一切都对他们不断形成的身份认同有巨大的影响。参阅这些问题以启迪自己对这个主题的思索。

1. 你对沃尔特·惠特曼诗歌中所表述的观点有什么想法?
2. 你自己童年的什么经历可以证明这个观点?
3. 描述你发现的自己教授的儿童中受周围环境影响的一个具体的事例。

写下反思笔记,与同伴谈谈,或与团队成员探讨这些问题。你也许愿意参阅下面老师的反馈以点燃自己的思想火花或拓宽思路。

我总是讶异于孩子如何能用戏剧化的表演表现出所有的事。他们扮演爸爸、妈妈、小孩子、小猫、坏人和超人。我觉得,他们这样做是为了理解他们周围的世界。他们似乎不得不成为某个人才能理解这个世界。

我认为引言中沃尔特·惠特曼所表达的就是这个意思。

——乔西，学前班老师

这个引言真的让我担心。我看见我班级的孩子，特别是男孩子，扮演他们在电影和电视剧中看见的各种事，太暴力了。最流行的总是最新的超人电影。即使我们不允许他们摆弄玩具枪或他们带到教室的其他"武器"，他们也会自己发明这类"武器"，称之为激光枪，并且长时间地相互"射击"，把东西"炸飞"。我担心，如果上述引言说的是真的，那么这些孩子长大成人后会用暴力来解决问题。

——卡尔，学前班老师

观察艺术的活动

敞开情感反应

我们成年人已经被教会在面对周围情况时过滤和克制自己的情绪反应。文化价值观和个人性情影响着我们流露情感的思维模式。儿童却有着完全不同的处世方式，在未被向另一方向教育前，他们的情感是不受压抑的。他们不压抑自己对各种体验的反应，而是充分地表达自己所感受到的一切。

儿童利用假扮游戏和演戏来理解和表达他们经历的多种情感。通过扮演角色，他们可以探索不同的想法。为了帮助回忆起这种探索所涉及的内容，请试试下面的活动。

1. 收集杂志、书籍或网络中表现形形色色情绪的人脸的照片。
2. 观看每张照片时，注意观察自己的情绪反应。尝试不要思考或分析这张照片，只是体验自己的反应。
3. 自己的情绪涌现时，以戏剧化的方式表达这些情绪。用自己的肢体动作、面部表情、语音语调，以戏剧效果和热情充分地演绎这些情绪。

4. 如果独自练习，你可以对着镜子，看看自己的表情。如果与同伴或团队成员一起练习，你们可以相互表演。
5. 多尝试几次，这样你能自如地体验自己的情绪和演绎这些情绪。你将对孩子的处世之道有新的领悟——完全是自然的、没有保留的情感——那时他们正试图找到自己在这个世界上的位置。

学习视童年为充满快乐和恐怖冒险的世界

儿童很小，世界很大。但是，儿童渴望探索和尝试一切。他们爬、跳，有时甚至想飞。那种充分感受自己身体的纯粹的、充沛的感受是成年人已经忘记并且感到不自在的。我们随时想压制孩子，而不是分享他们的激动之情。儿童四处走动时，经常捡拾一些东西，作为演绎或发明某个表演或角色的道具，以表达他们如何看世界的感受。他们探索当消防员、公主、魔鬼或小猫咪的感觉。他们这样做就是学习从不同的视角看待事物。

另一方面，儿童经常被恐惧和犹豫所困扰。在正常发育的情况下，大多数儿童能成功地战胜恐惧，培养出一种得心应手的感觉。即使经历过童年创伤，大多数儿童也都能振作起来。只要有足够的支持，他们能克服恐惧、自责或不良应对机制的倾向。成年人对儿童情感、表演和力量试验的反应强烈地影响他们如何看自己。

我会飞

维尼喜欢在我们的化妆区试穿各种戏服。每试穿一件，维尼就一脸痴迷的神情，开始一种新的探险。今天他穿上一件有翅膀的戏服，立刻

朝教室外走去,双臂在身体两侧张开,上下扇动着,快速地跑到操场另一端。跑到攀爬梯前,他停住脚步,回过头看看自己的肩膀,仿佛要确认一下他的翅膀还在不在,然后,他爬上攀爬梯,高高地跃起,跳到空中,高兴地尖声叫着。

——南西,家庭儿童照看者

维尼、凯丽和玩偶一起休息

孩子经常在我们院子里的秋千上轻轻地、舒服地摇荡;有时他们和朋友一起聊天、嬉笑和读故事,或者跟我一起读书。他们也把秋千当作各种假扮游戏的场景。今天维尼和凯丽把玩偶放在自行车上,从一块毯子移到另一块毯子,那里有许多海洋生物和其他化妆道具等着他们。他们站在这些毯子上,假想自己在水里,然后扮演海洋生物。后来,他们到了秋千上,显然是

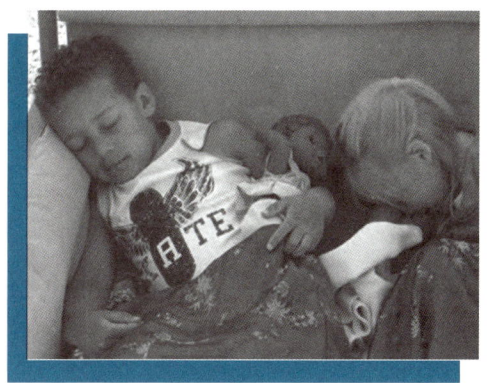

告诉我们,玩了这些活动后,现在要休息了。维尼和凯丽舒舒服服地偎依好,抱着玩偶假装睡觉,紧紧闭上眼睛,时不时地偷看对方一眼,轻声地笑着。这很符合维尼的性格,他的想象力非常丰富,而且他擅长讲故事,经常讲他妹妹的故事,而现实生活中他并没有妹妹,但是他总是有关于妹妹的故事。

——南西,家庭儿童照看者

长时间地观察个别儿童能反映出逐渐生成的模式和他们喜爱的游戏方式,能发现不断增强的想象力和能力,这使你有机会观察他们的头脑如何运作,他们如何与外界建立关系,如何照顾自己和他人。这些观察也让你有机会与他们的家长进行更深入的谈话。

观察游戏区域的活动同样有益,比如院子里的秋千,通过观察你可以发现儿童玩秋千的千奇百怪的方法,这会让你更深入地了解孩子和他们的想法,为他们提供更多的游戏玩具。

向儿童的角色游戏和假扮表演学习

布置周全的早教环境总是装备有形形色色的物品和道具,儿童能开

展各种小型的角色游戏和假扮表演。依据传统的做法，老师被教育要布置娃娃家，但是我们知道，儿童需要的不仅仅是娃娃家，而是更多道具。通过道具告诉我们他们如何了解这个世界，尝试各种角色和视角，同时伴随活动中的语言使用而学习新的词汇。提供各种开放性的材料和熟悉的物体能增加儿童开展各种假扮表演活动的机会。如果仔细观察，你会发现儿童在积木区、在吃点心时、在游戏场，甚至在玩弄传统游戏材料橡皮泥和拼图时，都会玩假扮游戏。在学习环境中提供与文化相关的道具可以让你更多地了解到儿童如何理解他们的世界和身份。增加中性以及性别特征明显的服饰道具能使我们知道儿童如何看他们自己，以及他们从周围的世界里所汲取的一切。

我是超人

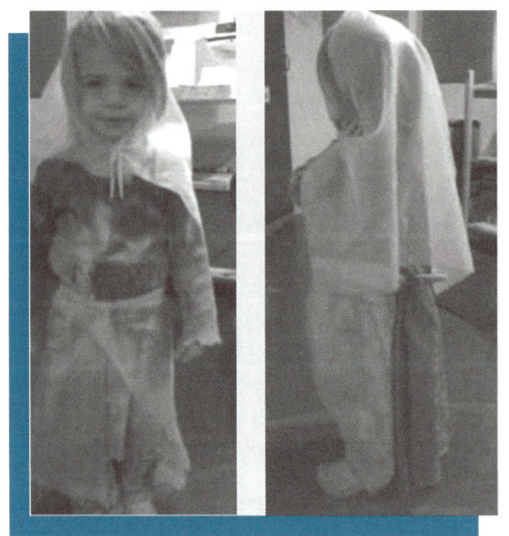

我们教室里的开放性织物是每日供孩子摆弄的开放性材料的一种。孩子经常在玩假扮游戏中用它来做地毯、床、露营和茶会的道具。今天早上，爱弗瑞走到我身边，一手拿着衣服夹子，另一只手拿着一块粉色织物，说："把这个放在我头上……像这样子。"我们把头巾别好后，爱弗瑞走过去又拿来一大块织物，回来告诉我这里怎么缠住，那里怎么夹住，再夹一次。扭过来拉过去整理好后，爱弗瑞笑了，宣布说"超人"！看着她在教室里像超人一样飞过来，转过去，我和爱弗瑞一样开心。但是随后，我对爱弗瑞用来描述自己的"超人"词汇很好奇。我提供给她另一个头衔，叫她"超级女孩"！和"超级爱弗瑞"！她对我笑了一下，仍然骄傲地叫着"超人"！

爱弗瑞为自己创造了这个超人版本，她的超人与超人所代表的一切，对小家伙而言是多么鲜明的冲突啊，我很喜欢。这个经历让我对爱弗瑞的想法有一些疑问，她熟悉超人吗？她打算勇敢地去女孩子以前从未去过的地方？她只是表达自己的声音？她是在创造自己的超人体验感和超人概念吗？

——爱米莉，老师

一杯茶

孩子发现了我们放在外面邀请他们游戏的茶具。这是我听到最小的孩子之间的对话。

乔迪："我想要一杯茶。"

伊蒙根："我要一杯茶。"

路易丝："我要一杯果汁。"

更多的孩子拿到了杯子，于是一个社交场面出现了，孩子们相互帮助，把饮料准备好。乍看起来，你会发现一个孩子假装倒了一杯茶，然后高兴地递给另一个孩子，看着他们"品尝"饮料。加布里尔在茶会上向我们解释说："我尝了柠檬

汁，我妈妈要了一杯茶，我还想再要一杯茶。"

——玛丽亚，幼儿园老师

玛丽亚在新西兰的一个幼儿园工作，茶歇是日常文化的重要特点。这是她对一杯茶观察故事的反思笔记。

我不断地从这个游戏中学到很多东西。这其中有社会角色的参与，如倒饮料、渴望独立、模仿成人世界和关系。我从非常熟悉的、孩子的游戏背后看见更深层的学习。看见孩子的举止行为真是有意思极了。我认出许多手势与成人的手势完全一样，他们似乎一模一样地模仿我们的行为举止：摆弄着糖粉袋、看报纸或杂志、说着闲话。

——玛丽亚，幼儿老师

恐怖的忍者

我们成年人经常想知道，在电影里看到或听到的暴力行为对正在发育的头脑有多大的影响。显然参与这个游戏的孩子们（泰勒、麦尔斯、本和诺亚）体验着"恐怖"或"坏"角色的故事。他们把我引到一堆在沙箱里堆起来的轮胎旁，要我坐下来。他们解释说，他们要表演一个节目，其中有几个角色很吓人，但是"正在屏幕上演着呢"。

"我们都是忍者英雄。忍者是卑鄙的坏蛋，他们还偷东西。"本解释说，"麦尔斯是个胆小的忍者，他不想偷东西。泰勒是公主，诺亚和我打算偷他们的东西。我们会告诉你是不是很恐怖。"

这几个孩子开始表演。开始时，泰勒和麦尔斯有三个橙色锥体，他俩绕着它们跳了一会舞，诺亚和本在一旁看着。然后泰勒和麦尔斯走开了，边走边大声地说他们希望没有人会偷这三个东西。本和诺亚悄悄地

走过来,抓过那三个圆锥体,咚咚地跑走了。麦尔斯和泰勒假装没有看到这一切。

诺亚和本把锥体藏在棕色小屋里(显然是他们的家),然后麦尔斯和泰勒"注意到"东西被偷了。

"哦,不!"麦尔斯难过地说。然后他看着我,"下面是不好的部分。但是,瞧,这只是演戏。"

麦尔斯从地上拿起扫帚,当时泰勒躲在一棵树后,麦尔斯喊道:"我要照顾公主,而且我要把特别的东西拿回来!"

他舞动着扫帚,这时本向他走了过来:"我打算偷扫帚,因为我是坏蛋,然后你摔倒了。"本指示说。

经过一番努力(我想,装的),本从麦尔斯手中夺过扫帚,麦尔斯戏剧性地摔倒在地。麦尔斯在地上躺了几分钟,而本把扫帚拿到棕色屋里,和圆锥体藏在一起。他和诺亚在门口,看着泰勒跑过去,把麦尔斯从地上拉了起来。

两人静静地站了一会儿，然后泰勒说："这次公主来帮你对付这些忍者，好吗？这次公主帮你打架。"

麦尔斯摆了几个肌肉男的动作，发出吼叫声，而泰勒在他旁边跳着舞。诺亚和本观看了一会儿。

诺亚转过头来对我说："我觉得，这可能又是恐怖的部分。"

麦尔斯又摆了几个造型（泰勒唱了一首歌）之后，这两伙人冲到了一起，麦尔斯假装摔倒，诺亚把他按在地上。

"这是忍者做的事，所以没有关系。"麦尔斯对他说，诺亚（在以前的游戏中，他从未在这种场合占过上风）同意了。最后，泰勒来了，开始拉诺亚的衣服。

"我要帮助麦尔斯，我要把你打倒。"她说。

这个游戏就这样进行了十几分钟。本和诺亚从泰勒和麦尔斯处偷东西，而他俩假装没有看见；麦尔斯和泰勒试图把东西拿回来，通常运气不好；这期间有些令人"恐怖"的场面，他们通常会提前警告我。本和诺亚把院子里的每个玩具都偷走，藏在棕色屋子里，麦尔斯宣布表演结束。

"现在，我们鞠躬！"泰勒宣布。本和诺亚反对，但是泰勒对麦尔斯解释说，演出结束时演员要鞠躬，并且演示给他看如何鞠躬，麦尔斯高兴地和她一起鞠躬。

——乔西，早教老师

以下是乔西对这个观察故事的反思笔记。

看了这个表演之后，我更加肯定，这群喜欢扮演硬汉的孩子正在真正地理解这类剧情的影响。他们也为自己的同龄人和老师创作了很有创意的另一种版本。尤其让我激动的是，正是由于新月公园社区清楚这类剧情非常重要，从某种意义上说，促成了这个事情的发展。我们完全清楚，小孩子是能干的、有能力的个体，我们能够通过有意义的交谈引导他们并帮助他们完成重要的事。

我们在新月公园社区不禁止这类游戏，因为那些想这样表演的孩子会找到途径去做这事，如果我们试图禁止玩枪（或剑这类的）游戏，孩子可能就找到秘密的或危险的方式去玩这种游戏，更可能对他人的情感或身体造成伤害。如果孩子们在玩这类游戏时，我们就在旁边，能与他们就这一主题进行有意义的对话，也许可以让这类游戏变成打架之外的某个活动。

——乔西，早教老师

世上有许多令人担心的事，我们的媒体经常把暴力故事用于娱乐或商业利益。证据表明这既吸引又负面地影响儿童。获得力量感很容易被等同于使用暴力。对儿童而言，有严重后果的真正暴力行为与电视剧或电子游戏中暴力行为之间的差别是模糊不清的。

事实上，儿童的游戏通常有电视剧、电影、卡通或电子游戏的元素，儿童模仿枪、炸弹和毁灭的声响，而且经常用身体表现爆炸的场面。对许多成年人来说，这是应该警惕的现象。但是不应该立即制定规矩或采取其他行动，我们必须研究一下，以发现这类剧情吸引儿童的情感因素，而不是吓唬儿童。

艾瑞克·霍夫曼在他珍贵的有关超人的剧本《魔法斗篷，神奇力量》（2004）中，描述了儿童被超人和武器剧所强烈吸引的成长基础。霍夫曼建议老师和家长面对这种两难窘境时应该采取切实可行的方法，同时指出那种根深蒂固的对超人或武器剧的歧视，这类剧情其实盛行于我们的流行文化。当我们仔细观察，试图理解小孩子们在这类剧中的视角，我们可以在这种情景下发现他们社会—情感发展的主题。这些主题包括：

- 表演强大的人以战胜恐惧和感到得心应手。
- 尝试冒险和挑战，以培养自律和"我能做到"的个性。
- 创作表演和冒险，以努力理解他们周围的世界。
- 反映他们从观察周围环境或媒体上所看到和听到的一切。

在我们成年人的生活中，我们能继续在家庭和朋友圈里通过创作戏剧完成我们社会—情感主题，或者我们沉溺在剧院和文学作品中继续探索这些主题。我们有些人觉得咨询或心灵小组有帮助，不管成年人用什么途径探索这些主题，我们必须记住，儿童也需要途径来处理他们的情绪和想法。回顾我们自己童年对演戏和探险的体验可以帮助我们认同儿童的角度，提醒我们给儿童提供这样的机会。你的目标是提供给儿童创新自己探索力量的途径的机会，而不是消费和模仿媒体提供给他们的东西。

练习回忆自己童年的表演和冒险

回忆自己童年栩栩如生的表演和冒险。阅读下列问题找回记忆的细节。

1. 你在哪里游戏或表演过这些活动？
2. 谁参与其中？
3. 你用了什么道具？
4. 这些体验的想法来源于何处？这些与你家庭生活或社区生活中的事件，以及与你周围的世界、读过的书、看过的电视剧或电影相关吗？
5. 尝试回忆你表演这些主题时的情感反应。冒险时你是感到害怕、无助还是如鱼得水或强大无比吗？

与同伴或团队成员分享自己的故事，思考下列问题。如果你独自回忆，也许你可以尝试写出对由下列问题引发的话题的思索。

1. 你的经历与你周围人的经历有何异同之处？你的经历更具典型或更不同寻常吗？
2. 这些对你那时和现在的生活有何价值或影响？
3. 你的经历与今天儿童的经历相比有何异同？

回忆你觉得自己最强大的童年时刻，反思这与通常的勇敢和爱冒险有什么关系。我们大多数人最喜欢童年记忆中那些被成年人所禁止的表演，假如他们知道的话。在阅读下面有关孩子表演、挑战和冒险的观察故事时，把这些记忆保留在脑海中。

游戏场上的"坏蛋"

"那些坏蛋还在外面吗？"坐在点心桌前的奈特兴奋地大声问亚当。正问这话的时候，约翰、露辛达、奈特跳了起来，跑到窗口和亚当一起向外张望。

"是啊！他们还在那！"露辛达说。

这些学前班小孩子迅速地把点心吃完，跑到外面。同样的情景最近几个星期一直在上演。这些学前班幼儿激动而惶恐地盼望着户外活动时间。"坏蛋"是幼儿园的另外三个孩子，他们和这几个学前班孩子每天休息时间一起在游戏场玩。他们个子高点，年龄大点。这几个三四岁的孩子注意到这些，并尊重这些差别。

一到游戏场，追逐游戏开始了。奈特勇敢地向那三个男孩跑过去，边笑边叫喊着："你们追不上我。"男孩子开始追赶他，直到他逃跑到隧道顶上这一安全区。他的同伴在那里等着他。幼儿园老师密切地关注他们，尊重他们游戏的规则。

约翰担心地问："他们抓住你了吗？"

奈特气喘吁吁地说："没有，我跑得更快，我飞速地爬上来。"

露辛达吹牛说:"是,他们也追不上我。"

约翰说:"快,我们走吧!他们永远追不上我们。"

他们跑到草地的中央,嘲弄那三个"坏蛋",大声地叫喊着,眼睛闪着警觉的光。"坏蛋"上钩了,开始追逐。学前班幼儿的动作很快,他们要逃避追逐者。有一次,亚当跑向老师,待在她身边,躲过苏基,那个跟在他后面的幼儿园的孩子。

老师问他:"你不想再继续这个追逐游戏了吗,亚当?如果你不想玩,你可以告诉苏基。"

亚当从老师身后向外看,对着苏基大声叫着,冲向隧道,跳到顶上,又安全了。

老师叫他们回教室时,今天的游戏就结束了。明天同样的一幕还会上演,像最近几个星期,甚至过去几年一样。那几个"坏蛋"去年还是学前班的小幼儿,他们也玩相同的游戏,只不过他们称大孩子是他们的敌人。

——辛迪,老师

独自反思,或与同伴、团队成员讨论上面这个观察故事的意义。阅读下列问题引导自己的思路。

1. 你认为学前班儿童通过"坏蛋"游戏想追逐什么?通过他们对自己和"坏蛋"的说法,你知道这个游戏对他们的意义吗?
2. 他们的身体行为告诉你他们具有什么能力?这个游戏对他们有什么重要性?
3. 幼儿园儿童和学前班儿童在游戏方法上有什么差别?
4. 你认为幼儿园孩子如何看待这个游戏?
5. 幼儿园的孩子从这个游戏中有何受益?

在这个"坏蛋"游戏中，每个孩子似乎都清楚自己的角色，很有信心自己能应对要上演的这一幕。其实，他们似乎需要这个自己设计的剧情来让自己树立信心，确定自己有能力独自面对困难。在面对强大的、不可预知的世界时，难道还有什么比这点更重要么？

注意这些儿童如何为这个熟悉的"坏蛋"剧情编写台词的。他们利用内部资源，而不是从好莱坞或电子游戏设计者创造的角度。这个观察故事表明这种混年龄模式的户外活动对年龄小和年龄大的孩子都有好处。学前班的孩子分享了这些体验：

- 盼望"坏蛋"和追逐的兴奋；期待这个游戏，虽然感到一丝担心和不安。
- 体能上的胜任，具备跑与爬的能力。
- 愿意回去追逐，继续冒险。
- 确信有规则、安全区、老师和朋友，他们可以安全无恙。

这个观察故事几乎没有幼儿园孩子的想法，但是我们仍然知道，当他们是学前班孩子时也玩过同样的游戏，他们显然也喜欢这个游戏，可以从大孩子的角色，继续玩这个游戏。幼儿园孩子分享了这些体验：

- 有责任心地、认真地对待自己大孩子的角色，去年自己在学前班也这样游戏过。
- 对学前班的朋友感同身受，乐意挑战他们，感受追逐的乐趣，发现自己的力量。
- 有认同感，自己略年长，战胜过自己的恐惧。
- 体验自己的能力和力量。

在这种剧情游戏中，老师的反应本来可能是要承担责任，试图禁止这个游戏。相反，我们发现她理解这种感到害怕和强大的兴奋，同时她让孩子放心，她在看着，关照着他们，她问"你不想玩追逐游戏了吗，亚当?"时,表示她时刻关注着他们。假如这个游戏演变成谁也不愿意玩的冲突,她就会干预。老师的角色需要相当的技巧,既需要熟悉每个孩子,也需要了解集体的动态,更需要洞悉这个游戏的意义和规则。掌握了观察的技巧和儿童发展的知识,你就可以理解行为游戏的潜在意义,在保证有趣、安全的条件下,帮助他们接受挑战。

如同在上一章读到的那样,以前儿童在户外游戏,通常没有成年人的监护。他们学会自己处理相互间的问题。虽然今天我们不能让儿童在无人监管的情况下活动,我们还是有必要提供和保护这类冒险游戏。在儿童年少时不尝试这种力量和冒险,他们在青少年时期就可能为尝试这类体验追寻更危险的途径。

风的舞者

早上的游戏时间,学前班老师准备了玻璃纸供孩子探索。开始时约书亚专心地探索纸的感官特性——它怎么动并发出声音,他怎么透过它看东西。不一会儿,约书亚发现,他把纸抛到空中,纸很快地落下来。

约书亚站起身来,开始在教室里跳舞,同时把玻璃纸抛向空中。一群孩子加入进来。这时老师做出决定,把最大的一张有颜色的玻璃纸拿到室外,这样约书亚和其他孩子可以在更大空间里探索玻璃纸。事实证明他们的决定很正确，因为孩子在拿着玻璃纸跳舞时，可以跑呀跳呀；他们高兴地拿着玻璃纸转圈时，风和阳光进一步提升了他们的体验。伴着风，玻璃纸绕着他们飞舞着，他们留意到阳光和玻璃纸在户外舞池上映照的斑驳的影子。

——黛博拉，老师

思考你阅读的这个观察故事。独自或与同伴、团队成员一起反思这个观察故事的意义，阅读下列问题以指导自己的反思和反省。

- 约书亚的行为告诉我们他发现了什么？
- 什么似乎最吸引他？
- 你如何描述他的能力？

像约书亚这样大的孩子开始挑战速度和协调能力时，他既兴奋又自信。看着他冒险时，我们成年人的本能可能是发出额外的警告，比如，"当心"或者"慢点，别摔伤自己"。我们知道，我们的工作是保证儿童的安全。但是，等一下，再看一眼。约书亚似乎非常协调和自信。思考一下他从这个尝试中的受益，再与"别伤着自己"的提醒对比一下。他的老师明白这一点，所以他们把活动移到户外，这样约书亚可以真正地沉浸于体验这个神奇的玻璃纸中。

作为老师，我们最重要的工作是保证儿童的安全，但是安全不应该等同于完全不冒险。如果约书亚不能尝试这个挑战，会发生什么呢？他如何能了解自己和发现自己的能力呢？他如何能学会自我调整呢？

自我调整是以社会能接受的方式有意识地控制自己的行为举止。年幼儿童的自我调整能力已经被证明是一个很重要的预测学生在学校成功的指标。在《思维的形成：孩子必需的七个基本生活技能》（2010）一书中，爱伦·加林斯基提醒我们，研究表明孩子具备这些能力非常重要：

能够自己主动进行活动,能够持续相当长时间的游戏,能够调整自己的身体和心理状态。

再看一眼

思考这些有关你与儿童互动关系的问题。

1. 你会非常留意儿童尝验施展力量的各种方法吗?
2. 你干预孩子使用力量的游戏前会先认真地倾听、观察和等待一下吗?
3. 对于孩子如何看待力量、力量源于何处、你能用力量做什么之类的问题,你是不是用心听、用心看呢?

如果仔细观察,你会对童年时期的这方面问题有更深入的理解!

跳高选手

今天看到卡罗琳在蹦床上,我们发现,她觉得自己的身体非常有力量。她跨上蹦床时开始有点犹豫,但是,她一感受到自己脚步的弹力,脸上的表情立即变得活力十足。握着扶手,卡罗琳知道她可以保证自己的安全。作为她的老师,目睹这一幕,很有特别的意义,因为我们通常看见更多的是卡罗琳谨慎的一面。蹦床肯定给了她能飞起来的快乐和自信!它让我们有机会看见她自我调整的最近发展区,让我们确信蹦床是我们游戏设备中有价值的一部分。

——米歇尔,老师

观察儿童涉及力量和冒险的游戏

花时间观察儿童涉及力量的冒险和探索,这可能发生在任何时间和地点,如室内或户外。注意儿童游戏的主题和他们用来表演剧情的道具。观察时,问问你自己是什么影响了他们。通过游戏他们试图解决什么潜在的疑问?思考下面观察的例子,这是新西兰老师观察一个画架旁孩子的笔记。

颜色是力量的颜色!

傍晚时,大多数孩子已经回家了,亚历克斯在画架旁画了四十五分钟,一边画画一边和我聊着力量是什么样子的。

爱玛(老师):力量看起来是什么样子的呢?

亚历克斯:这些颜色是力量的颜色。力量有一点儿黄色和粉色。我要画很多力量。这里有很多力量的点点。力量有那个(亚历克斯指着她画的白色方块)。力量看上去像那个。奥马有力量。在爸爸家时我有力量。

爱玛:你怎么知道你什么时候有力量?

亚历克斯:我知道因为我能感觉到力量。它感觉像跳舞一样。我可以在我的画上告诉你。我也给力量一点绿色和紫色。

爱玛:给我讲讲你的画。

亚历克斯(转过来对着我):这是很长的故事……这是神奇的力量。它能把人变成猫和狗。所有的点点是河流。河流把力量变成别的东西。我在这里。我正把（画）给所有人看，告诉他们去哪里，然后我把他们变成小猫咪那样的东西。我的力量来自……（想了一下）没有地方。我就是画它。绿色的点点是歌。是的，（亚历克斯唱起来，融合进毛利人的节拍）叮，咚，迪，达哈！……一只猫，一只狗。这是一首歌的力量。现在我画完了。

——爱玛，老师

爱玛在这里反思了她与亚历克斯的经历。

这个经历和互动中有许多让我激动的事。这不是我第一次坐在那里看亚历克斯画画。我注意到她总是从纸的中央开始画，然后围着中心位置开始创作她的画，仿佛她有个坚定的想法，一旦她在中心位置放置了符号，她就感到了自由，从中心点开始拓展和培养自己的想法。亚历克斯向画架发动进攻，她的肢体语言表示了姿态和力量。我相信，她的手、眼和心控制着画笔，它们同时配合创作她的头脑和身体里所感觉到的和看到的东西，并赋之以生命。

倘若不是我坐在那里和她一起谈论她抽象画背后的意义，我可能就不能理解她画作的本质，以及她一边画一边叙述的内容，我或许只看到一些点、线条和飞溅的颜色，这是极有可能的。

——爱玛，老师

观察儿童战胜危险

观察三个不同的儿童在游戏场或其他他们能在体力上挑战自己的地方。问自己以下问题以帮助自己发现每个儿童如何接近危险的细节。

1. 每个孩子似乎想完成什么？
2. 你如何判定他们的自我调整的阶段？
3. 从儿童的视角来看，你会如何描述这个游戏？
4. 有你能确定的文化因素的影响吗？

留意你自己对儿童尝试危险或大胆行为的反应。

更多要做的事

当你努力接受儿童的冒险行为和行为表演时，你也应该探究自己与冒险的关系。我们每个人对待冒险的态度大相径庭。有必要认清我们自己的容忍度和安全底线。

评估自己对冒险行为的反应

看看下面的照片，留意自己的即时反应。对儿童所做的事，你是感到惊恐、不安、好奇还是高兴？

如果让你把自己放在各种可能反应的连续线上，你会处于哪个位置呢？

- 那不安全，孩子会受伤的。我要立即阻止这个行为。
- 这看起来挺有趣，但是我不能允许孩子冒这个危险。
- 我觉得我要靠近点，万一需要帮助，我可以随时到位。
- 哇，我简直吃惊极了。这些孩子多么能干啊！我们能给他们提供什么新的挑战呢？

请写下反思笔记，或与其他人讨论下列问题。

1. 对每个场景，影响你第一反应的因素是什么？
2. 在每个照片中你看到的哪些具体细节表明儿童在这个活动中的能力？
3. 在这类活动中孩子为自己培养了哪些自我概念和身份？
4. 你满意自己对这个情况的第一反应吗？或者你希望自己做出不同的反应吗？
5. 作为所有这些活动的观察者，你认为什么是需要注意的重点？

研究情感表达方式

为了继续提高你对成年人和儿童表达情感方式差别的理解，选择一天尝试一下这个活动。选择一个成年人和孩子来认真观察。假装你是他们的候补演员，在即将上演的剧情中你要准备好扮演他们。认真注意他们的肢体语言、面部表情、语音语调和其他表达思想和情感的方式。如果有条件，可以拍片或录像供自己研究。

站在镜子前练习，表演你研究的每个人。写下反思笔记或与同伴、团队成员讨论细节和你当天的发现。

观察样本展示

玛格丽塔决定把这个观察故事展示出来，因为她想分享这个令人感动的故事，这个故事表现了儿童的身体能力和社会能力以及他们友谊中的关爱特点。她想打开一扇窗，让人们看到儿童对待冒险的态度是有价值的，看到儿童所感受到的身体的力量。

忠实的朋友

今天我们一到户外,泰勒、曼努埃尔、弗朗西斯科和杰里就奔向自行车。这是他们经常做的事。围着圈子骑了两三圈,发出打转、加速的声响后,他们都向栅栏骑去,一个跟着一个,无需交谈,他们下了车,把车排好。我们对他们这种默契感到好奇。他们是提前做了计划,还是自发的、默契的决定?

然后他们又骑上自行车,杰里打头。他们绕着圈子骑车,越骑越快,越骑越响。必须坦白,我有点担心他们的速度。这时杰里的自行车突然倒了,他向前摔倒。在我能赶到那儿之前,泰勒叫道:"停!停!"他迅速地跳下车,过去帮助杰里。曼努埃尔和弗朗西斯科跳下车,飞奔过去。泰勒弯下身,托着膀子把杰里扶起来。"扶着他!扶着他!帮忙!帮忙!帮我扶他!"杰里自己站起来,走完这段路。所有的孩子走回到自行车跟前,快乐又重新开始了。

我克制住自己,没有发出"要小心"的警告。当然这个经历已经教会了他们要小心,他们不需要我再提醒。我知道,有时孩子骑车比赛、冒险、发出声音时,我们成年人有冲动,要阻止他们。但是,我已经学会了,尝试去发现这肯定对他们意味着什么。儿童寻找各种途径去探索他们的身体能做什么,有多大的力量以及如何与其他孩子交朋友。这与

成年人所期望看到的是不一样的,但是这些体力活动帮助他们在自信和技能方面得到成长。

今天我印象特别深刻的是,这些男孩是多么能干啊,不仅是体力上的,而且是社交和情感上的。泰勒的第一语言与其他孩子的不一样,但是这似乎并不妨碍他们相互交流或理解。我很高兴看到这些男孩已经成为忠实的朋友,喜欢一起骑车的快乐,同时保持警觉,而且相互关心。

——玛格丽塔,老师

第 9 章

学习研讨课：观察儿童对绘画、符号表征和文字的渴望

每个儿童都有故事要讲述，而这个故事中隐藏着理解他/她作为学习者的秘密。儿童的故事是看到他/她个性的窗口，是如何把儿童与课程联系的线索。

——赫伯·科尔

本章学习研讨课程的学习目标

在本章学习研讨课中,你将:
- 练习利用写作网来捕捉细节,以点燃自己的创造性思维。
- 回忆作为孩子时自己的"讲故事"记忆。
- 研究儿童如何利用材料讲述他们脑海中的故事。
- 练习观察孩子通过口头语言、绘画和具象作品努力再现自己经历和理解的细节。

反思引言

反思赫伯·科尔对儿童故事的观点,阅读下列问题以引导自己的思路。

1. 你如何理解科尔所说的"每个儿童都有故事要讲述"这句话?
2. 你认为这与观察儿童有何关联?

写下反思笔记,或与其他人讨论这个观点。思考下面这个老师的反思并与自己的反省做个对照。

因为一直在学习观察儿童,我开始发现,他们做的每件事都告诉我关于他们想到和感觉到的故事。我感觉自己真的改变了对他们的看法。我过去认为他们很可爱,和他们在一起很有趣;现在我认为他们是令人惊喜的、相当复杂的人,充满好奇心和冒险精神。我想,你可以这样说,和他们在一起就像是读一本有趣的书或故事。我迫不及待地想知道下面会发生什么。

——爱达，学前班老师

观察艺术的活动

《自然地写作》

加布瑞勒·里科在《自然地写作》（2000）一书里描述了一种创造性的写作方式，这是她通过观察幼儿自然写作和故事讲述的手段而设计的写作方法。对儿童的观察让她相信，那些把惊奇和开放的心态带入创造性表述的儿童早在幼年时就渴望口述和写复杂的故事。她说学校教授给我们的读和写的方式由于强调规则和标准限制了我们自然地进行自我表达的冲动。她书中详尽阐述的技巧旨在释放创作的潜力，释放右半脑的语言能力，这些技巧包括在运用写作规则和习惯构建作品前先进行汇集和编织活动以调动大脑中那部分负责创造性讲故事的功能。

里科提出写作有完全不同的两个方面。当我们被迫仅仅注意写作常规时，我们丧失了在写作中表达自我的快乐与动力。尝试通过她书中的这种编织活动来拓展自己的创造力，体验写作带给你的自然流露的快乐和满足，这会帮助你开始发现一直以来你身边的点点滴滴细小东西中的美。

1. 在自然界选择吸引你的某个东西，让它成为观察的聚焦点。
2. 在纸中央画一个圈，在圆圈的中间写出你所观察东西的一个字或词组。
3. 细致地观察这个物体或动物，注意感官细节——颜色、质地、光线、声音，你的身体对这些的反应，以及观察时你脑子在想什么。

4. 开动脑筋尽可能多地想出词汇来描述你注意到的细节。在所画圈的周围写出想到的词语和字,用线把这些词汇与圆圈内的字相连,这张纸开始看起来就像是"蜘蛛网"。以下列的"蜘蛛网"为例,尽量想出更多的描述性词汇,添加到这个"蜘蛛网"中。
5. 利用这个网上的词汇,写出句子描述你的体验。

这里介绍几个例子,看看老师们如何编织词汇网,然后再把它们编写成故事。可以从自然界的鲜活的小动物开始练习,先别从儿童开始练习,这让你无需担心写得对不对。

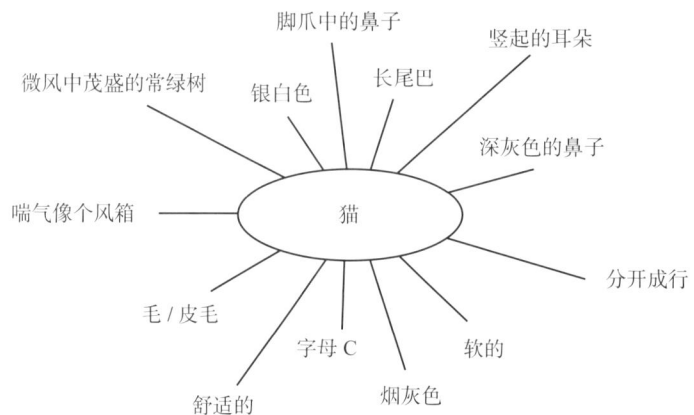

那只长着银白毛发的烟灰色的猫儿正在酣睡,深灰色的鼻子很好地藏在紧紧蜷缩着的爪子里,有节奏的徐徐的呼吸声给人一种错觉,好像它有一个旧风箱正在扇着铁匠铺的通红的炭火。它弯曲的背躬着,形成了完美的字母"C","C"的末端就是它长长的尖尾巴,轻轻地卷在它的后腿周围。它的耳朵按顺时针方向在头上拧着,它的皮毛随着它体内风箱的进气和轻轻的呼气而分开成行,而且长短不一。这参差不齐的皮毛让我联想起被微风吹拂的常绿树。它看起来很舒服。我想,我就让它继续睡吧。

——凯西

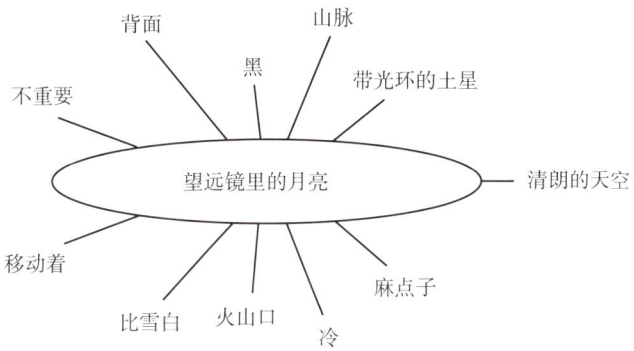

我儿子拿出高倍望远镜，将它瞄准月亮。这是我第一次真正地看清楚月亮。月亮比刚落下的最纯洁的雪还白，挂在清朗乌黑的夜空，闪烁着晶莹的冷冷的光。锯齿状的山脉清晰可见，旁边是巨大的火山口，让我想起向麦片里倾倒牛奶时飞溅的谷物。成千上万个稍小一些的火山口覆盖着月球冰冷的乳白的表面，好像无数的麻点子。

——盖尔，实习老师

学会视童年为构建意义的时期

只要给儿童提供开放性材料、时间和支持，幼小的儿童会兴奋地创造表达他们想法和经历的东西。如果仔细观察，你会发现这些远远不是他们创造力的出口。具象性的体验是儿童学习过程的重要部分，它们帮助儿童从社会和认知编码系统中构建意义，这些编码系统形成他们的世界。

儿童通常不会像成年人那样羞于公开表达他们的理解，他们通过假扮的角色、绘图、画画以及使用各种触手可及的物体表达他们心中所想的东西。这些符号式思维的最初表达帮助儿童组织他们对世界的理解，打下运用其他符号语言的基础，如绘画、数学概念和计算机程序等。这些机会强化他们头脑中另一部分的功能，这部分功能能让他们沟通和理解更广泛的符号，其中包括书面和口头语言、音乐、舞蹈、科学、诗歌和文学。

在努力让儿童做好入学准备时，我们经常减少或平庸化他们创造性表达的机会，比如仅给他们提供用纸盘做小兔子之类的活动，这就限制了他们的创造力和其他可能性。儿童通过自己创造性的表达而获得象征性思维和交流的经验。如果一个艺术活动的结果仅仅是学会遵从指令或复制模型，那么这个艺术活动就没有提高儿童象征性思维的能力，而这象征思维能力对于儿童早期的读写至关重要。

如果我们把学习说话、阅读和写作降低为重复、背诵和抄写字母，就会出现同样的过程。那种源于掌握一种语言、源于读写的力量感和洋洋洒洒的表达是那些只接受脱离语境的、指定读写活动教育孩子无法获得的。相反，那些被有意义的词汇、绘画、艺术和故事所包围着的儿童迫不及待想要解开这个人类交际的强大方式的秘密——书面文字。

我们仔细观察他们活动时，包括过程和结果，我们开始发现儿童独特的表述方式和不同寻常的能力，这个能力让他们从周围复杂而且经常混乱的世界中创造结构和形式。我们看见他们渴望去学会使用工具和技能，这帮助他们把问题、想法和感情表述出来。就像赫伯·科尔提醒我们，仔细观察时，我们就能明白儿童给我们讲述的有关他们自己的好听的故事和他们对周围世界的理解。

儿童对学习的渴望来自他们对这个世界天生的好奇心和通过创造性、研究性的再现来了解这个世界的欲望。教育者必须战胜这种狭隘想法，如给儿童提供手艺活动是艺术表达的课程。如瑞吉欧·艾米利亚教育家教导的那样，与不同的艺术材料接触能给儿童上百种语言去思考和表达。这些媒介建造他们大脑抽象思维的能力。口头语言技巧和丰富的语汇给儿童打下读写的坚实基础，因此我们必须关注和尊重孩子给我们讲述故事的各种形式。

练习回忆自己讲故事的经历

回顾自己的童年，以及自己用符号表征来表达自己和发现世界的方法。描述自己所做事情的表现形式和某些具体细节。在搜寻记忆库的同时，考虑下面列出的表现形式的类别。

- **假扮游戏**：你使用了哪些开放性的道具？你剧情的主题和故事是什么？
- **画图或绘画**：你运用了哪些工具和材料？你记得你用画图或绘画想完成的是什么吗？
- **建筑、雕塑和设计**：你使用了哪些工具和材料？你用这些材料试图表达什么呢？

反思这些回忆，你认为，从今天思考者的角度来看，哪些经历影响着你如何看待自己？你认为自己渴望用不同的材料表达自己的想法吗？你今天喜欢什么艺术、音乐或文字表达形式？

你如何把自己的经历与你身边的孩子相联系呢？回忆自己学习读与写时的特别经历也很有裨益。

1. 你还记得自己是怎么学习读与写的？
2. 这个学习过程的正面和负面意义分别是什么？
3. 在自己成长过程中，是否把读与写看成绝对的实用性任务，或者发现这些活动是生活快乐的源泉？
4. 如果你的母语不是英语，你成长过程中同时掌握两种语言是否得到支持？你如何看待掌握双语或者由于家庭生活或学校教育而丧失掌握双语的机会？

观察练习

在研究下列四个观察儿童表达的故事时，请思考赫伯·科尔的观点，即这些儿童故事再现了儿童的理解。

儿童想法的呈现

艾瑞克是有自闭症倾向的儿童之一，很少开口说话。今天他被橡胶桌吸引住了。他把橡胶轻轻地拍成一个圆形，然后又撕下了一个一个的小块的橡胶，放在圆圈的周围，说了句"太阳"，这让我们所有人都大吃一惊。

——伊维纳和梅根，老师

通过探索儿童对友谊的看法，我在教室里推动积极的社会行为。今天梅莉亚画了这幅画，解释说："她难过，她的朋友给她送来鲜花。"我可以清晰地看见泪水从那个难过的小孩子的眼中流下来。

——安，老师

——安，老师

今天一小群孩子在积木区几乎忙了一个小时，给我们的来宾搭建了一个小屋子。我惊讶地发现他们用胶带把硬纸板粘在一起，找出布料，并且用衣服夹把他们讨论的设计给反映出来。

——普雷安亚，老师

凯特琳到学前班时还没有把握写出自己的名字，最近几个月我们发现她不仅自信地写出了自己的名字，还用画画或用其他材料表现自己的想法，而且总是在旁边签上自己的名字。

——桑德拉，老师

思考这些儿童的表达方式，独自反思或与同伴或团队成员讨论，参阅下列问题，指导自己反思每个例子。

1. 关于儿童如何使用材料，你注意到哪些细节？
2. 你认为每个孩子用这种表现形式呈现了什么故事？

3. 你认为每个孩子用作品向我们展现了什么技能和知识？
4. 儿童的表现方式有什么东西加深了你对他们象征性思维的理解？

仔细研究这些表现方式，你不仅会注意到儿童以富有想象力和技巧的方式表达着自己的想法，而且开启了看到每个孩子如何思考的窗户。艾瑞克虽然是需要特殊照顾的孩子，但是显然他能把对太阳的理解与圆形相联系，而且他还继续展示出他对太阳光线或光明的理解。梅莉亚也许没有表现出老师所期望的社会技能，但是她清楚地跟老师表达了她知道友谊就是帮助难过的朋友，让她感到开心点。建房子的孩子告诉我们，他们知道墙需要用不同的材料建造，屋顶通常是尖的，家里通常用织物点缀增加美感。凯特琳告诉我们，她不仅知道如何正确地拼写自己的名字，还知道签名代表谁写了或创作了作品。她发现说出来话可以被写下来，读出来，这是对文字功能重要的理解。

早教老师的一个重要任务就是帮助儿童开发语言和文字能力，这可以轻而易举地融入促进他们社会技能发展的训练。你努力帮助儿童把字词与行动和想法联系起来，扩大他们词汇量时，不应该忽视儿童愿意运用的其他交流形式。仔细观察，突破让孩子使用字词的兴趣，你通常会发现孩子身上有你之前没有认识到的技能和领悟力。教室里大量的开放性材料能给儿童提供许多机会，去展现你也许并不知道的、他们所理解的一切或所能做的一切。

爱拉的木偶舞台

最近，爱拉一直全力在我们教室里一个被称为"制造台"的地方忙碌着。那里有一个大的木制桌子，许多装满各种材料的篮子，比如，各色盒子和管子，以及摆放着罐子的架子，罐子里装满着再利用的宝贝、带子、剪刀、订书机和胶水。这个地方专门让孩子用各种创造性方式表

达自己。每个到这个地方来的孩子似乎都以不同的方式工作,而且经常是不由自主的,这绝对是我们喜欢的。有时孩子也带着事前想好的主意到这个地方来。

爱拉就是这样的,她完全知道自己想要的是什么。她想搭建一个舞台,木偶可以在这个舞台讲述爱拉创作的故事。爱拉是个敏锐的作家,所以她先写出计划,这点对她来说似乎很重要。她很自然地找到笔和纸,找人帮忙写下她想要的舞台是粉红色的,两侧有白色的帘子。她搭建舞台时经常参阅这个计划,她对最后的成果相当满意。完成舞台之后,爱拉继续写出她搭建舞台的每个步骤。爱拉继续创作木偶,我们发现她对细节同样关注,以及她在挑选各种工具以代表她想放在舞台上的角色时所表现出来的灵活变通和技巧。

——吉玛,老师

阅读吉玛在研究爱拉的观察记录时所写的反思。

爱拉对自己的写作相当自豪,似乎享受写作的每一分钟,我认为这归功于这个事实:她对自己所书写的一切拥有绝对的所有权。她写作背后的源头是真实的经历,这个经历上有她的情感依附,因此这对她来说有意义。令我们感到鼓舞的是,我们的工作就是确保识字经历与孩子那时的兴趣密切相关,因此有关联性和有意义。

——吉玛,老师

符号表征有多种形式。假扮游戏和画画是儿童在幼儿时期运用得很多的象征性思维的形式。如果他们周围的环境色彩丰富,读写活动进行得有意思,是关于真实生活的事情和活动,那么孩子就会很快地理解色彩的力量和目的。我们在上述的木偶舞台故事中已经清楚地看到这一点。儿童渴望知道和使用代表想法和词汇的符号。他们通过在游戏中假装写作以及练习读写的努力等方式告诉我们这个事实。

制作标识

上星期我们在教室听到响亮的、奇怪的声音从走廊传过来。孩子们立即好奇起来，准备去发现、搞清楚这噪音是怎么回事。我把这群孩子领到走廊去寻找答案。我们发现大型设备和几个男人在社区工作室里安装东西，但是我们不知道他们是什么人，也不知道他们在安装什么。回到教室后，爱丝莉和莎拉收集了一些纸和笔，马上开始工作起来。

莎拉：嗨，桑德拉，我们能把标识挂在所有的门上吗？

桑德拉老师：这是怎么回事呢？

莎拉：就是我们认为的大工作室的东西啊。

桑德拉老师：当然，你们认为是怎么回事呢？

爱丝莉：在接管子！

桑德拉老师：接管子？

莎拉：是的。我们认为这些人在接管子，我们想告诉其他孩子，以免他们担心。

我帮这两个女孩准备了一些粗的笔和厚的纸。我们数了一下教室（七个），然后我把"接管子"这个标识的每个字母都写好。

她们工作了一会儿，确定每个字母都是正确的，这时莎拉抬起头，说："哦，天啦，还有更多啊？"

爱丝莉看着我，我建议她们数数她们做了多少个标识。

爱丝莉：一个，两个，三个，四个。

桑德拉老师：你需要七个。还要再做几个？

爱丝莉：再做三个。

两个女孩做好标识，请我把它们拿到中间，挂上去。她们给每个教室都做了标识，很为自己感到自豪。

——桑德拉，老师

独自或与同伴、团队成员反思这个故事，参阅下列问题指导自己的反思。

1. 是什么触动这两个女孩开始制作标识？
2. 什么使她们可以实施自己的计划？
3. 在这个观察故事中，你发现这两个女孩表现出了什么样的理解力和技能？
4. 想想你自己在家中通常放置读写材料的地方。孩子看到这些地方和读写的各种用处时，他们自然就想用这样的方式表达自己，就如同这个制作标识故事中显而易见呈现的那样。
5. 如何让成年人世界中的许多读写习惯更加突出和明显，这样儿童就可以参与这些活动呢？比如，有写纸板随时供儿童使用吗？
6. 在你展示或讲述打印的用途时，观察儿童想用文字表达自己的例子。

观察儿童讲述自己想法的故事时，你有必要用具象的材料让教室环境丰富起来。你也可以为孩子建立这样的常规，在他们游戏时鼓励他们

用不同的材料再次表达一个想法。指定写字板和特定的笔作为思考和表现他们想法的工具。比如，鼓励他们把自己搭的积木画下来，用陶土再现他们画的东西，或者表演出他们读到的或听到的故事。充分利用笔记本电脑和白写字板，让孩子再次回顾自己的作品，给他们的想法增添新东西以强化他们的思维。一旦你开始展示和训练孩子再次呈现自己的想法，你就可以开始观察他们自己开始这个做法。

再看一眼

如果你观察他们,你会发现儿童一直以有意义的方式表达着。尝试下面的活动,以强化自己为孩子提供这样机会的责任。

检查并丰富环境以支持读写活动

检查自己室内和户外的学习环境,看看哪里可以提供更多的开放性材料供儿童游戏时当符号来使用。找到那些可以添加画、读和写材料的地方,以鼓励儿童创造和解码符号以及参与读写活动。在读写角之外,房间的大多数地方还有书本、绘画和写字的材料吗?它们可以在户外使用吗?

为了鼓励写字,可以准备一个篮子,里面装着每个孩子的名片和照片,以便于他们互留信息。建立一个信息中心,给每个孩子指定一个邮箱,提供大量的信封、信纸、铅笔和签字笔;在每天父母接送孩子的签名处旁也设定一个相同的签名处,让孩子自己签名。根据班级里儿童的年龄情况以及在活动中使用电脑、扫描仪和打印机的情况,你也可以建立内部电子邮件系统,让孩子互相发送

信息和图画。

许多早教资源类图书会列举各种道具，这些道具可以布置在教学环境中，鼓励孩子把各种早期的读写活动融入他们的游戏。比如，我们的书《生活与学习的设计》《反省儿童的生活》《与幼儿一起学习》，帮助儿童在日常生活中使用启蒙的读、画和写材料。另外，你也可以让他们接触其他成年人日常工作中使用的读写方式——在网上查找资料和阅读参考书籍——体会阅读、记日记和与远方的朋友、家人保持联系的乐趣。

观察孩子参与使用语言、文字和象征性思维

一旦道具准备到位，你就要观察儿童在游戏中使用它们的情况。每日观察他们游戏，你会发现无数的例子说明他们对符号、语言和文字理解的不断加深。研究自己的观察笔记和下列的照片，问自己以下这些问题以加深自己对孩子如何交流的理解。

1. 对孩子如何使用道具的情况，你观察到哪些细节？
2. 孩子如何探索符号、解码或解释符号以及象征性地表达想法？

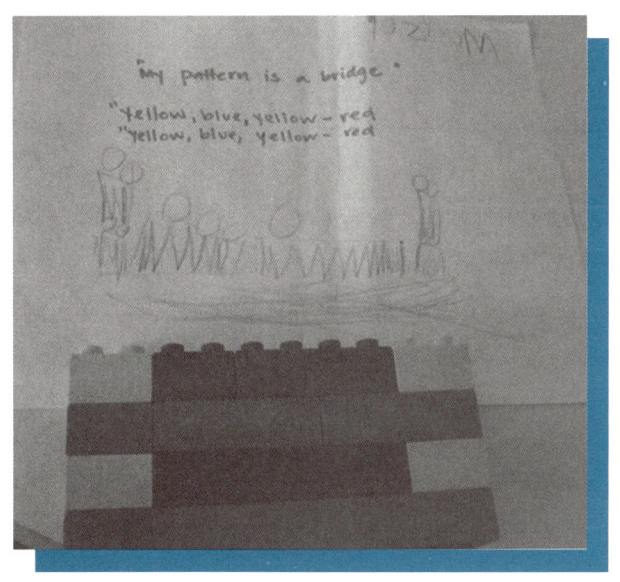

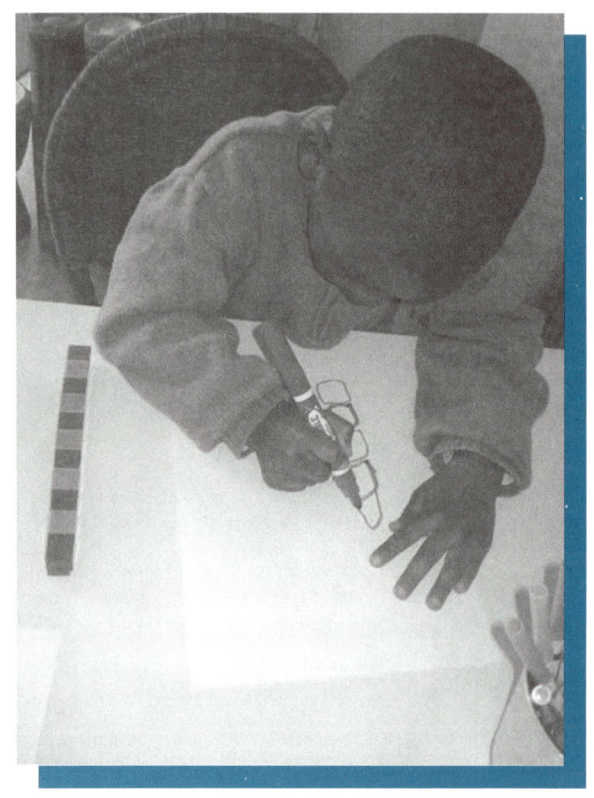

3. 对于文字和象征性的符号，儿童是怎么理解以及如何运用的？
4. 儿童对待文字的态度是什么？你怎么知道的？
5. 你看到过儿童形成双语身份的例子吗？

检查教学环境并以其他具象材料丰富它

除了读写材料，还有什么具象材料可供儿童探索和表达自己的想法呢？在评估教学环境时，请思考下列这些问题。

1. 在化装和戏剧表演区，除了传统的过家家，或医生和杂货店这类单一主题的道具外，还有其他的开放性道具吗？
2. 在孩子们制作自己的道具时，还有哪些更开放的材料可以供他们表演其他主题呢？

3. 有哪些开放性的建筑和结构材料供他们使用？
4. 在学习中心，除了传统的积木和乐高玩具之外是否还有大小不同的岩石、浮木、结实的纸板管子、斜坡、排水沟、地毯和织物零头、遮蔽胶带以及标识制作材料？
5. 是不是有许多材料，如胶水、胶带、电线等，供孩子把东西放在一起用？
6. 是否有夹纸板和思想笔随时供孩子使用？（比如，夹纸板旁边就有特细的黑色记号笔，而不是在美术区经常使用的那种粗彩色笔）
7. 在美术区和美术室是否有形形色色的日常的具象材料供孩子使用？你是否教孩子如何有效地使用这些材料？

研究孩子的作品

在研究自己的观察案例之余，研究下列事例，看看儿童如何用不同的材料象征性地表达自己的想法。阅读下列问题以指导自己的研究。

1. 观察儿童如何表达自己的思想时，你注意到哪些细节？
2. 观察儿童思考或表达自己的方式时，这些表现形式给了你哪些新的思路？
3. 还有哪些材料你想介绍给儿童，让他们用其他媒介表达自己的想法？

样本展示

爱玛花了长时间创作了有关北极星故事的画。因为看见她非常投入地创作，我们给了她一个机会，让她用陶土再现她的北极星。她似乎比画画时更加专注地创作着。

——贝西，老师

最近几个星期，制作生日蛋糕在我们小幼班非常流行。今天早上，梅拉用我们教室的地毯制作了一个巨大的蛋糕。彩色的水瓶子、金属的杯子变成了精心布置的蜡烛，梅拉甚至走到每支蜡烛旁，用橡皮泥作点火器小心翼翼地点燃每支蜡烛。

——爱米莉，老师

维克特又继续重温他早先的有关水如何在管道中流动的理论。今天他用笔记本电脑回顾他如何把自己的想法从二维的画转换成陶土再现的形式。开始制作图纸时，他说："这是我以前画的；这是我现在所知道的。"

——法安，老师

研究自画像和签名

读写专家伊夫林·杰克逊·利伯曼建议，从开始进入幼儿班起，学前班老师应定期让儿童给自己画一幅画像和练习签名。对于他们的自画像，你可以轮流提供镜子或他们面部的照片，训练他们观察细节，比如问："你们看见眼睛周围有毛发吗？我们把眼睛上方的毛发称为眉毛，把眼皮上的毛发称为睫毛。""你们知道鼻子的尖部，相比于眼睛，在什么位置吗？"让每个孩子画自画像时用不同的画笔和绘画工具，细的黑记号笔在白纸上会更突出细节。最后你可涂上颜色和粗细不同的线条或画线以更准确地捕捉孩子所看见的细节。学习这种视觉的辨别力，儿童将会在所有的读写活动中大有裨益。

如果孩子说他们不知道如何写字或拼写,建议他们只是假装写下自己的名字,最后你可以替他们写下名字作为样本,或者用某些画线与圆、空格和字母大小的常规做法来训练他们。保留这些样本以研究孩子不断进步的认知和技能,这将指导你了解搭建什么样的"脚手架"对他们下一步的发展可能有更大的帮助。问自己下列问题:

1. 孩子表现出他们明白写字与画面的区别吗?
2. 他们画线时或乱涂写时是在假装写字吗?
3. 他们是用不同的词做标记,还是用一条长长的线做标记?
4. 他们知道如何写名字里的某些字母吗?
5. 他们如何排列名字的字母——按顺序还是随意排列?

虽然许多孩子的母语并不相同，但他们仍然渴望用文字相互交流。我们与本社区的另一个儿童中心一起启动了友谊卡写作活动，我们也让孩子把卡片带回家。埃里亚的父亲向我解释说，埃里亚从幼儿班回家后就开始把所有的名字写下来，直到不需要他的帮助或不需要名单就能把全部名字写出来。他擅长写名字，在教室的每个地方，我们都能发现埃里亚写的名单。在围成圈上课时，埃里亚会大声地拼出他朋友的名字（很响亮地），其他儿童写名字时也会找他帮忙。

——柯瑞拉，老师

把自己的分析与有关书写发展阶段的资料相比较，包括利伯曼的引言，你可以评估儿童对书写到底了解多少，这些内容我们在《反省儿童的生活》第二版中有过介绍。

更多要做的事

你越探索自己对交流中的表达和解码过程的了解，就越能支持和帮助儿童交流的这个过程。尝试下列活动以获得更多的表现过程的体验。

练习其他的表现形式

除了基本的书写、速写笔记和符号，我们许多人并没有培养出出色的表达技能，事实上，这方面的匮乏让许多成年人感到自己缺乏创造力。当被要求使用艺术材料、创作音乐或戏剧性地朗读时，我们感到恐惧。我们通常没有想到，艺术材料也是思考的工具，是表达情感和想法的工具。

花点时间探索其他材料，比如水彩、陶土和电线，以及其他表达想法的形式，比如说唱、俳句诗歌和即兴的戏剧活动。参加这类表现艺术的研究课或学习课程作为你职业发展的一部分，以加强自己对支持儿童的理解。

试验解码符号表征

尝试以下活动以更好地领悟儿童如何学习解码抽象符号，利用公共图书馆和网络，收集下列材料，供自己、同伴或团队成员来研究。

X 光片　　手语图片　　盲文符号　　摩尔斯电码

埃及象形文字　技术图表或卫星照片　洞穴壁画　日本书法的样本

与你的同伴或团队成员一起努力解码每个符号 / 图片的意义或故事，讨论下列问题。

1. 什么线索帮助你解释这个故事的意义？
2. 如果让你把它当故事讲，你会说些什么呢？
3. 你打算怎么进一步验证你对这个故事的意义的预感呢？
4. 这个活动如何让你对幼教工作有了进一步的领悟？

探索学习的再现

大学讲师汤姆·德拉蒙德研发了这个活动的早期版本，以探索我们如何与他人共同学习和用画面演示我们的理论。收集一系列有一些隐藏着、可活动部件为功能一部分的物体，比如厨房的定时器、多种颜色的笔、上弦的玩具、密码锁、神奇画板绘画玩具、万花筒或钉枪。可与同伴或团队成员一起合作探索其中一个物体，遵循下列步骤研究这个物体。

1. 用心观察这个物体，探索并注意让它工作的所有机制和特性。探索时先不交谈，同时不要拆卸物体。
2. 相互分享对这个物体如何运行的看法，尝试通过操纵这个物体向对方演示或通过肢体语言表达自己的观点。
3. 花几分钟画出自己所猜想的这个物体如何运行的草图，你可以利用其他材料做出二维或三维的设计，如果有所帮助的话。
4. 相互分享各自的草图，看看自己的猜想是否有变化或得到支持。
5. 讨论每种表达形式（讨论、演示和图画）如何协助你理解这个物体。
6. 讨论其他人在帮助你理解时所起的作用。还有什么是有帮助的？
7. 讨论这个经历与孩子学习过程中所使用的表达形式有何联系，同时讨论他们写字中需要老师哪些帮助。

观察样本展示

在你阅读两岁科尔的观察故事时，仔细研究这幅照片，注意他用橡皮泥的细节，以及他如何用自己的手和脸来表达自己的理解。在老师捕捉或展示这一刻给他人看时，它帮助人们观察得更仔细，同时加深他们理解孩子表现出来的方式。

科尔把符号与想法联系起来

在两岁儿童的教室里,科尔已经在橡皮泥台子前玩了至少十分钟,这时我在他旁边坐下来。他似乎非常专注,我很好奇什么吸引了他这么长时间的注意。我很想问他在做什么,但是决定先观察一分钟,看看我能发现什么。他的双手埋在一团橡皮泥中,正把这块橡皮泥揉成球。然后,他把它放在桌上,整个身体向前倾,把更多的压力放在手上,把刚才做的球压平。随后,他拿起旁边的饼干模具,压在那个橡皮泥上,又把整个身体的重量压在上面。我很吃惊,他似乎对这个操作过程非常熟悉和熟练,但是他下面所做的事却完全出乎我的意料。他把手举起来,放在脸颊旁,唱起来了"叽叽,叽叽叽叽"。这时候,我顺着他的视线,看着他做的橡皮泥印记。"你做了一只鸟儿啊!"我惊叹道。他又把手放在脸颊旁,唱起了鸟儿的歌。我的大脑立刻转到我在儿童发展课上所学

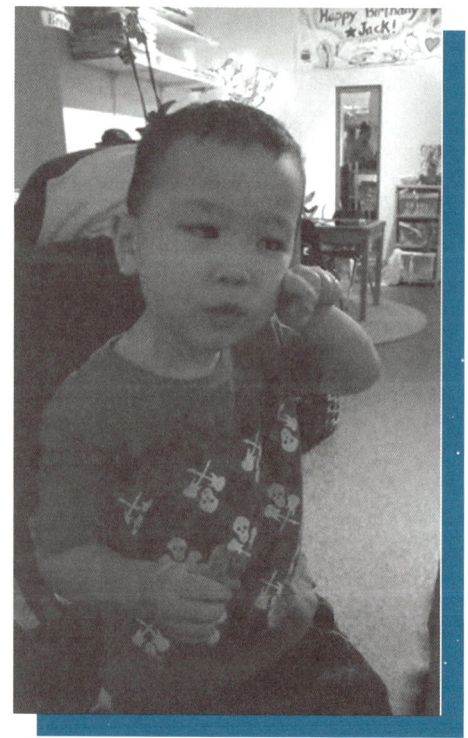

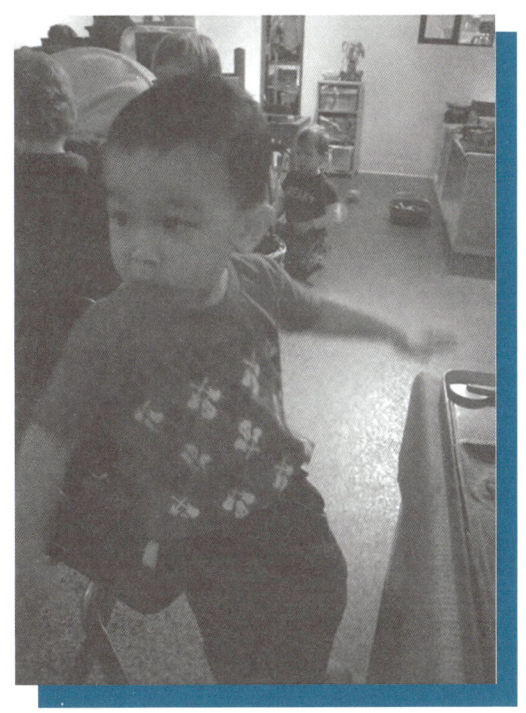

到的内容——具体的物体帮助儿童学习象征关系。现在科尔不但辨认出橡皮泥上的鸟儿的图像形状（甚至是上下颠倒的），而且还知道演示鸟儿如何张开嘴巴唱歌。科尔既打动了我的心灵，也触动了我的思想。

科尔后来又做了什么呢？他给了我一只蝴蝶！他另选了一个模具，小心而坚决地压在橡皮泥上，同样显示出要做一个印记的打算。然后他举起双臂上下舞动，说"飞呀，飞呀"，四处张望，仿佛他要试图找个地方落下来。我低头看着橡皮泥，那是一个蝴蝶的印记。

我们成年人经常关注让这个年纪的孩子使用文字，扩大词汇量，当然这很重要。但是，科尔教会我要更加注意他们用另一种方式表达他们所知道的一切，比如，用身体和声音表现鸟儿的歌声，舞动双臂表现蝴蝶的双翅。他提醒我，孩子所知道的和理解的远比我们想象的多，特别是在他们尚不能流利说话时。

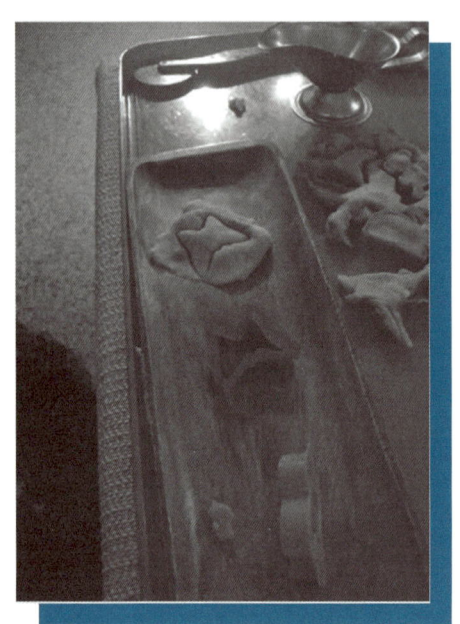

科尔已经显示出同其他生命之间的密切联系,更不要说他已经培养出象征性思维,这是掌握学术技能和艺术的前提。因为科尔已经能清楚地认出没有出现在眼前的具体东西的符号,所以字母代表声音的概念无疑并不难掌握。我们可以容易地发现他的视觉辨别力在起作用,注意到鸟儿与蝴蝶的不同。这个能力在他学习阅读时将会大有作用。

我想知道,科尔是不是特别喜欢飞行的动物,我们怎么才能发现更多呢?我将和其他老师交流,增加另外的道具,这也许能探索更多的可能性。我们甚至可以在这些道具上写上文字,看看科尔是否对此感兴趣。

科尔仅仅两岁大,已是个非常专注的学习者,渴望表达他所知道的。我真是非常幸运能看到他思维如此活跃。

——麦琪,老师

第 10 章

学习探讨课：观察儿童如何建立关系和解决冲突

一朵花很小，可是每个人都对花有很多联想/花的概念。你伸出手，抚摸花/倾身闻着它/也许不假思索地用双唇吻它/或者送花给某人使其高兴。然而/从某个意义上说/没有人看见一朵花/真正地/它是如此不起眼/我们没有时间/看见需要时间，就像交朋友需要时间一样。

——乔治亚·欧姬芙

本章研讨课程的学习目标

在本章学习研讨课中，你将：
- 练习专心地看，运用轮廓图。
- 回忆童年的重要关系。
- 品味孩子带来的温暖和亲切的关系。
- 审视自己在童年冲突中的收获。
- 练习从儿童的角度看关系与冲突。

反思引言

乔治亚·欧姬芙提醒我们，建立联系和看见世界需要时间。参阅下列问题以指导自己对她引言的反思。
- 这个引言对你意味着什么？
- 这让你想起了最近的什么经历？
- 这个引言与你教学中的儿童有什么联系？

写下反省笔记，与同伴或团队成员讨论自己的想法。你也许想阅读其他老师的反省以点燃自己的思想火花或拓展思路。

我觉得这个引言与只看到事情的表面相关。大多数人没有注意到世界之美。我们匆匆从一地赶往另一地，我们忘记非常简单的快乐：听鸟儿唱歌或仰望晴朗天空中明亮的蓝天。我这样练习观察技巧：摆脱紧张，花时间认真地观察某个特别的孩子或房间的一个区域。这让我意识到,只看着表面时错过了多少东西啊。

——贝基,学前班老师

最后一句有关交朋友需要时间的话最打动我。这与我们在这个课堂所学的一切多么密切相关啊!与孩子和我们自己一起度过有意义的日子需要时间。我想慢下来,有足够的时间与我所看到的一切,与孩子、与我周围的成年人、与我自己建立关系。

——拉纹达,早教学生

观察艺术练习

画轮廓图

在《用心学》一书中,柯瑞塔·肯特和扬·斯图尔特用轮廓图提高自己看东西的能力,就像艺术家那样。我们看着世界,为现象贴上标签,我们经常马上做出评判。我们喜欢它或讨厌它,依据它是否对我们有用选择接受它或摒弃它,我们以自己过去的经历为标准判断它。但是,真正的看见需要时间,放弃我们所有的先入之见需要时间。艺术家培养自己看见能力的途径之一是通过画轮廓图。轮廓图的制作要求聚神于所绘制的物体,而不是你的纸张或你画的图。这个练习能提高你看的能力,最终提高你画的能力。

创作与分析是两个不同的过程,不能同时进行。画轮廓图如此,观察孩子亦是如此。你不可能在试图分析这是怎么回事的同时真正地观察和看到那是什么。要练习在观察的时候放弃分析,努力放弃你对自己画作结果的期待。集中精力去发现你要画的物体的诸多细枝末节。练习很慢很慢地画轮廓画。从练习观察自己的手开始,画出手的轮廓。

1. 找一个你至少有十五分钟不会被打扰的地方。
2. 在一张高度适合画画的桌子前坐下来,在桌上铺开一张白纸,你可以用胶带把纸固定住,这样作画时纸不会移动。
3. 把笔尖放在面前的纸上,转过自己的身体,这样你就看不见纸或画画的那只手。
4. 看着自己的另一只手。从这只手的某个部位开始作画,让自己的目光跟着手的轮廓和细小部位走。你的眼光必须移动得很慢很慢。同时在纸上操纵你的画笔,随着目光在手上的移动,把手的每个微小的细节都再现出来。小心,别让你的眼睛或画笔赶在前面了。

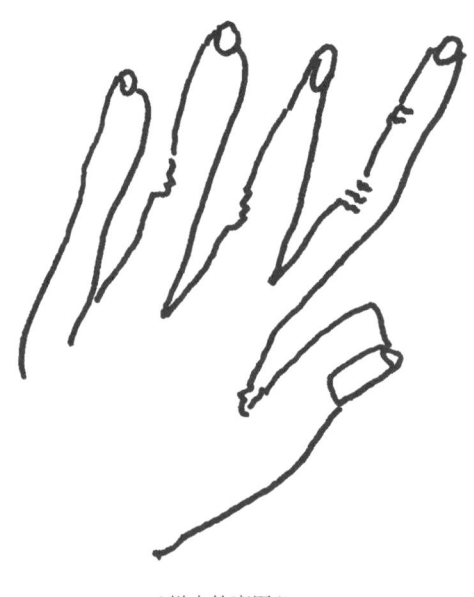

(样本轮廓图)

5. 不要看着自己的手,而是聚焦于构成你手的那些形状和线条,画出你所看见的各个细节,但是不要看着纸或抬起笔尖,直到你完成画作。

6. 回顾和反省自己的经历。画画却不看画的感觉如何？你是否能观察到手的细节，同时让画笔跟着目光走？

学习视童年为建立关系的时期

与重要的人一起度过的时间可能是我们童年最有意义的经历。我们对于儿童的一切认知告诉我们，他们最好的成长方式是生活在充满爱和有教养的家庭与社会中。用早教行业的术语，我们可以这样描述这些经历：

- 培养社会技能。
- 建立自尊。
- 学习减缓分离焦虑的策略。
- 学习指导与训练技巧。
- 处理冲突。

我们没有采用这些术语所透露的客观的思维定式，而是将精力聚焦于儿童所面临的友谊与冲突。作为专业人员，我们必须保持警惕，不能把这些重要的体验与人际关系降低成专业文本中的行话、评估清单和管理技巧。

更好的策略是回顾我们自己对重要关系的记忆，设法创造相同的条件，在我们日常与儿童相处中培养人际关系和温馨的情感。下面的活动旨在帮助你回忆自己童年时曾感受到的温暖友情。

练习回想一段重要的关系

挑选一个童年时对你产生重要和积极影响的特别的人，这个特别的人可以是成年人，也可以是另一个孩子。回想并描述你所能回忆起来的这个人的点点滴滴，参阅下列问题来引导自己的记忆。你可以独自把回忆写下来，也可以和同伴或团队成员讲述。

1. 描绘这个人的特征：手、头发、眼睛、气味、衣着、语音和肢体动作。
2. 你们在一起时都做什么？
3. 这个人擅长做什么？他如何与你分享？
4. 这个人如何向你表达好感或爱心？
5. 你和这个人在一起时自己的感觉如何？为什么？
6. 你从这个人身上间接或直接学到的至今仍影响你的东西是什么？
7. 回顾你自己与班上孩子的关系。在哪些方面你与孩子们的分享，如同当年这个人与你分享的一样呢？

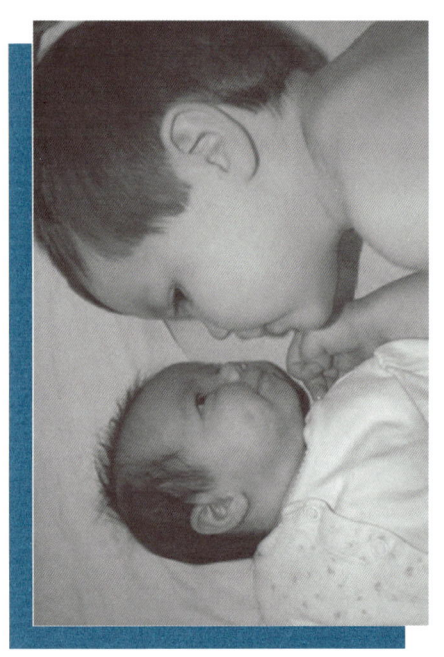

练习回想童年的一次冲突

观察儿童冲突时我们遇到的困难是确认我们自己的紧张与不安，这种紧张与不安通常源于过去的经历或对冲突情况的先入之见。要把这些冲突看得真切，我们有必要意识到个人的偏见可能影响我们的视角。下面的活动将帮助你反思和回顾这些问题。回忆自己的童年，回想涉及你自己的某次冲突事件，或者你在家里目睹的一次冲突。如果你在童年遭受过虐待、创伤或痛苦，你可以选择放弃这个活动。这类痛苦的经历应该通过咨询医生或其他个人努力得到治愈，这样它们才不会干扰你理性地看清楚孩子的冲突的本质。

1. 你回忆起的冲突是怎么回事？人们做了什么或说了什么？

2. 人们如何回应你流露的情感?
3. 根据自己的经历,你当时从冲突中学到了什么?人们间接或直接地对你说了什么?
4. 你现在如何看待冲突?
5. 你认为自己的童年经历和接收的信息如何影响你现在对冲突的反应?

利用自己从特殊关系和冲突回忆中获得的领悟来审视下面的观察故事,看看故事中的儿童如何与对方、与成年人建立关系。

我想要回我的玩偶

学步儿班的老师基尔在地毯上和安琪里克以及克里斯塔尔坐一起,她们正玩着一只柔软的毛绒大象。卡尔走了过来,在安琪里克的对面坐下来,他看见了毛绒大象,伸手来拿。安琪里克发出刺耳的尖叫:"不!"她更紧地抓住大象。

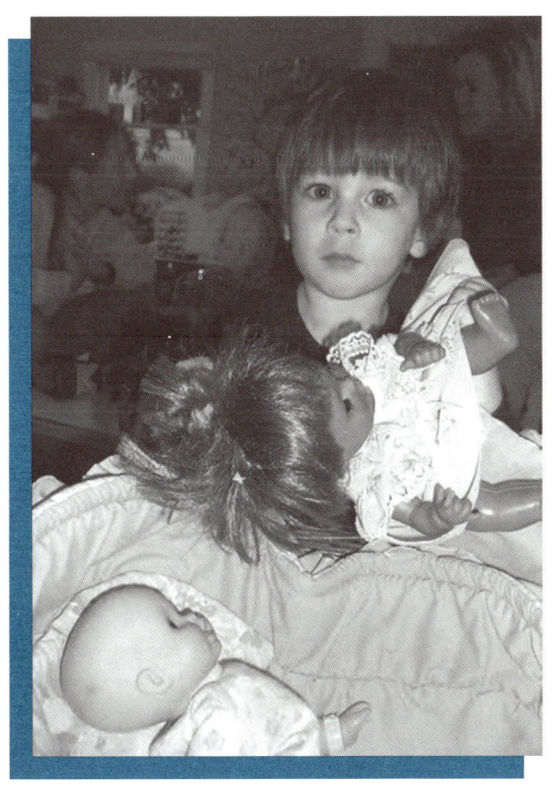

基尔老师让卡尔问安琪里克,他可不可以一起玩。卡尔看着安琪里克,问:"可以给我玩吗?"

安琪里克对着卡尔的脸生气地大声叫道:"不行!"

卡尔一拳打在她膀子上,同时抓着大象。两个孩子都拼命地抓住大象,一场拔河开始了。

安琪里克开始踢卡尔,用另一只手打他,尖声叫着:"我想要回我的玩偶,我想要回我的玩偶。"卡尔也反击了她几次。

克里斯塔尔,之前一直是旁观者,这时从另一侧打卡尔。卡尔开始用空着的手朝她打过去,同时仍然抓住大象。克里斯塔尔踢他以示反击。

老师基尔看着这发生在短短的几秒钟内的一切,她把克里斯塔尔抱到身边,脱离这纠缠,然后把卡尔的手从大象上拿开。卡尔爬开了。他转身要走时,基尔开始和他说话,他盯着她的脸,发出愤怒的吼叫声,淹没了她想对他说的话。

基尔把注意力转移到克里斯塔尔和安琪里克身上,她俩正不停地哭泣着,一个接着一个发出长长的、悲伤的哭声。基尔建议说:"你们要不要到镜子前面,照一照自己伤心的脸?你俩那么难过。"她们俩站起来,走到镜子面前,仍然难过,但是她们一边哭一边看着自己脸上的表情。"看看你俩有多难过啊,脸上还有眼泪呢。"基尔指着镜子说。卡尔也走

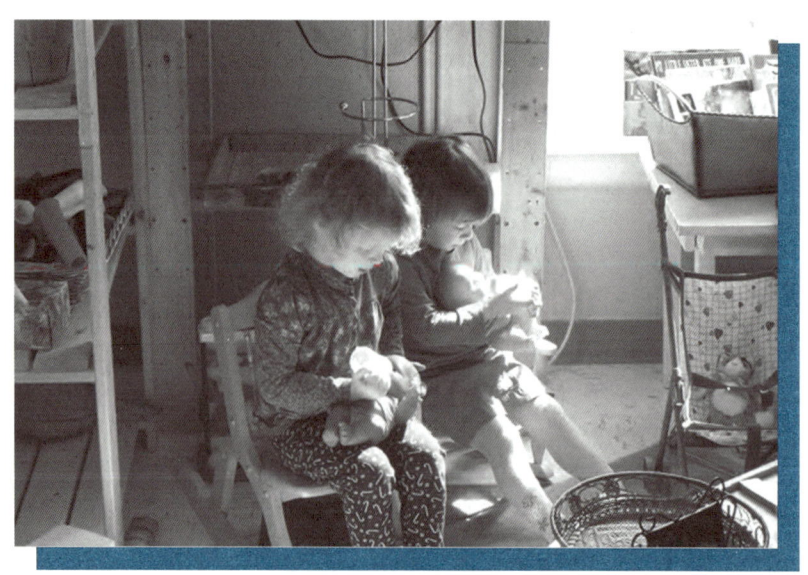

到镜子前面，和她们站在一起，神情古怪地看着姑娘们的脸。

——德波，老师（观察者）

独自或与同伴、团队成员讨论这个观察故事的细节以发现其意义。让自己分别站在每个孩子的角度，阅读下列问题以做指导。

1. 每个孩子看起来是如何理解这个情况的？
2. 孩子们对什么感觉很强烈？
3. 每个孩子分别采取了什么策略来得到自己想要的东西？
4. 你从细节中了解到每个孩子的特点是什么？
5. 你如何看待老师对这个事件的处理？
6. 你认为孩子对老师这样的反应是怎么看的？

在一场冲突中，特别是孩子叫、哭、打、踢的时候，许多老师发现自己心跳加速，头脑中充满着成年人的正义和公平之感。我们的重要责任是保护儿童的安全，我们的义务是教他们如何做人以及和平相处，隐藏在所有这些想法之下的是我们从自己童年经历中所获得的反应、我们接收到的如何表达强烈情绪和参与冲突的信息。无需多言，要放弃我们自己的偏见和先入之见，站在孩子的角度并理解他们的情感是非常困难的。

纵贯本书，你已经读到童年是充满神奇的时期这个信息了。童年也是充满原始和不压抑情感的时期，是充满不确定、不安全和恐惧的时期。在这些情况下能够尽心尽职地观察、站在孩子的角度、理解他们的情感尤为重要。在一些激烈的事件中，如老师基尔所描述的那个情况，孩子正在构建有关他们是什么人的概念。从本质上说，他们在构建自己的身份。老师有必要尽可能理性而公开地处理冲突，帮助孩子度过这些可怕的时期。

花点时间研究基尔是如何处理这个吵闹事件的。基尔视自己在这个冲突中的角色为讲述故事的人,试图把孩子的想法和情感呈现出来。她没有修正他们的行为或情感,只是尽可能地努力保护孩子的身体安全。她没有追究谁对谁错,而是密切注意最重要的主题:哭泣的女孩。她非常体贴地引导她们宣泄自己的情绪,向她们展示她们自己的情感状态,而且在这个过程中,帮助她们互相看得更清楚。这还吸引了卡尔的注意力,完全不需要她把他点出来:他是这个伤心行为的肇事者。对于学步的儿童来说,最有意义的解决冲突的方式就是从他们的情感开始。

只要一直留意自己的偏见并且聚焦于儿童的视角,和与儿童同感,你在处理这些棘手问题的同时,也能享受快乐的时刻。儿童有权在解决童年困难时得到成年人的尊重和支持,让他们充分释放自己强烈的感情。

"我看见你了!"

偎依在那个大的婴儿车里,我们组的学步儿童们和我一起向托儿所附近的公园走去。那里有足够大的地方可以跑,可以游戏,孩子们急不可耐地向公园走。公园中央有一个有趣的混凝土建造物,夏天时是戏水的乐园。虽然不是供学步儿童玩耍的,但是这个结构对他们来说是个神奇的世界。

孩子们完全被这个地方吸引,四处走动着,被白色的墙和古怪的通道包围和淹没了。这个建造物高高低低,参差不平,孩子抬头看、低头看、透过开口看时,需要爬高走低,他们聚精会神地探索每个细节——影子、形状、质地以及不同开口处看到的不一样的景色——每一处都有无数的机会让他们探索和欢笑。

他们渐渐地发明了一个游戏,现在他们一遍遍地玩这个躲猫猫游戏,轮流从开口处向外张望。他们透过角落向外看,发现朋友就开心地大笑起来。每次遇到,孩子们就散发出纯真的快乐,意识到他们看见了彼此。

——德波,老师

独自反思这个故事,或与同伴或团队成员一起反思这个观察故事。参阅以下这些问题以引导自己的思路。

1. 你认为孩子在探索和表达什么样的领悟?
2. 这个故事中孩子们的视角是什么?

3. 他们如何看待与别的孩子之间的联系与关系？

在《婴儿是灵魂的反思》一文中，威廉姆·M.谢弗（2004）认为，婴儿出生就有三维的精神世界，这是我们成年人再也体验不到的，也是许多人通过精神练习，比如祈祷和冥想，而试图重新达到的境界。他这样描绘这些境界：

- **现在**——以纯粹的感悟认识生命，摆脱了内心的评判、比较、恐惧或欲望。
- **快乐**——被某事或某人吸引的强烈的感觉，充满神奇、好奇和兴趣。
- **感悟他人的感悟**——知道我们不孤独，知道他人的存在，经历着我们的体验。

阅读德波的学步儿童玩躲猫猫游戏的观察故事时，你是否理解谢弗所描绘的境界？尝试在与你相处的孩子身上发现这点。如果一直用心观察儿童与他人建立联系时快乐的点点滴滴，你也许也可以找到那种快乐——在简单却强大的"我看见你了"信息中所传递的纯粹的快乐。

思考儿童与你的关系

对与你一起工作的儿童而言，你可能是他们家人之外第一个与他们建立重要关系的成年人。如果你在幼儿园工作，很可能儿童与你相处的时间比与家人相处的时间还长。本质上，儿童渴望与你建立关系，得到你的关注、支持和认可。他们生来就有社会科学家的技能，为温暖与生存而努力建立关系。他们是敏锐的观察者，学习处世之道，这样他们就知道如何被接纳、感到安全和被关爱。在孩子与你建立关系时，用心观察他们的技巧和能力会提高你支持他们并与他们建立关系的能力。在你阅读下面的观察故事时，留意儿童的视角和他们与老师建立联系的能力，还有观察老师如何看待和支持儿童的同理心、责任感和与他人建立联系的出众能力。

"弄干净了！"

今天卢卡斯和婴儿玩偶在换尿布的地方呆了很长时间。开始我走近他，想看看他是不是需要换尿布，但是当我听到在他玩假扮游戏时，我退了回来，观察到下面的事。

卢卡斯对婴儿玩偶说着"不想大便吗?"和"都干净了么?"之类的话。开始，他在卫生间外面的小的换尿布的台上给玩偶换尿布。但是，玩了一会儿，他慢慢向放着真的换尿布台的卫生间走去，"出来啦?"卢卡斯问我，那时他拉着一块大尿布。"换个新的?"他坚持说。我指着小的换尿布台旁边的一小篮子玩偶的尿布。卢卡斯立刻拿起一块小尿布，爬上大的换尿布台，开始给他的玩偶换尿布。他遇到了一点麻烦，不过愿意让我帮忙，他继续这个任务，直到成功地换好尿布，他自豪地说道："弄干净了！"我真的非常喜欢与卢卡斯一起度过的时间。如此简单的换尿布的事变成了我们俩的学习体验！他的能干，他表现出来的与我的关系真的让我感到吃惊。

——琳达赛，老师

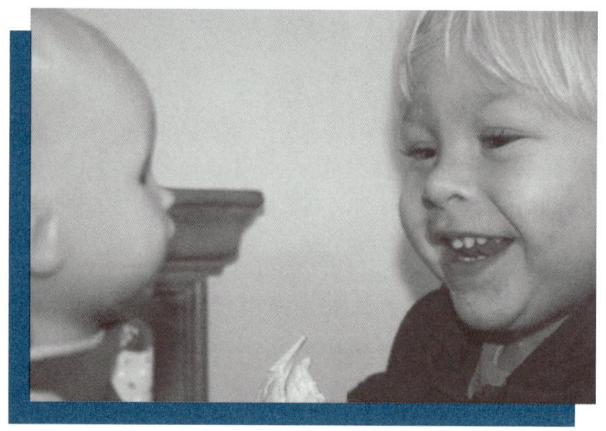

在卢卡斯和老师琳达赛的故事中，我们发现日常生活对建立关系很重要，比如，换尿布。儿童渴望与自己的老师建立亲密的关系，渴望在学校得到关爱。他们敏锐地观察我们的行为举止、肢体语言、语音语调和面部表情。两岁的卢卡斯表现给我们，他与琳达赛之间所建立的纽带和他感受到的亲密与安慰，因为他与玩偶之间其实是模仿了他与老师之间的关系。这个换尿布的游戏是他们分享责任、快乐和不断深化友谊的方式。

"我得告诉你点事"

今天在园子里,贝拉犹犹豫豫地走向老师西蒙娜。她走得很慢,低着头,手背在身后。她看上去很悲伤,仿佛有心事。她走近时,西蒙娜跪在地上,张开双臂,发出愿意帮助她的信号。

西蒙娜拥抱她时,贝拉解释道:"我得告诉你点事。"

"我想知道你有什么心事。"西蒙娜鼓励她。

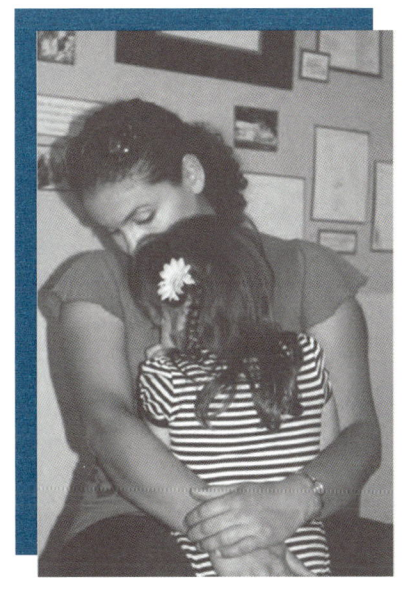

贝拉从身后拿出卷笔刀,递给西蒙娜,低语道:"我把它弄坏了。"

她们一起查看卷笔刀,似乎卷笔刀的小盒子坏了,但是刀片并没有损坏,仍然可以安全地使用。贝拉和西蒙娜讨论说,如果在垃圾筒上使用卷笔刀,让铅笔的碎屑落在垃圾筒里,那么这个卷笔刀依然可以使用。她们试验了这个假设,发现卷笔刀的确可以正常使用。贝拉成功地用卷笔刀削尖了一支铅笔,她放心地笑了,亲眼看到铅笔的碎屑落在垃圾筒里,她甚至咯咯地笑出声来。

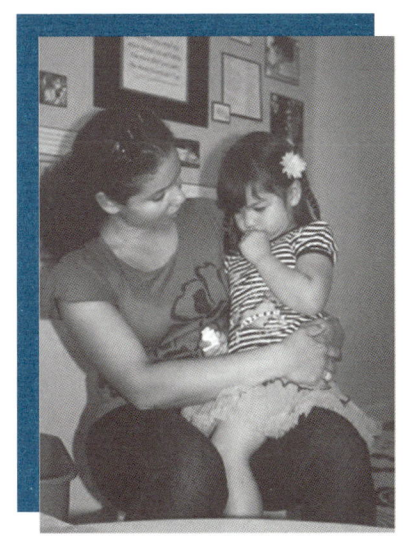

她们把卷笔刀放回写字中心的架子上,贝拉转过身来,拥抱西蒙娜,然后哭泣起来,她颤抖着,把身体贴在西蒙娜身上,紧紧地抱住她,寻求安慰和宽心。贝拉的心在胸腔里咚咚地跳动着,释然的泪水顺着脸颊流淌。

——西蒙娜,早教班老师

阅读西蒙娜对贝拉经历的反思。

我很吃惊地发现贝拉情绪如此激动,尽管她发现卷笔刀仍然可以工作。就是在这时我才意识到她告诉我这个不幸事故时她是多么担心和害怕。她是否认为自己闯祸了?她觉得我会生她的气?我从她的行为举止发现在这个时候她有了自己属于我们这个班级的感觉,她把自己当成我们学习社团的一分子,她知道我们学校可接受行为的界限,打算承担自己行为的后果。同时我也发现我们已经建立了亲密的关系,因为她愿意与我分享这个痛苦的时刻。这个经历也提醒我,诚实和说出真相有时非常困难,特别是与自己相关的时候!经历这样深刻的情绪波动会让贝拉对他人充满同情。

再看一眼

许多老师愿意花时间和精力帮助儿童学习与人相处、感到被接纳和解决冲突,因为这是人类发展的一个领域——无论成年人还是儿童都有各种深沉的情感,这种情感是从持续的学习和反思中获得的。观察孩子在发展人际关系方面的能力是很有好处的。正如下面这个观察故事所反映的那样。

分享就是关爱

卡特佳开始接手这个班时,她听到卡罗琳说的第一句话是"分享就是关爱"。从那以后,卡罗琳就清清楚楚地践行着她所说的话。每天早晨,她在橡皮泥桌上忙着做松饼、饼干、派等待客的点心时,她总是邀请和她一起玩的小朋友吃,问道:"你想来点吗?"另一些时候,卡罗琳想玩别的孩子正在玩的玩具，她会用单纯、温和的声音问："你有两个，能给我一个吗？"尽管卡罗琳看上去紧张不安，她还是努力与其他人建立关系，问道："你愿意做我的朋友吗？"卡罗琳正和自己的老师卡特佳

建立关系。每天早晨她们见面时，卡罗琳总问卡特佳她有没有配对穿的袜子。她朝卡特佳跑过去，激动地大叫着："卡特佳小姐！"然后抓住她的腿，给她一个拥抱。她们已经养成一个习惯，先谈论穿错的袜子，然后相互给个早晨的拥抱，最后卡罗琳协助卡特佳在游戏场上布置活动。

这里是卡特佳对卡罗琳建立人际关系能力的反思。

看到卡罗琳在游戏中和与人交流时表现的善良真是太美妙了！看见她想到教室里别的孩子，看见她对同龄人轻言细语，真是令我感动。通过她的分享和乐于交流，我发现她真的愿意、也理解如何与同龄人和老师建立关系。能认识她真是令人开心，我迫不及待地看着她不断地成长。

——卡特佳，老师

观察儿童找到玩伴

找出两个不一样的儿童——一个能轻松自如地参与游戏，另一个得努力才行。然后连续观察他们一个星期左右。观察他们主动或被动地参加室内或户外的游戏。他们如何反应？他们使用了什么语言、肢体动作和策略？写下全部的细节，比较这两个孩子的不同之处。

观察友谊的语言

观察一群经常一起游戏的儿童，倾听并记录他们的交谈以及与他们友谊相关的互动。请记住：要留意手势语言和谈判语言。是否听到他们反复地使用某些词汇，这些词汇表明他们在努力弄明白做朋友意味着什么。请记住从他们的角度来看问题，而不是根据你自己的日程计划安排他们应该如何行事。

观察冲突和解决问题

记录你班上的儿童在一个星期内出现的矛盾，通过细节和从孩子的角度尝试分析每个矛盾，参阅下列问题以指导自己的思路。

1. 这些冲突的原因是否呈现一定的规律？
2. 儿童的理解似乎是什么？
3. 他们使用了什么策略来实现自己的目的？
4. 留意并反思自己对这些冲突和互动的反应。自己的童年时代有没有什么事会影响你看待这些情况？

更多要做的事

在你努力看清儿童之间关系的时候，也花点时间探索自己培养人际关系的经历，这将让你更好地理解与孩子相处的过程。

回顾作为成年人培养的友谊

确定一个你在成年之后结交成朋友的非家庭成员。

尝试回想这段友谊。你们一起做了什么事促使你们成为朋友？你们在一起时是如何度过的？你们相互给予对方什么？你们如何处理相互之间的不同？什么帮助你们培养信任与友爱？

回想人际关系中困难的时刻

我们都遇到过与人相处时事情进展得不那么顺利的时刻。在回想这些特别经历的时候，请思考你当时的感觉，你尝试做了什么以解决这个问题。看看你是否对儿童的行为举止有新的认识。阅读下列提示清单，理清自己的记忆。

- 回想感情被自己信任的人所伤害的时候。
- 回想你打碎了属于别人的东西的时候。
- 回想你被一段关系或一个活动排挤或拒之门外的时候。
- 回想你被欺骗或撒谎的时候。
- 回想你感到被误解的时候。

练习更多的轮廓画

继续拓展自己看见细节的能力，至少再画十幅轮廓画，就像本章"观察艺术练习"一节中所描述的那样。

观察样本展示

下面的观察故事，是一群老师一起研究自己的工作，创立的一个记录展示，展示他们的学习心得和发现。想象一下父母或来宾读到这些与孩子合作成果的细节，他们可能会从孩子身上学到什么？他们看待孩子的视角会受到什么影响呢？

老师的研究——一起学习

我们策划的:

我们学步儿班级的老师组一起制订了一个体验计划——让一群学步儿童探索我们教室外的自然世界。我们一起观察小幼儿有一段时间了。我们急切地想利用我们的观察和记录以发现孩子沉浸在自然界神奇之中时会展现出什么。我们在地上铺开毯子,拿出一些盘子和篮子。我们利用从操场上收集的自然材料,制作了美丽的"请帖",与孩子分享。我们的计划是研究孩子的反应,以及他们与自然界这些有趣的东西进行的活动。

我们所观察到的:

学步儿童通常有缺乏自制力和注意力集中时间短的特点,所以当孩子们没有立刻冲过来玩这些材料时,我们都很吃惊。他们当然对等着他们的老师和我们准备的宝贝非常好奇。两三个孩子慢慢地走向这些"请帖",脸上是好奇的神情,眼神里有几分谨慎。其他孩子犹豫不决,观察着自己的伙伴。那两个爱探险的孩子热切地研究、抚摸、摩擦和把玩这

些物体。成年人的友善和他们玩弄这些新鲜物件的强烈欲望,使他们的身体和脸上的表情逐渐放松下来。对其他孩子来说,这似乎是个信号:加入进来很安全。孩子们一直仔细地相互观察,开始相互学习彼此的动作和研究方式。这些小幼儿们安静、专注、坚定地全身心地投入到他们周围呈现的活动中。一个孩子拿起放大镜时，其他人立刻跟他学，也学会了使用放大镜。另一个孩子闻着浆果，好几个孩子也学样把浆果和叶子拿起来，放到鼻子下去闻。孩子们相互学习，认真研究，激发了一系列的探索活动和新的发现，这种分享式的探索活动继续进行着，这些活动包括：摇晃树叶发出沙沙的声音；一起敲击岩石；把豆荚扔进盘子里和木碗里。他们的每次研究活动都激发进一步的行动，把物体扔进碗里演变成仔细挑选浆果和梅子，分类放进碗里和篮子里。有几个孩子在把浆果放入容器中时似乎注意到按大小分类。像学步儿童通常表现的那样，他们的注意力转移到让自然界物体移动起来的各种方法上，这个演变成集体活动，孩子们一起发明了一个游戏：在大的黑色托盘里滚动和摇晃绿色的浆果。他们吵吵闹闹地大笑着，摇动着托盘，直到所有的浆果都飞了出来，然后兴高采烈地拣起来把托盘装满，重新开始游戏。一个多小时之后，我们不得不打断孩子的探索，准备吃午餐。

我们所学到的：

我们研究的重点"儿童如何与自然界相处"证明富有成果。孩子的探索活动帮助我们与他们一起认识自然界的美：形态、肌理、声音和气味。他们告诉我们科学研究的根源何在，如同他们提醒我们如何运用我们的感官去检查和发现、去尝试想法、去注意因果关系、去意识到我们的行为对周围世界的影响。他们送给我们这样的礼物：在自然的简单的美中看到快乐、神秘和兴奋。

但是，最让我们印象深刻的是他们对彼此的关注，这提醒我们，所有人生经历的核心就是我们与他人的关系。我们发现儿童之间有密切的联系，这让他们在不熟悉的情况下参加活动也会感到相当安全和舒服。我们看到他们彼此借鉴想法而形成自己的思维方式和学习过程；同时，我们惊叹他们的慷慨大度,欢迎我们分享他们一起学习时所获得的那份适意、快乐和幸福。

——琳达,卡桑德拉,帕翠西,黛安娜,维拉瑞,德波,学步儿童班老师组

第 11 章

学习研讨课：观察儿童和他们的家庭

你无法真正了解人性，除非你知道儿童在旋转木马上为什么每次转过来时都向父母挥手——同时，为什么父母总是挥手回应。

——威廉·塔弥尔斯

本章学习研讨课程的学习目标

在本章学习研讨课中,你将:
- 练习使用镜子看不同的角度。
- 回忆家庭和家庭生活对自己态度和价值观的影响。
- 审视自己以及和自己一起工作的家庭在态度与价值观上的相同或不同之处。
- 练习观察儿童与他们家人关系的细微之处。
- 练习看清父母各自的观点。

反思引言

反思威廉·塔弥尔斯的引言。尝试想象他描绘的画面,以捕捉儿童与父母在这个生活阶段的密切关系。在写下你对塔弥尔斯引言的反思之时,思考以下这些问题。

1. 你所理解的在旋转木马转动时父母与孩子彼此一次一次相互挥手的意义是什么?
2. 你还在哪些方面发现年幼孩子与家庭之间的亲密关系?
3. 你见过年幼孩子与家庭虽然不在一起,但是他们通过每日培养的日常习惯来表达他们的关系并保持联系的例子吗?
4. 孩子每天与家人分离来上幼儿园时,你培养了孩子的什么习惯以帮助他们与家人保持联系?

阅读这个老师对引言的反思，进一步激发自己的思路。

我认为所有的儿童与父母之间都有亲切的关系，即使环境可能有时让他们难以用爱的方式表达这种感情。对我而言，任何仪式都有一个重要原因，特别在分别时，就是建立一段彼此共有的爱和纽带的深刻记忆，这在无常的时候可以依赖并获得力量。想想每天早晨眼泪汪汪的分别。无论对孩子还是父母这都是一种安慰，对我们老师也特别有帮助，我们有一个仪式：孩子和父母都把手指头放在面前，眯起一只眼睛，假装给对方拍一张照片，表达"我们分开时，我把你带在身边"的意思。孩子与家人学会这个仪式后，他们已经习惯每天这样做了，而且喜欢这么做。

——威廉，学前班老师

观察艺术的活动

探索镜子

不管承认与否，我们大多数人待人处世的观点深受我们如何成长的影响。我们也许没有意识到这些因素如何影响我们看待那些生活情况与我们截然不同的人。下面使用镜子的活动让我们以有趣的方式探索视觉的感知能力。对年幼的儿童来说，研究镜子的图像其实可以开发大脑，这样他们更容易从不同的视角观察事物。成年人使用镜子，也可锻炼大脑的能力，从不同的角度观察事物。

收集不同大小和形状的镜子，麦拉镜面黏膜也可以。尝试排列镜子以探索它们如何改变看见事物的角度。你可以用下面的方法探索镜子。

1. 把两面镜子靠在一起，就像书本那样可以打开和合上。把镜子靠近自己，让自己的脸出现在两面镜子中，慢慢地打开和合上镜子，观察自己的影像连续变化的情况。这给你留下什么样的感觉？

2. 在自己面前桌上的纸上垂直地放置一面镜子。尝试在纸上写下自己的名字，写的时候只盯着镜子看。你的感觉会有什么变化？

3. 在另一张纸上画一条波浪线，然后只盯着镜子看，尝试用手指头在纸上画出这条波浪线。为什么你认为这很困难呢？

4. 现在盯着镜子，尝试用花纹块构建一个图案。注意你在镜子里看到的那个复制的图像，利用这个来指导你设计的构成。这个任务需要你以何种不同方式使用大脑呢？

花点时间写下这个体验或与同伴、团队成员讨论这个体验。你注意到哪些事对你来说是容易的，哪些是困难的吗？你觉得这个体验与以不同的角度看待事物有何联系呢？

学会视童年为家庭关系密切的时期

每一个镜子练习活动都要求以不同寻常的视角看待事物，这就是你在观察以及与孩子及其家人相处时需要学习的东西。童年是孩子体验自己是家庭一员的时期。儿童在家庭获得自己第一个身份和归属感，他们可能需要昵称，或者听到他们像谁、奶奶经常做什么、自己父母成长时生活是什么样子等一系列的故事。如

果他们是被收养的，孩子需要知道他们是如何成为收养家庭的一员的特别故事。通过这些故事和互动形成了一种历史感和纽带关系。除非我们理解这些家庭情况，否则我们不可能真正知道一个孩子的全部或者在他们与我们相处时为他们提供连续性的帮助。

每个儿童生长的家庭都有自己的价值观、习惯、共同性和内部活力，不管这个家庭的结构或境遇如何，差不多所有父母开始时都对自己的孩子抱有希望和梦想。也许一个家庭没有完全意识到或企图把他们所想的传递给自己的孩子，但是家庭的活力和形态仍会强烈地影响孩子的行为举止和自我概念。

当一个家庭让孩子报名参加我们的一个活动，我们经常关心他们会如何与家人分开，如何与照顾他们的人形成关系。分离焦虑是许多工作人员讨论和研讨会的中心议题。如果我们认识到，现在儿童醒着时，与我们共同度过的时间远远多过与家人在一起的时间，我们就应该帮助儿童保持与家人的联系，而不是关注与他们与家人的分别。

大家庭的活动

在新西兰的奥特亚罗瓦，我们学会了毛利人的观念，不仅让孩子与直系亲属保持联系，还与 whānau，即跨越几代人的大家庭保持联系。教育家德尔玛·肖普曼解释说："虽然每个儿童都是独特的，但是他/她被家庭所环绕，有形的或无形的、活着的或离世的，被家族遗产的成果所包围着。这种 whānau(家庭)结构是多层的，不仅包括父母兄弟姐妹，而且包括祖父母、叔叔婶婶、表亲们以及更多亲属。每个人对这个孩子的成长和幸福承担责任。扎根于 whānau 这个观念之中的是身份和归属的概念。在早教领域，我们谈论以儿童为中心的方法，但是在毛利人的语境中，是以 whānau 为中心，其中儿童是重点。这对许多土著社会很

寻常，whānau 幸福的首要问题是生存，因此，只要对 whānau 有好处肯定有益于儿童这很符合逻辑。"

独自或与同伴或与团队成员反思毛利人的 whānau 理念，参阅下列问题以指导反思。

1. 这种来自多代同堂大家庭的身份概念与你的经历有何相似或不同之处？
2. 如果你受毛利人 whānau 概念的启发而改变自己的工作模式，你在与孩子及其家人相处时会有什么变化呢？

不管学校活动的多样性程度如何，不要理所当然地认为工作人员与父母在儿童养育方面有共同的观点和价值观。由于个人的好恶、文化和经济条件、生活经历、年龄或时代等因素的影响，每个人的价值观念可能存在差异。不同的观念可能导致误解，哪怕不相互做出评判。为了与儿童的家庭建立紧密的合作关系，你同样也可以运用与儿童相处时的感知和观察技巧去发现儿童家庭在价值观、传统和交流风格等方面的信息。

与儿童家庭相处时,怀着好奇心,不要轻易地评判,渴望去了解他们,这样的心态将帮你建立信任关系,这有利于让儿童与家庭保持必要的延续和联系。

你对儿童行为的理解会受自己童年经历的影响,同样你对儿童与家庭成员关系的判断也会被自己的经历所遮蔽。回想那些有利于自己身份认同发展的成年人的影响将有助于你尊重儿童家庭所采取的帮助孩子确定身份的做法。尝试下列的活动反思自己童年时期受到的影响。

辨识童年积极的人际关系

想一想在自己成长过程中家庭成员或密友中那些对你有强烈且积极影响的人。无论是生长在亲生家庭、收养家庭或替代家庭,也无论是否有温暖或亲密的家庭体验,回想童年时对自己有积极影响的某个特别的人,阅读下列问题以帮助自己以文字的形式描绘这个人,或与同伴、团队成员讨论这个人。

- 描述这个人的手、声音、气味和衣着。
- 这个人与你有什么共同之处,或教过你什么?
- 这个人令你终生难忘的印象是什么?
- 这个人如何让你知道你是被爱的和被关心的?

- 这个人教你的什么至今仍影响着你?

接下来,想一想你家庭或密友的传统。在你与这些人相处的过去经历中,你们培养了哪些至今仍然保留着的重要的令人感动的习惯、价值观和活动?

回想两个难忘的活动,反思它们的价值观和信念对你与儿童工作的影响,请思考以下这些问题。

1. 它们与你班级里孩子的家庭是一样还是不一样呢?
2. 你与这些家庭共同的价值观和经历是什么?
3. 你发现自己的价值观和经历有哪些不一样的地方?你怎么解释这些差异呢?

运用自己对家庭体验的新感知,看看自己能从下面的观察故事中发现孩子与家庭关系的哪些新情况。

动物家庭的避难所

今天我看见杰尔佳在积木区,她拿一些收集起来的道具,要给动物家庭创作一个故事。她开始时先把动物安置在橡皮泥做的床上,确保每个动物都有睡的地方,然后用心地测量了一下,确保每个动物都有能被足够遮蔽处,她称之为"帐篷"。她花了相当长的时间安排和调整这些动物的床,叙述着它们为什么必须待在合适的地方,这样她才能保证它们的安全。杰尔佳的老师站在旁边,观察着,记着笔记。

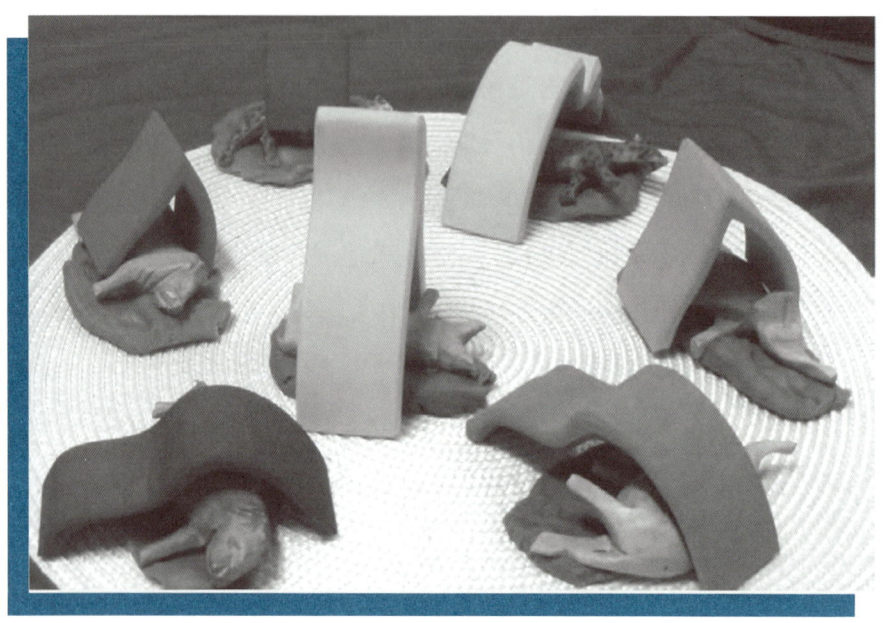

有一次,老师把照相机递给她,杰尔佳接受了家庭摄影师的角色,小心翼翼地弯下身从不同的角度和方向给在帐篷里的动物拍照,就像她小心翼翼地照顾它们一样,她要确保每个动物都被拍摄到。

——谢丽尔,老师

照顾赛琳娜

这个星期,苏菲的妹妹赛琳娜开始来我们幼儿中心。这个变化对她来说比较困难,因为她太小,而且从来没有上过幼儿园。赛琳娜的姐姐苏菲认为自己要保护和关心她,她领着妹妹去看了她喜欢的玩的地

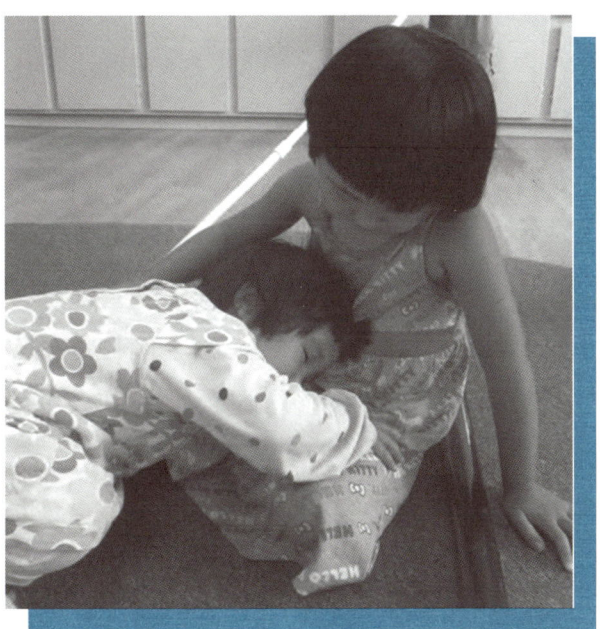

方，帮助她度过这个转变期。尽管苏菲努力地让她不寂寞，赛琳娜还是过得不开心，苏菲整天照顾着赛琳娜的需求——抚摸她，拥抱她，给她玩具玩，帮助她打开午餐的盒子，帮她把英语翻译成汉语。赛琳娜哭的时候，苏菲甚至替她擦眼泪，擦鼻涕！我从未见过一个小孩子如此温柔而怜爱地替另一个孩子擦鼻涕。

我想要明确这一点，我们要让苏菲明白，就像她关心赛琳娜一样，我们幼儿中心的孩子和老师都关心她，如果她需要我们，我们就在那里，随时可以帮助她。

——西蒙娜，小托班老师

独自反思，或与同伴、团队成员讨论这两个观察故事。反思时请思考下列问题。

1. 这两个故事中孩子行为所揭示的家庭观念是什么？
2. 如果你是谢丽尔或西蒙娜，这两个观察故事会促使你去与孩子家庭讨论哪些想法和问题？
3. 杰尔佳和苏菲对于照顾的理解应该怎么被认可呢？对你班上的其他孩子有什么可借鉴的吗？

这些观察故事提醒我们，我们帮助儿童在保持与家人联系的方面承担重要的角色。儿童依赖成年人，特别是家庭成员，以获得他们所需要的归属、安全和安慰。这就是为什么与家人的分离对儿童来说特别困难。仔细观察他们，你可以发现他们创造许多机会以获得安全和安慰，如果你意识到并且承认孩子的问题，你就能找到更多的途径让他们在离开家人时放心、安心。

下面的两个观察故事是关于老师与家长的互动。这类互动让你有机会巩固自己的观察练习，提高与其他成年人间的互动。这些故事聚焦于因价值观不同而引发的冲突,它们提醒你,在儿童家庭文化角度的语境下思考儿童是谁的问题。在阅读这些观察故事时,请注意你个人的价值观和可能影响你对故事判断的那些因素。

远离沙子

儿童照顾者梅丽莎认为,儿童通过自由的探索学习,哪怕在这个过程中弄得脏点也没有关系。如果在户外,她鼓励孩子尽情地玩,使用可接触的任何吸引他们的材料。可是,有一个家长抱怨说:"我不喜欢我女儿在你们沙箱里玩。我花了一个半小时清理她的头发,她在外面玩两分钟,她的头发里就全是沙子。我没法把这玩意弄出来,我们花了整个晚上才费劲地把它清理干净。所以,请让她远离沙箱,远离游戏场上把她弄脏的地方。"

大便时间

一个母亲和保育员正在激烈地讨论着。

"我没有做你要求我做的事,"保育员说。"有那么多其他孩子需要照顾,我没有时间,此外,我不认为要对一岁大的孩子进行如厕训练。"

"但是她已经被如厕训练了!"这个母亲强调说,"你要做的就是把她放在便盒上。"

"我认为她还没有被训练。"保育员的语气仍然很冷静,但是一丝红晕爬上她的脖子和脸颊。

"你根本就不理解。"母亲说道,同时抱起她女儿,拿起尿布袋子,冲出门。

"不,你才不理解呢。"保育员低声说道,忙着收拾地板上的一堆玩具。

在第二章"学会看见"中,你反思了丽莎·德尔皮特所说的话,这里值得再回顾一下"我们并不是真的用我们眼睛或耳朵去看去听,而是通过我们的信仰去看去听。放弃了自己的信仰,那一刻我们也就不是我们自己了"。

不管你支持或反对这两个故事中父母或保育员的观点,尝试运用丽莎·德尔皮特的观点来研究这些故事所呈现的意义。独自或与同伴或团队成员一起讨论下列问题以指导自己的思路。

1. 故事中的哪些具体细节告诉你每个人观点的内容?
2. 这些细节表明每个人重视和关心什么?
3. 你会如何总结他们不同视角的差异呢?

本书前面的各个学习研讨课程已经要求你培养自己的感知,留意自己思想上的有色眼镜和个人的观点,站在你所观察的孩子的角度看问题。根据那种进展,你可以运用同样的原则,尝试站在别的成年人的角度来看问题,站在儿童家长的角度,从他们的利益和需求出发对待眼前的情况,与儿童家长建立信任与尊重的关系。

有许多可以利用的资源,能帮助你更好地理解如何跨文化地进行工作。一个好的起始点就是阅读大学老师、作家珍妮特·冈萨雷斯·梅纳的作品,她的作品涉及早期儿童教育项目中所盛行的文化假设和误解。

我们有关优秀的早期儿童教育实践的专业标准和知识体系大部分都由欧美视角发展而来，我们所制定的关于儿童需要什么和他们应该如何被照顾与如何互相影响的规矩也源自特定的视角和价值体系。我们幼儿园需要接纳越来越多元的文化、阶层、语言、家庭结构和有障碍的儿童，以及其他元素。我们必须当心，不能自以为是地认为，只有一种正确的做事方式，父母应该听从老师的观点。当你努力对跨文化问题保持敏感时，请记住下列问题来评估自己的观察。

1. 我所假设的处理这个问题的最好方法是什么？
2. 什么样的价值观影响着我的观点？
3. 我发现哪些证据表明另一套价值观或假设影响着这个孩子和

这个家庭？
4. 我如何才能尊重而不失体贴地更多地了解这个家庭的观点？

再看一眼

这里有许多途径能让你提高对不同家庭背景的儿童的理解，这些活动将帮助你探索各种可能的策略供你在教学中使用。

留意儿童如何想念自己的家人

每天在你班级活动中，儿童把来自家庭生活的情感和主题融入他们的游戏和扮演。持续一个多星期收集各种揭示儿童如何想念家庭生活的观察故事和扮演活动，他们可能通过化装或直接的角色扮演，假装是人类家庭或动物家庭的成员；他们可以用道具在教室搭建或玩耍时创建家庭场景。观察并倾听他们在艺术区所创作的内容、他们对话的内容或者他们编的儿歌或歌曲。回顾这个星期收集的材料，看看是否能在观察笔记中确定一定的规律或主题，与同事讨论这些情况以拓展自己对其他观点的理解。

从上星期初开始，索耶每天来上学时都带着一个背包的玩具士兵。他全部的游戏时间都用来仔细地把玩具士兵一个挨着一个地排列好。他独自玩耍，几乎不和别人交谈，别的孩子问他能不能一起玩，他也不理睬。知道他爸爸被派遣到伊拉克，我们决定给索耶一定的保护空间，给他所需要的尊重，让他与家人用这样的方式交流。

留意家庭的兴趣、习惯和仪式活动

连续一个星期左右，每天观察一个孩子和家人在一起的时间，可以在送孩子的时候也可以在接孩子的时候，注意他们的肢体语言和交流方式。他们是否有每天必做的保留节目或仪式？他们是否谈论他们的兴趣或活动？他们如何相互打招呼或道别？他们如何相互表达情感？他们主要通过肢体语言交流还是言语交流呢？你能描述哪些透露出他们如何看待这些互动的细节？

如果可能，尝试拜访这个家庭，以更近地观察这个家庭、兴趣、习惯和状态。如果家访是增进合作的途径，而并不是获取信息的手段，这些家庭通常是欢迎和感激的。

阅读下面这则观察记录，看看教师如何从儿童的游戏方式中发现这个家庭的兴趣。

奥利弗的高尔夫游戏

走进教室几分钟后，奥利弗大胆地朝我们发出的"邀请"走去，那是我们放在地板上的几个明亮的容器，里面放着各色各样的圆形物体。他拿了两个高尔夫球。我很好奇，为什么他会从所提供的全部物体中挑选两个球。当他看着我，又看着球，说"爸爸！"时，答案出来了。然后他挑选一个圆筒，把高尔夫球扔进去。他一边探索着圆筒，看如

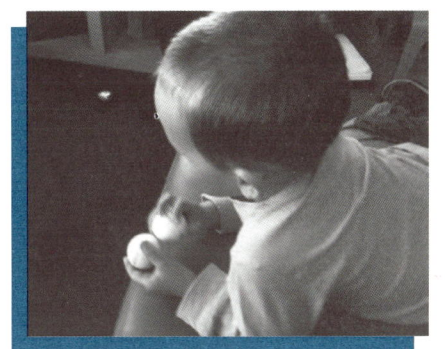

何用高尔夫球操纵圆筒，一边发出声音和做出动作。过了一会儿，他在教室里找到一个空地，把他聪明的计划付诸行动。他把那个圆筒变成了高尔夫球杆，轻轻地碰了一下高尔夫球。目的很清楚，他恰到好处地挥动着高尔夫球杆，轻轻地把球打到地板另一侧。

——莎曼沙，老师

这里是莎曼沙对奥利弗的高尔夫球活动的反思。

奥利弗把一个圆筒变成了高尔夫球杆，我对他这个创意感到惊讶。在我看来，这显示了奥利弗与他爸爸之间非常特别的关系。在教室里全部的新材料和创意的能量中，他觉得这点很重要：要让我知道他清楚高尔夫球与他爸爸之间的关系。他的想象力继续启发着我，去提供开放性的材料来吸引他。从儿童发展的角度来说，从奥利弗选择如何使用球的活动中，我可以清楚地看见我从皮亚杰那里学习到的轨迹图式。总之，我觉得他的行为解释了他与他家庭的关系非常重要。我将为孩子提供更多与他们家庭有关系的材料，这样我们就有机会更好地了解他们。

创建家庭手册

儿童报名上学时我们要求儿童家庭填写的许多文档资料都是个人信息，对我们了解他们的家庭生活帮助有限。可以准备一些更有意义的资

儿童名字:_____ 出生年月:_____

我的名字怎么来的?

我喜欢做的事

我的模样

我想学的东西

最让我高兴的　　　　　　　　让我难过的或生气的

(来源:德布·柯蒂斯、玛吉·卡特,观察的艺术:观察如何改变教学,红叶出版社,2013(2)。
网址:www.redleafpress.org。此页可复印仅供课堂使用)

家人的姓名:　_____

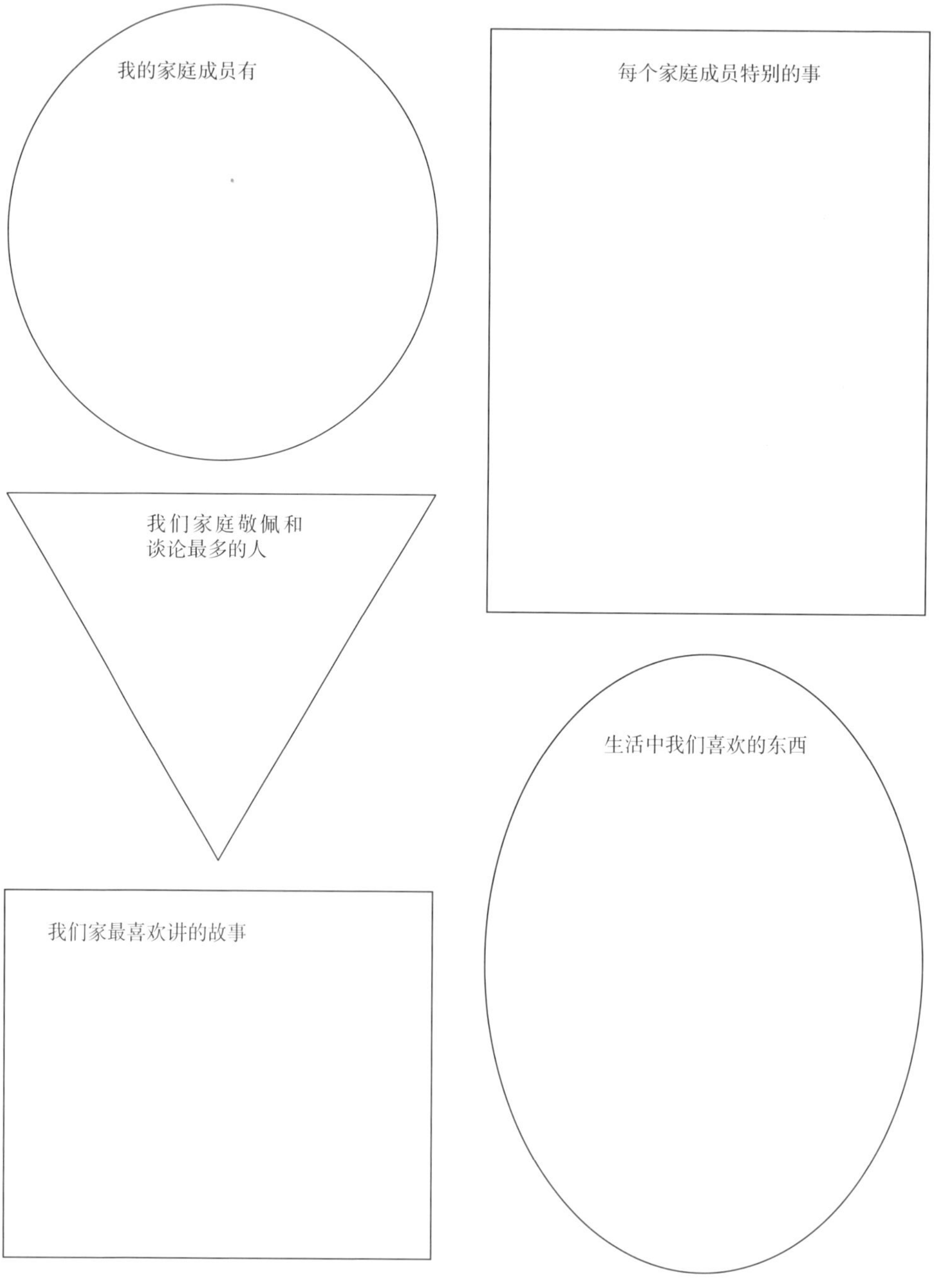

我的家庭成员有

每个家庭成员特别的事

我们家庭敬佩和谈论最多的人

生活中我们喜欢的东西

我们家最喜欢讲的故事

（来源：德布·柯蒂斯、玛吉·卡特，观察的艺术：观察如何改变教学，红叶出版社，2013（2）。网址：www.redleafpress.org。此页可复印仅供课堂使用）

料补充进入学文档资料,让孩子和家长填写,增添成为教室的家庭手册。尝试制作一个简单的表格来分享一些基本信息,比如这个家庭中各个成员特别有意思的照片和故事,生活中他们喜欢的东西,家人敬佩和家庭中谈论最多的人。建议填写表格时全家人一起填写,可以用文字、图画或照片。如果需要,可以把照相机借回家里。下面的表格样本可供创建家庭手册时参阅。

表格交给你之后,可以将家庭手册放在突出的地方,让大家都能读到。不仅看到表格中的信息,还要观察孩子相互之间如何谈论这些信息,留意孩子或家人交谈时信息所发生的变化。家庭手册是否为他们彼此联系提供一个方法?家庭手册是不是成了讲述更多家庭故事的跳板呢?

随着时光的流逝,你可以让儿童家庭填写更多的内容,征询有关孩子出生的故事、生日或节假日庆祝活动的经历或者家庭的希望和梦想。

请家人分享他们童年的故事

邀请家庭成员到幼儿园来讲述他们自己童年时的故事，是更好地了解他们的好方法，可以加深儿童和自己家人的亲密联系。关于他们家庭的故事也会给孩子们带来新的兴趣和友谊。

通过文字、口头或电话向家长发出邀请，请他们参观教室，同时讲述一个童年故事。一定要邀请大家庭的家庭成员，问他们是否愿意把故事写下来，让你和儿童配上图画，这样可以保存在教室的手册里，一直供大家阅读欣赏。

家庭成员的参观为你观察、倾听和支持他们与自己的孩子保持联系提供了又一个机会，同时应注意如何加强你与他们之间的关系。如果时间允许，写下你自己的反思或与同事共同反思。

儿童名字：＿＿＿＿＿＿＿＿＿＿＿＿＿＿＿　　出生年月：＿＿＿＿＿＿＿＿

我喜欢做的事

我的样子

我想要学习的

让我开心的事　　　　　　　　让我生气的事
　　　　　　　　　　　　　　让我悲伤的事

（来源：德布·柯蒂斯、玛吉·卡特，观察的艺术：观察如何改变教学，红叶出版社，2013（2）。网址：www.redleafpress.org。此页可复印仅供课堂使用）

更多要做的事

在你开发出各种观察和联系儿童及家人方法的同时，请记住要继续提高自己从不同角度观察的能力。

站在他人的角度

练习换位思考，独自或与同伴或团队成员试验下列场景，反思所发生的一切，请参阅下列问题。

情景：早晨阳光灿烂，中午时分开始下大雨。以"下雨啦"这句话分别表演出下列这些人的想法。

- 一个刚刚播种完的农夫。
- 一个在教室学习了一个上午、盼望休息的学生。
- 一个天气播报员。

情景：一个孩子在操场看见一个大泥潭，高兴地在泥潭里踩水玩，以"你在干什么"这个问题分别表演出下面这些人的视角。

- 一个负责监督操场的老师。
- 一个来接孩子的家长。
- 另一个孩子。

对上述情景有不同的反应，而且很明显，反应相差很大。但是，在你日常的工作和生活中你能这么明显地感知到差别吗？与同伴或团队成员继续探索这个话题，可以回想你与他人想法彻底相左的时候，即使你们有相同的经历，描述所发生的一切以及涉及各方的各种可能的观点。

反思另一引言

我们都肩负历史的重任成长。我们的祖先停留在我们身体每个细胞所隐藏着的知识螺旋链中,同样他们也栖息在我们大脑的阁楼里。

——雪莱·艾伯特

阅读下列问题以帮助自己反思雪莱·艾伯特的引言。

1. 这段话对你意味着什么?
2. 这段话与你的幼教工作有什么关联?

写下反思笔记,或与他人讨论这段话。请参阅下面两个老师就这个引言于他们的意义所写的反思笔记。

我在反复阅读好几遍之后,才知道该如何思考这个问题。不管我们喜欢与否,我们都背负着我们的祖先这个观点似乎既是好事也是坏事,就看我们的家庭在身体和精神上有多健康。有时,我们伴随着一些故事成长,但是我是被收养的,所以我真的不太知道我所携带的、出生家庭的基因。我经常对此感到好奇。我长得像出生家庭的某个我从来没有见过或听说过的人吗?这个引言提醒我去理解每一个到我们身边来的孩子,他们带着他们的家庭来,不管我们看没看见这些家庭成员。

——李红,老师

在一次课堂里,我们教授谈到儿童到学校带着家庭的"知识储备"。我猜这就是艾伯特所说的来自我们大脑中的家庭的"知识的螺旋链"。教授提醒我们,要了解每个来幼儿园的孩子的长处和家庭传统,这点非常重要;特别是如果他们的生活面临许多困难,比如贫穷、流离失所,或者不那么熟悉我们学校的体系。我们不应该视他们为低能的,相反,他们有自己的长处和窍门,我们应该努力去理解这些。我觉得我也应该回想一下我生活中的知识的螺旋链,坦率地说,我从未思考过。

——伊莲诺,儿童家庭保育提供者

分享"我们以前怎么做"的记忆

研究自己的价值观以及它们与幼儿园孩子家庭的价值观有何差异,可以尝试这个活动。描述自己的家庭在这些领域是怎么做的,比如健康保健、饭菜准备或纪律规矩,可以写下来,或与同伴或团队成员讨论。把自己的经历与团队其他成员的经历做个比较,看看这能否让你理解幼儿园儿童家庭在这些方面采用别样的做法。

探索文化传统和仪式

寻找一些有关文化传统和礼仪的专门介绍迎接新生儿回家和进入社会的图画书。有些参考图书书目见下。阅读这些图书时,从婴儿的角度来想象这个经历。有没有哪些传统吸引你把它们改编成欢迎儿童进入幼儿园呢?

麦琪·彭斯·赖特《欢迎宝贝》

理查德·凡·坎普《宝贝的欢迎歌曲》

尼基·席根-司密斯《欢迎来到这个世界》

德比·夏克莱特《我降生的那天》

观察样本展示

阅读下面丽莎的故事。注意她依据自己对这个儿童家庭的了解,如何体贴入微地探究孩子与家庭和文化建立联系的过程。在与儿童家庭分享这个故事之后,她把他们的反馈添加到了她最后展示的记录文档中。

金爱由了解自己的文化

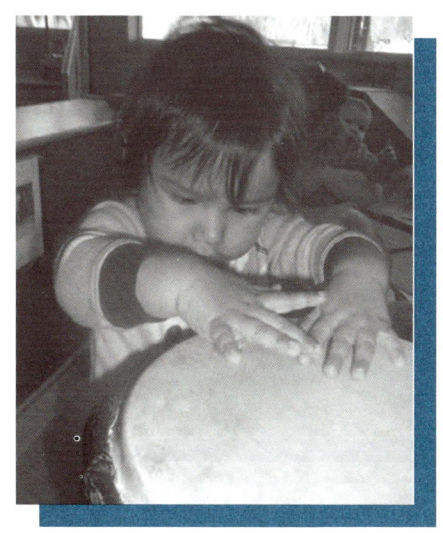

金爱由,今天我有机会与你分享一些你的家庭音乐。我打开 CD 时,你正在桌边玩耍,你立刻注意到了,歪着头倾听。然后,你马上跳下椅子,朝声音的源头走去。你的脸上一副惊奇的表情,小嘴巴圆圆地张着,发出开心的笑声。

下面发生的事告诉我,你非常熟悉这音乐,金爱由。你指着音乐,然后指着其他孩子,召唤他们,然后又指着音乐的源头。你对听到的音乐的热情鼓励一群孩子围过来。老师很快发现这可能是奇妙的创作活动,于是我们拿来一个大鼓,我们想看看这个能激发这群孩子什么样的灵感。

金爱由,这个音乐激发了你的个性和领袖气质。好多小幼儿围着这个乐器时,你走上前,开始敲打起鼓来。你演示给其他人看,碰它很安全,应该如何敲击鼓。你脸上的表情点亮了这个活动。我注意到你的头在打着节拍,你的身体做出舞蹈动作。

以前,我看到你从架上拿下羽毛来研究,我经常好奇,在教室里接触羽毛前,你有过类似的经历吗?今天你又从架子上拿下羽毛,在脸上轻轻地抚动,你是想教我们什么吗?你把羽毛拿过来,放在鼓上。

我们老师决定在电脑上播放民族舞蹈的视频。金爱由,你非常专注

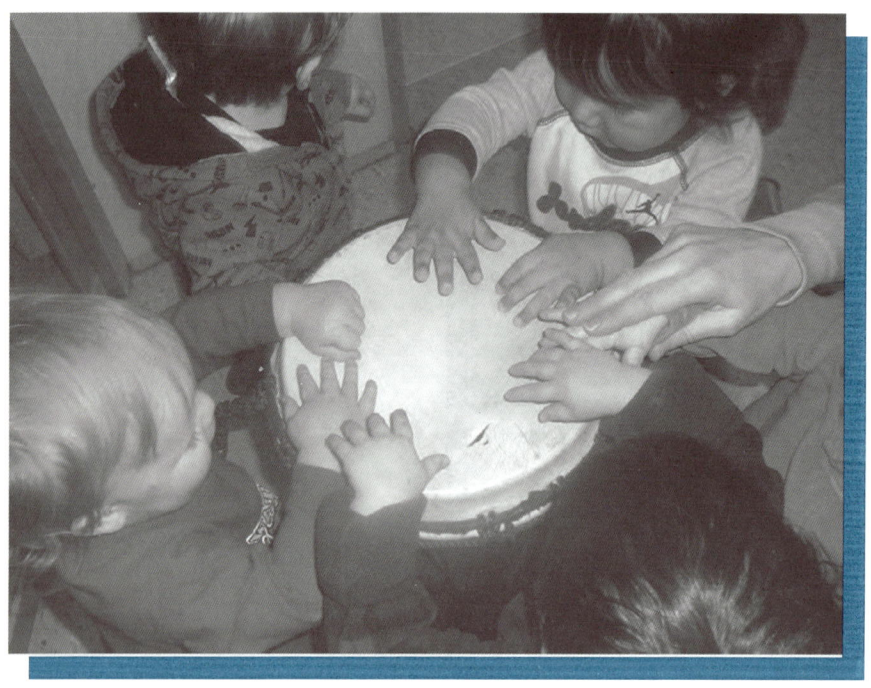

地观看着,然后我激动地听到你叫喊道:"妈咪,爹地!"你手指着,重复地说着。这是我第一次听到你说话。我太自豪了!金爱由,你已经进入了一个独立和社会性成长的阶段。今天你展示了你以前的知识,并且和我们分享这个知识。你现在有信心吸引一群孩子加入你的游戏。

我要继续提供机会来探

索你们民族的文化。我们还要听你的音乐,看你的游戏,体验不同的鼓。随着你语言的进步,我们要和你一起学习。同时练习克里词汇和英语将促进我们的语言交流,接纳你们的民族文化将帮你表达自己。

——丽莎,老师

以下是金爱由家人的回应。

亲爱的幼儿园朋友:

金爱由带回家的信让我激动得流泪,那天我们送他去幼儿园时他带着他的仪式音乐。我很为他自豪。在我们传统中,孩子受到极大的尊重和荣誉,因为他们是我们未来的领袖。然后,像一个青年人说的那样:"青年人是明天的领袖!"金爱由已经证明这话很正确,他已经是一个领袖了。通过演示给其他孩子看如何敲击鼓和如何跳舞,他分享和传授他的民族文化。鼓点就是大地的心跳和我们民族的心跳。这是我们在子宫里听到的第一个声音。鼓声召集家庭和社区来庆祝、跳舞、交往、祈祷、宴饮和学习。他把所有人召集到鼓面前,把羽毛拿到鼓上,就是和你们分享这一切。

因为羽毛是我们服饰的一部分,我经常用羽毛挠金爱由的脸。真是太好了,他还记得这个,并且演示给你们看。

我特别高兴,他对自己的文化和身份已经知道了这么多。这个周末我们参加了传统的祈祷仪式,金爱由和我一起跳舞,和洛威尔一起击鼓。这对我非常有意义,他的身份和民族文化得到他的照顾者和朋友的认可和支持。这将有助于他在生活的各个方面保持平衡——精神、身体、心理和情感——这真是灵丹妙药。精神就是我们每个人是谁的本质,这包括我们的文化、身份、仪式和祈祷。我们的信仰是我们需要保持生活各方面的平衡，这样才能成为多产的、平和的人。

嗨侬嗨侬，谢谢你们。等到天气暖和点，我们期待去与你们分享更多的我们的文化。

——桑德拉和洛威尔

第 12 章
组织起来观察并研究自己的文档资料

　　通过用心地观察并且与每个儿童及其班级生活建立联系，你会产生要努力捕捉那些瞬间的感觉。因为我知道，比如，爱丽丝总是独自玩耍，我要特别记下她把一个备用的乐高玩具递给弗兰克的时刻；或者因为我知道托西和加米一直喋喋不休地谈论大巨人，当他们开始一起搭建高大的积木结构时，我要拍下来记录这个时刻。一个老师在生成情景下所观察和记录的并不是以儿童发展清单或评估文件为基础的——这表明她积极地投身于教学生活和儿童的生活。

——莎拉·弗尔斯汀那

作为老师，培养自己的性情和观察技能至关重要，这有助于享受自己的职业和获得职业的成功。在此基础上，你才会欣赏儿童本来的样子，而且发现自己迫不及待地要唤醒别人去看到这些儿童对我们生活的贡献。你的观察资料将成为丰富自己环境和策划自己课程表的基本源泉。当你有一个好奇的研究者的心态，你的观察活动将给儿童家庭提供了解儿童能力的新的领悟。但是，如果没有一定的计划，没有使用一定的工具让这些观察故事的收集和分享高效和有效，所有这一切都不会实现。你需要组织起来，让老师进行研究，以及让以儿童为中心的计划成为你作为老师的工作中心。

每个人和每个幼儿园总结的系统将会有所不同，因为自己的个人风格、幼儿园的期许和工作条件各不相同。你需要考虑自己的偏好、工作环境和可供利用的工具和技术手段。本章总结各种方法让你自己和你的幼儿园组织起来，做好资料整理。一旦资料组织整理好，我们将提供研究文档资料的架构，这些架构将帮助你发现和交流你所看见的各种可能的意义，这样你就能决定下一步做什

么。你把自己的方法整理组织好之后，你所做的每个观察极有希望强化与儿童及其家庭关系，加深你自己对教学和学习过程的理解。

采用适合自己风格的方法

最重要的事就是做起来，开始观察自己教室里的儿童。作为老师，你可以选择适合自己个人风格的记笔记方法。比如，如果不是一个特别有条理的人，你也许可以采用以下方式开始观察练习。

- 把纸或便签条和笔放在教室里容易拿到的容器内。有的老师觉得穿前面带口袋的围裙有好处，笔和纸可以放在围裙的口袋里。
- 在手边放一个简单的螺旋笔记本并配上笔。
- 如果有方便的技术手段，你可以利用这些工具帮助你收集文档资料：照相机和录像机、写字板、移动设备、笔记本电脑和平板电脑。

装备好便捷的设备之后，你就可以做记录所见所闻的第一步工作了。

一旦你开始有规律地收集文档资料，你就需要一个系统来整理自己所收集的资料。有的老师给每个儿童准备独立的文件夹或日记本，把笔记随手记录在纸质或电子的笔记本中。这种方法对于观察每个孩子很有效，但是你同样需要一个系统把涵盖全班所有儿童的资料整理归档。许多老师为班集体创建文档，然后再把这个文档的复本放在每个相关儿童独立的文件夹中。不管如何处理这些资料，目标就是有一个系统既能跟踪观察每个儿童的活动，又能捕捉到儿童之间的互动、对话、冲突和所形成的共同兴趣。这能使你发现他们的规律、激情和为课程活动或后续活动提供可能的新资料。

练习有重点地观察

孩子们每天都会提供无数可能值得留存的记录，有时很难取舍花时间去记录哪些情况。有了数码相机的便利，许多老师开始用照相机记录过程，借助照片记录下某个他们想捕捉的特别的经历。偷拍照片很容易，但是必须注意不要拍得太多，这会干扰你对儿童活动的理解。无论是用纸和笔或相机，你都应该有某些价值观和目标来指导自己的决定，决定记录下哪些特别的时刻。这些时刻可以包括以下内容：

- 让我们发现孩子表现出他们独特的想法。
- 提供一个时刻，我们可以给孩子回放他们活动的细节、技巧和想法。
- 显现出一个孩子的能力，甚至在富有挑战行为的情况下。
- 发现某一个孩子或群体发展阶段上的一个飞跃、新的领悟力、技能或行为。
- 捕捉到早教架构或学习领域内儿童活动的一个典范。
- 演示一段时间内儿童使用某种特殊材料、建立关系、研究假设和接受挑战的活动。
- 发现某件事情可以回答或确认你感到好奇或疑惑的事。

有自己的研究问题或与其他老师共同的研究问题是另一个重点突出自己文档记录过程的方法。以自己重视的内容为基础，形成自己的研究模式，如：女孩与男孩使用游戏场有什么差别，或者你可以从本书的第

5—11章的学习研讨课程中寻找问题。比如，你的研究问题可以包括：

- 儿童如何利用感官了解教室内或教室外的物体？
- 我们看到了儿童用教室内材料进行创造和建筑的哪些例子？
- 我们在哪里看到孩子灵活思考和专注研究的例子？
- 我们在哪里看到孩子表现出他们与自然界的联系？
- 儿童如何在戏剧中表现他们的力量感和冒险精神？
- 儿童如何利用图画或其他材料来表达思想？或者我们有什么证据说明孩子理解文字的某些方面？
- 儿童如何告诉我们他们正在商谈友谊？
- 我们发现儿童的哪些例子说明他们表达文化身份或他们家庭生活的某些方面？

如果你不熟悉收集观察资料，你也许会发现表格对收集资料有所帮助。如果你想用表格，要考虑制作表格的重点应落实在本书前面学习研讨课中提及的广泛的话题。这样做会帮助你注意儿童行为和谈话的细节，让你根据自己的笔记来研究所观察到的事情的意义。这里介绍一些简单的观察表格，这些表格以本书中探索的主题为基础。

主题：友谊与冲突	日期	时间
看到/听到：		
这件事情的意义：		
这种情况下儿童表现出的技能和能力是什么？		

主题：力量与冒险	日期	时间
看到/听到：		
这件事的意义：		
这种情况下儿童表现的技能和能力是什么？		

主题：文字与符号	日期	时间
看到/听到：		
这件事的意义：		
这种情况下儿童表现的技能和能力是什么？		

你的另一个研究重点可以是儿童如何利用教室布置和材料，而这些

布置与材料是质量评价与改进体系(QRIS)评定表中规定必须使用的。不是盲目地按照要求布置教室，而是利用这些要求练习观察的技能和技巧，同时评估这些要求的价值。有重点地观察符合要求的教室布置和材料可以包涵以下的问题。

- 我们发现儿童如何利用我们给架子上物体所贴的标签，如：空间意识、一一对应、分类、文字。
- 我们是否看见儿童被我们跨文化材料所吸引从而增强他们自己的文化身份呢？
- 我们如何照顾孩子们以增强儿童的自助技能？

不管你偏好什么，选择一个起始的系统，这将直接帮助你进入观察和整理资料的程序。过了一段时间，你也许想细化或修改一些资料，但是，目标就是进入启动模式，跨越一切起始障碍。如果你工作的幼儿园

因评估或责任制的原因有规定的表格或文件系统,你面临的挑战就是减轻而不是增加任何重复的工作。你必须试验如何把你每日的观察记录融入你被要求填写的表格或文件。如果这样做得顺利,你就有真实的证据,满足早教期望的结果,可以被收录在任何需要的评估工具中。

观察的节奏

幼教老师通常要负责一大群儿童,同时要兼做整理教室和保存文档记录等工作。如果你认为收集观察资料需要大块的时间坐下来观看,那么几个星期过去,你也记录不了任何资料。但是,假若你抽五分钟或十分钟的空档匆匆记下你看见或听到的,因为它让你高兴或恼怒,激起了你的好奇,或者似乎对研究问题有意义,你很快就会发现自己收集了不少小的观察活动,可以像穿珠子那样一个一个串联起来。

把观察活动视为珠串上珠子的想法来自大学老师伊丽莎白·普瑞斯科特,她用珠子的比喻来代表孩子的活动,中间的间隔代表活动的转换。你也可以认为中间的间隔代表时间的流逝。如果你以珠串收集珠子这个比喻的方式进行观察活动,你会发现这样的节奏:你在教室走动时,注意一个孩子或一群孩子开始玩耍或投入某件事,这可能会持续一段时间,记下一些细节或拍几张照片就是你的珠串上潜在的一个珠子。活动结束了,或者孩子开始把注意力转移到别的事情上了,这就是这次特别的观察活动的休止符,珠串上的间隔。一段时间内你继续这个观察过程,查看一下你收集的笔记和照片,你会发现那些珠子串起来很有意义,可以讲述这个孩子或这群孩子在做什么事情。

为了教你如何记录自己的所见,大多数的观察教材对一些观察手段做了区分:

- 连续记录。
- 时间取样。
- 事件取样。
- 一览表。
- 趣闻记录。
- 日记或日记描绘。
- 文件夹条目。

通常老师极少有时间运用所有这些观察手段，普瑞斯科特建议，尝试"连续记录"的修改版，利用画线纸，分行描述一个孩子的每一次的新活动，这能让你仔细观察，同时快速写下字或短语。在教室忙碌的生活中，你也许想为自己发明一些缩略语，无论你是用带横格纸的写字板、表格、小贴纸便笺或电子设备，关键点是记下足够的细节以便唤醒自己的记忆，可以有时间再回过头完成全部有趣的信息。通过练习，你可以开始培养自己的节奏，知道什么时候只观察不写，什么时候低下头集中思想写一会儿。

选择自己的技术手段

科学技术日新月异，作为老师兼研究者，利用这些技术手段支持自己工作再自然不过了。科学技术是强大的记录工具。每天都有新东西供选择，你必须找到最适合你工作条件和资金预算的技术手段。录像机和照相机无疑是记录的首选工具，但是一定要记下笔记以填补空缺。在你和孩子之间放个相机其实可能会干扰眼前呈现的一切，特别是如果他们想停下来，为你摆个姿势。与儿童制定一个规矩，你只拍摄那些正在认真探索的孩子，而不是为拍照摆造型。你也可以邀请他们加入你记录他

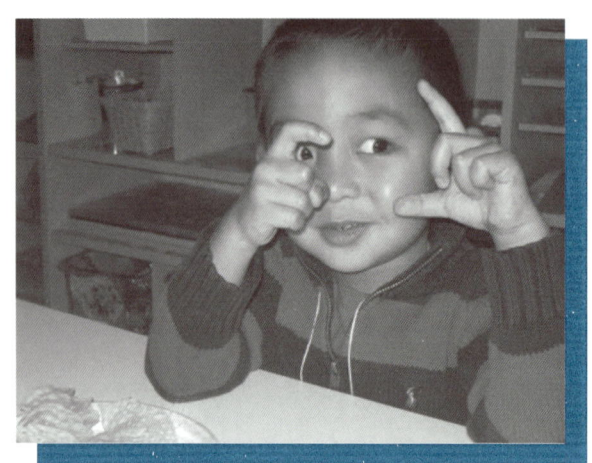

们学习过程的活动，给他们看你拍摄的那些照片。你也可以把相机给孩子，让他们拍下他们认为重要的事。有时用简单线条描绘所发生的一切也会帮助你捕捉到他们活动的过程，从根本上说这类画比最后的成品更加重要。

娜塔内的积木

一群孩子在尝试不对称结构。娜塔内用积木块搭建了这个结构，就在我画的时候，她又加了几块积木，想看看这个结构能否保持平衡。

有的情景，比如，主要的集体活动，音频录音将帮助你捕捉到快速进行的交谈，效果远胜笔记。这并不要求你把所录音的全部内容抄写下来，但是，可以作为你记录过程的备用资料，可以根据需要选择听或抄录。作为刚开始观察和记录的老师，你也许发现音频记录是自己的眼睛和耳朵之外有价值的设备，与自己的笔记或记忆力相比，更有助于发现自己遗漏的内容，教室内的音频记录可能成为自己的老师。

考虑自己的工作环境

在考虑自己个人风格的同时,也要考虑自己的工作环境。你是独自工作还是一个团队的一员呢?你是否有支付薪酬的计划时间,可以用来分析和研究来自你观察资料的情况呢?是否有资源和支持来帮助你了解你观察活动中涉及的语言方面和跨文化交流方面的意义呢?你有需要的工作空间或工具来研究观察记录并选择一些上传、发帖供观察样本展示使用吗?各个幼儿园在这些方面区别很大。本书鼓励按教学法教学,理想的工作条件包括:

- 有支付薪酬的时间和工作室来研究你的观察文档。
- 有机会与其他老师共同讨论。

- 有儿童发展方面和儿童及其家庭特别的文化和语言构成方面的资源。
- 基本的硬件设备,包括数码相机、电脑、打印机、扫描仪和复印机。
- 不断更新的办公用品、软件和耗材,如纸、笔、墨水等的预算。

- 有基本的培训，如有用的技术的使用，视觉设计的元素，你需要改进的写作或第二种语言技能。

如果你看了上述单子，感到惊慌，别害怕。不要因为缺少上面的某样东西而妨碍你观察你班上的儿童。这个清单上的所有东西都是可以得到的，哪怕只是暂时缺乏。与你的同事和领导一起，你可以把清单上的某个内容作为优先要取得的，让这个成为你们幼儿园努力的目标。如果你的幼儿园是非营利性的，国家的补助金可以保证获取这个清单上的大部分材料。许多幼儿园有家长愿意捐助一些小物件，有些幼儿园有能提供物资或资金的雇员或关系，他们愿意捐助技术或培训。你们可以在网上的早教讨论版中发帖、公布征求意见，看看其他幼儿园如何安排协作和记录文档工作的例子。这里介绍老师安·皮罗的建议。

如果你独自教学

- 在幼儿园找另一个老师做你的观察搭档，尝试在彼此的教室里待一段时间。比如，你班上的儿童在上音乐课时，你可以到对方的教室去。无论你们是否在对方教室待过一段时间，你们都可以交换笔记、草稿和孩子的照片，一起讨论儿童的成长和学习。
- 邀请孩子的父母到你班上参观你的班级。在孩子需要帮助时你可以请求他们的父亲或母

亲帮忙，这样你可以观察。如果你正和孩子们在一起工作时，你可以请求孩子的父母替你做观察笔记。如果你请求孩子的父母观察，说清楚你希望他们观察的重点是什么，将会大有裨益。

- 在老师休息室或办公室的公告栏上贴上一些你观察孩子时的笔记，请其他老师写下他们对你所观察的感想和领悟。你也可以通过诸如Google Docs.这样的程序在网上分享你的观察文档。
- 在员工会议的议程中分出时间讨论对儿童的观察。员工中的老师可以轮流把笔记、草稿和照片带到员工会议上，让老师集体讨论。

如果你是团队的一员

- 当同班的老师一个人花时间观察孩子，另一人负责教室总体活动时，每周要安排时间相互交流。
- 你们彼此之间设定信号表示"我想跳出这个活动，观察他们几分钟"，一定要在得到对方同意的信号后才能转换成观察模式。
- 定期与同班的老师安排时间讨论观察活动。有的老师利用午休时间，有的老师与同班老师定期开会讨论所观察到的一切。

行动起来

- 在孩子每天通常游戏的时间内安排十五分钟观察。在日程安排上写下来，以确保实施观察孩子的计划。
- 选择教室的一个区域进行观察。孩子在积木区做什么呢？他们如何玩弄橡皮泥？
- 关注某个特别的孩子，观看并倾听他/她的游戏，做笔记和拍摄照片。
- 提出你感兴趣的问题，在观察的同时探寻答案。孩子如何利用教

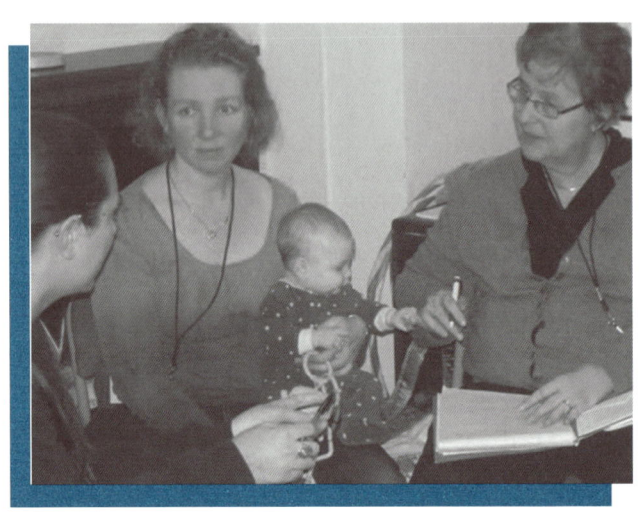

室的图书?女孩和男孩玩积木的方式一样吗?我们班最小的孩子凯克在这群孩子中是个什么角色呢?

无论你的经验、技巧和工具是简单还是先进,记住它们只是让你观察顺利进行的手段,而不是观察的目的。你个人的风格和幼儿园的考量将决定哪种观察记录体系最适合你,你只要努力做到尽可能低成本和高效率地完成观察。一旦你形成了收集观察笔记和视觉材料的模式,你的任务就是用心研究观察资料,就像你为了学业阅读所有好的资源一样。

学习发现和分享重要的故事

文档资料不仅能捕捉到重要事件和孩子学习的细节,还是老师学习的丰富资料的来源。观察笔记、草图和照片不应仅被视为可快速打印和可供展示的东西;恰恰相反,首先,你应该带着探究的心态好好

梳理文档资料，寻找惊喜以及证据证实自己已有的感觉。

在翻看你所收集的这些笔记和照片及其他记录孩子活动的资料时，思考你是否发现眼前的工作与其他你研究的观察活动有关联之处。如果建立了一套完备的、条理清楚的纸质或电子文档系统，你可以重新研究这些你以前所做的与同一群孩子或同一个主题的相关的观察笔记。比如，你可查阅单个孩子的文档或诸如积木游戏、恐龙、生日、协商友谊等主题的文件夹。也许你眼前的观察揭露你以前没有发现的东西和反映了一个孩子成长的新阶段，或者也许这是孩子中出现的新的兴趣，以后可以进一步培养发展。（这可能促使你在这个主题的基础上再新建一个文档）

从不同的角度思考观察故事

通常观察活动用来聚焦儿童活动中所发现的学习或发展的某个方面。这当然极有价值，但这只是值得思考的各种可能的故事或视角中的一个，如果真的想以儿童为中心，你就应该思考儿童的视角——从他们的角度来看发生了什么——在你研究观察活动时。这要求你用心审视捕捉到的细节，努力发现孩子可能会怎么体验这种情况。下面图表中的"四个思考的视角"中所列举的问题将帮助你找到儿童的视角。

学习和发展的证据通常就是老师、家长和幼儿园管理者经常想在观察文档中发现的故事。你用来审视自己观察活动的镜片可能仅看到表面，也可能深入纹理，这取决于你对儿童发展的了解、学识范围、儿童早期学习理论的把握以及不同文化对知识尊重的差异。你会发现这个"思考的四个角度"表格中所列举的问题会帮助你更深入地分析儿童的发展和学习。

作为老师，在研究自己观察文档时你有重要的视角要思考，你为什

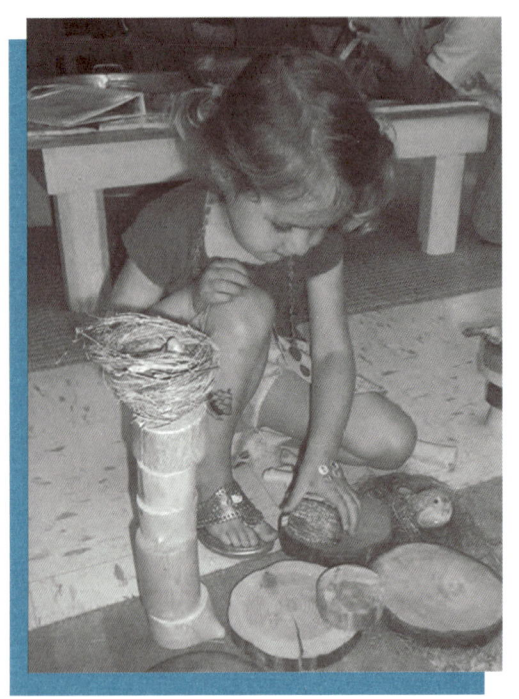

么要花时间捕捉这个特别的观察活动来研究呢?你重新阅读自己的笔记、照片和工作样本时有什么假设、好奇的事或感觉浮上心头?在图表的"老师的故事"一栏中,你会看到问题以帮助你发现这个观察活动对你意味着什么。

最后,你应该视家庭故事为一个视角,这将帮助你对自己的观察故事进行深入的思考。对自己所见的一切换位思考不仅让你有机会更深入地了解,而且还有机会加强与儿童及其家庭成员的关系。

四个思考的视角			
孩子的故事	**学习和发展的故事**	**老师的故事**	**家庭的故事**
• 这个孩子用这个材料做什么？ • 孩子是如何通过语调、肢体语言、面部表情、手势表达他们的兴趣的？ • 孩子如何谈论和反映在这个游戏中的想法？ • 这个孩子会把什么其他的经历、人或材料与这次的经历联系起来呢？ • 通过这个游戏或活动这个孩子发明或研究了什么？ • 这个孩子的行为和言语表明了他个人和集体的身份是如何形成的吗？	• 这个活动与你以前看见的事情有何关系？ • 你发现孩子在表达什么知识、技能或猜想？ • 这个孩子发现了什么新的想法、疑问、理解或答案？ • 这个游戏表现出混乱、冲突、刻板或误导了吗？ • 这个经历如何加强或破坏这个孩子身份的积极意义？ • 这个活动显示出这个孩子的自律或学习偏好了吗？为什么或为什么没有呢？ • 从这个孩子的活动中你觉得是什么儿童模式理论发挥作用了？ • 这个孩子进行的思维活动与学习领域的哪个方面相关，比如： 语言 / 文字发育 创造 / 图像艺术 科学思维 / 探究 数学 抗偏见 / 批判性思维 物理学	• 你看和听的时候对什么感到好奇？ • 什么让你开心或吃惊？ • 你想更多地了解什么？ • 你如何把这个观察同你所尊重的和看见的孩子的能力相联系呢？ • 你感觉这个游戏对这个孩子来说意味着什么呢？ • 你所看见的如何帮助你更好地理解学习和教学过程以及你如何更好地支持这个孩子呢？ • 下一步你可能采取什么行动以拓展或加强这个游戏或挑战这个孩子的思维呢？	• 这个游戏可能如何反映或挑战儿童的家庭信仰、价值观或习惯？ • 家庭可能觉得这个活动的意义是什么？ • 有关观察活动的对话会如何增强你与家庭的关系呢？ • 你将如何探寻儿童家庭的视角并且了解他们对下面可能发生的事情的想法呢？

在研究观察活动和所收集的文档记录时，你可探索这些视角中的一个，作为拓展思路的可能的角度或故事。下面观察笔记的例子显示出这个研究过程如何工作，无论你是独自研究、与你的教学团队共同研究或者与儿童家长在会场讨论。研究老师如何利用"四个思考的视角"表格来反思以下例子中的观察笔记。

上午10：10卢克走过来，坐在来访老师尤维娜女士身边。他把橡皮泥搓成团，一边唱"松饼人"，一边把搓成球的橡皮泥压平，拍打着它们，并拿起比萨饼模具，开始切出扁平的圆球。

上午10：17，蒙托亚女士把做松饼的锅拿过来，放在卢克面前。他把松饼放在锅内，数着"1，2，3"。看见尤维娜女士给他拍照，他靠近她，把头放在她肩上。尤维娜女士把松饼在桌上的照片给他看。他立即拿起松饼，在桌上捶打它们，开始在扁平的橡皮泥上画线，说"铁轨"，又走过去看相机屏幕上的新照片。

上午10：25，卢克给尤维娜女士一些橡皮泥，说"拍照吧"。看见相机镜头对向他时，他的眼睛亮了……在游戏过程中说，"再一张"。

卢克和这位来宾一直互动了20多分钟。

孩子的故事	学习和发展的故事	老师的故事	家庭的故事
• 是来客还是橡皮泥把卢克吸引到桌边？ • 他似乎喜欢橡皮泥滚动时的感觉和敲打它时的感觉。 • 把橡皮泥团和松饼以及他知道并喜欢的歌联系在一起。 • 被相机吸引，与尤维娜女士自在地相处；似乎与陌生人在一起感到安全并愿意与她交谈。 • 发明一个似乎让他高兴和保持专注的游戏。 • 想用自己知道的词汇表达自己的理解。	• 记得与松饼形状相关的歌。 • 自信地接近陌生人而且包括身体接触。 • 滚动的精细运动技能。 • 探索因果关系——知道敲打会压平橡皮泥。 • 在相机屏幕上认出自己的作品，回顾自己的作品，并用橡皮泥做了更多的作品。 • 知道铁轨由线条组成（图式理论？）。 • 主动用身体和语言发出游戏的社交邀请。 • 用词语表示对变焦镜头的理解。 • 超过二十分钟的长时间精神集中。 • 这里有几个里程碑式的进步：沟通、社交和长时间的专注。	• 很高兴看见卢克主动社交和愿意靠近陌生人。 • 是他对橡皮泥和相机的兴趣提高了他的舒服程度？ • 好奇他是否在看相机屏幕和橡皮泥松饼之间看到我没有看到的东西。 • 什么促使他画线条？他打算表现火车铁轨还是看到线条时产生的联系？ • 我们能用相机给他更多的机会，或者最终作为工具让他自己使用？这会促成更多的沟通和社交吗？ • 想找到更多与"变焦有关"的材料看看他是否会转变兴趣，再次开始游戏。	• 与家庭探究的问题： ——你们是否看见卢克和陌生人在一起时表现得很自在，像今天一样？ ——我们想知道你们是否一直额外地帮卢克练习使用语言或者今天正好是我们见证他交流能力提高的里程碑？ ——我们如何一起合作以支持他对相机的兴趣并发明游戏，以引发更多的沟通和社交？ ——你们想要他的个人教育计划有所变化吗？或者我们继续进行目前的目标？

2月17日，吕蓓卡在教室里四处走动，收集东西放在她的篮子里——积木、毛绒动物、书、珠子和玩具汽车。然后她把东西分给她碰到的孩子。最后篮子里只剩下一辆汽车，她朝窗口走去，那个窗口通向婴儿房，凯站起来了，正向房间里看着。吕蓓卡坐下来，把玩具汽车放在窗架上，这个立刻吸引了凯的注意力。吕蓓卡开始发出汽车马达的"轰轰"的声音，在窗口上上下下地移动汽车，凯的眼睛跟着车子走，脸上露出笑容。他似乎很高兴看到这个。

观察研究有益于自己和儿童

在匆忙打印照片和发布自己的观察笔记前，先花时间研究自己认为的活动意义，把照片当作别样的一双眼睛，把音频录音当作一种方法，回顾这个观察活动的情景和细节。

在思考不同角度的各种可能意义后，你会形成灵活的思维模式，避免自以为是地认为只有一种可能的解释或故事；探求多种角度将会拓展你的研究，帮助你成为更具批评性的思想家。

孩子的故事	学习和发展的故事	老师的故事	家庭的故事
• 在家自信，在教室灵活。 • 篮子似乎是重要的依赖，其他东西甚至可以送给别人。 • 吕蓓卡把东西送给别人是找玩伴吗？	• 自我导向和专注。 • 为社会关系创造机会。 • 制造与汽车相关的声音。 • 她发明与凯一起玩的游戏时，她从凯的角度出发了吗？ • 这是有目的的计划还是一时兴起的行为？	• 高兴地看见她愿意把玩具给别的孩子；驳斥学步的孩子都自我中心、不会分享这个说法。 • 很好奇她放在篮子里的东西是随便拿的还是有选择的。 • 如果给她更多的篮子，她会分给别人吗？ • 利用这些照片制作一本邀请朋友一起玩的书。 • 她想与凯结成朋友还是愿意与别的孩子呢？让我们探索她的选择。 • 让我们看看她是否对玩偶有兴趣。	• 与孩子家庭要探讨的问题： ——吕蓓卡在家与婴儿待在一起吗？她似乎知道什么能吸引凯，让他高兴。 ——我们想知道你们是否让她参与做家务，因为她似乎很自信地接受任务，比如分发玩具。 ——这次的观察活动是否与你们在家里所见的一致呢？

理想的情况是，老师与其他人一起研究观察活动时收获最大，但是即使在不可能时，"四个思考的视角"表可以成为你拓展思路的框架。

一旦花时间研究自己的文档资料，你将有许多的选择。下一章将探讨你利用自己观察资料的各种方法以促进自己不断地学习，同时让你照顾的儿童受益匪浅。

第 13 章

与他人一起利用和分享自己的观察

我们经历生命周期时,如果我们要学习、成长和过上好日子,有些事情必须做。第一步是倾听,如果我们不倾听,我们就听不见任何声音;第二步是观察,如果我们不认真地注视东西,我们根本看不到它们;第三步是记住,如果我们记不住我们听到的事,我们什么也学不会;第四步是分享,如果我们不分享,那么生命的周期无法延续。

——约瑟夫·布鲁扎克

做一个有意识的倾听者和观察者肯定能提高你对儿童的看法。把整理观察资料的任务当作收集和讲述他们美妙的童年经历的故事。这样的话，你也会改变其他人对儿童的看法。当老师把他们的观察资料变成口述、书面或视觉故事，儿童明白自己的活动值得记录、描述和记住。儿童的家庭也获知到自己孩子所做、所思和所学的点点滴滴，老师们也打开了获知自己同事有何看法的窗口——他们觉得什么重要和有意义。分享观察故事将让你的工作更美好、更轻松和更有趣。

观察能提高自己的才情、知识和计划性

通过用心观察而提升的感知力能帮助你记住与儿童相处时你最珍视的一切。你可以用全新的方式重温生活中这些珍贵的时刻，知道这种时刻多么短暂，并知道从眼前所呈现的一切细节中你收获了多少。以这种方式关注儿童滋润着你的情感，同时增加你心智的好奇，点燃你想更好地了解每个孩子的兴趣，更好地了解他们成长和学习历程。

你日常观察中的所见所闻将让你对策划课程安排富有想法，这与儿童的生活密切相关、意义非凡。你会发现播撒的种子结出期望的学习成果，有时你的想法会发展成扩展的、有深度的课程项目，虽然它们通常只是普通平凡的时刻，但是它们是儿童经历的不停顿的学习过程的反映。

学会珍视平凡时刻

一旦你关注儿童所做和所说的每个细节，你会经常被惊讶到。这些

点点滴滴告诉你儿童如何成长和变化，他们用最细巧的手势表明他们兴趣的拓展和窍门的掌握。重视这点，你就会意识到每个时刻都如此重要，值得记录，甚至那些初看上去普通平凡的时刻。当然，时间和各种要求不会允许你用文字捕捉每个时刻，你有必要做出选择，哪些时刻要留存。也许你发现许多个第一次中的一次，或者一个孩子一次次重复的规律。记住这些时刻，与他人分享这些时刻。它们就是最重要一刻的内容，是此时此刻儿童的生活，而不是某些企盼的未来，你可能无法见证那样的时刻。

向其他人展示平凡时刻的描述可以是原声的故事片段,让读者惊叹儿童的平凡生活是多么的不同寻常!这里有几个例子。

这个星期教室里一直放着投影仪,旁边放着一篮子的东西,让孩子去探索光与影。海丽探索得更广一点,她在教室里四处走,找其他物体做试验。她把七灯烛台放在投影仪上,很激动,但是又很困惑,因为她没有看见它的影子投射到墙上。"哦,我明白了!"她随后大声地说,她把七灯烛台平放在投影仪上,看到它巨大的影子出现在墙上。就在那一刻,我们发现,海丽已经把现实与过去所学联系起来:她知道投影仪的灯和影子会与放在镜子上的物体产生互动。

——贝基,老师

莎拉今天花了不止15分钟检查和操作那些我们放在地板篮子里的透明的彩色搭建材料。看看她的脸,她多么认真地研究着手里拿着的两块东西。她一次又一次地这样做,经常把一片放在另一片上面,然后抬头,看着我们,脸上带着笑,仿佛在说"看,我弄出来的东西"。我们好奇,她是发现两片积木叠放时的颜色变化了还是对自己的协调能力高兴呢?她非常小心地把两片积木放在一起。不管她在想什么,她都提醒我们,把婴儿归结为不能长时间地集中思想的说法是错误的。

——麦琪,老师

我们发现,别的孩子在用一种胶粘混合物学着造纸时,约拿在旁边

看着。问他是否想做时,约拿回答说:"我可不想碰它。"我们大声地问,他是不是可以探索一种不用接触这个胶粘物也可以造纸的方法。他说:"我知道,我可以戴手套!"我们很兴奋,约拿找到方法对付挑战他的事情。即使没有适合他的尺码的手套,但你从他脸上的表情可以看出来,他决心把这事做好。

——维基,老师

视自己为研究者和学习者

利用自己的观察提升自己的学识和儿童的学习。当你看到儿童用好奇的眼睛注意他们周围的一切时,你可以利用孩子的注意力刺激自己的性情,向专注和专心转变。看到一个孩子向另一个不高兴的孩子表达友善的举动时,你可以把这个举动当成丰富自己同情心的启示。在你专心观察和倾听儿童活动时,你会发现儿童发展的原理和早教理论发挥作用,或许你发现某些情况对这些理论提出质疑,如皮亚杰认为幼儿都是自我中心的,不会换位思考。作为聪明的观察者,你有机会看到儿童在不同学习领域展示科学思考、数学概念、自律等技能的进步事例。

你可能遇到一些孩子,他们教你再多看一眼,因为他们的能力不是看第一眼就能注意到的。有时,儿童的行为举止仿佛不是上天的礼物,完全令人失望,不是让你开心,而是令你烦恼。这些时候正是练习调整观察技能的时候——探寻孩子的视角,而不要试图给孩子贴上标签,假如不惩罚的话。一个更有效率的方法是尝试把烦恼转变成让你好奇的东西,并问自己以下这些问题。

- 为什么会发生这事?
- 对于仍没有明白的事,我还需要了解什么?
- 这个行为举止的原因和意思是什么?
- 这个孩子也许想告诉我们什么情况?

如果你把令人恼火的行为看成你尚不明白的、有待展开的故事,你情绪的反应和处理孩子的方式极可能发生变化。如果你把自己当成研究者,试图找出某个游戏的意义或对话的主题,你观察的中心就更加突出。你自己所见和所闻的故事能把别人吸引过来,这有助于老师创立自我发展和课程规划的合作项目,同时与儿童家长进行更有重点的对话。

老师研究学习标本

整整一个星期,一群孩子在积木区兴致勃勃地专心搭建汽车坡道。他们玩得很积极,声音很响,特别是当他们排列起的积木一下子倒在坡道底部时,产生了多米诺骨牌效应。老师德波和朗达对如何处理这事感到矛盾。她们讨厌这个游戏,非常不喜欢教室的噪音;但是,她们问自己,没有人受到伤害,孩子似乎很投入地游戏时,难道因为我们不喜欢恼人的噪音就要阻止这个游戏吗?

因为她们不能确定这个游戏的价值和是否允许游戏继续,德波和朗达决定变成研究者的身份。她们用心地观察和倾听这个吵闹的游戏,记着笔记,画下草图。

一天，孩子们放学回家后，德波和朗达来到积木区，用她们的记录去再现孩子们的坡道结构，同时开始模拟响亮的汽车碰撞游戏。令她们吃惊的是，她们发现，调整坡道，汽车走得更快，试验如何在坡道底部放置积木以形成多米诺骨牌效应，这很令人兴奋。她们同时也发现，要产生多米诺骨牌效应需要仔细的计划和定位坡道的位置以及积木的摆放。通过研究，她们不仅领悟到那个游戏带来的情绪刺激，还发现孩子们是了不起的工程师。

对这个吵闹和活泼的游戏有了更好的理解，第二天和孩子再相处时，她们计划给他们更大的空间和机会。朗达和德波非但没有禁止他们吵闹而恼人的游戏，还提出更有挑战的问题让孩子们来解答，提供额外的材料让孩子探索这个连锁反应的原因与结果、速度和速率关系，因为这太令人激动了。如果不是她们自己探索这些材料，尝试弄明白孩子如此喜欢这个喧闹的游戏是怎么回事的话，这一切根本不可能发生。

用你的观察激发对话和反思

观察文档资料不仅用于你教学的责任追究体系，还有助于与同事和儿童家长建立合作伙伴关系。我们都知道，儿童早教专业书籍强调与家长的密切合作。然而繁忙的生活和潜在的沟通障碍通常让这个理想的合作关系成为模糊而抽象的概念或无法实现的目标。

伙伴关系的形成需要时间，最有效的伙伴关系形成是当双方相互尊重和有具体而共同的工作重点时。在与儿童家庭沟通时，对自己的观察要慷慨大方，表明自己非常重视儿童所做的各个细节，自己在制订计划时周到地为儿童着想。家长们会急切地把他们的知识告诉你，与你保持密切的联系。

儿童早期教育家安·佩罗这样与家长分享自己的观察笔记：

故事、照片和详细的笔记引起家庭与老师一起思考他们的孩子在干什么。在全日制幼儿园工作，我不是每天都能见到孩子的父母，其实有的父母我根本见不到，因为我们的日程安排根本不交叉。但是家庭成员每天到教室，无论我是否见到他们，他们都在教室里四处张望，想知道他们的孩子在做什么。

为了给家庭打开窗口，让他们看见孩子的游戏和学习，我尝试建立公告栏展示，反映孩子们不断进步的生活。随着这个做法的展开，我把照片、孩子说的话和他们所做作品的样本展示给家长看。这些窗口可以让家长好奇而开心地观察孩子的游戏。

如果家长接送孩子时我在那里，我会尝试引导他们到公告栏那里，指出细节，"我拍那张照片时我们第一次在教室里用轮椅。孩子们立刻注意到，如果他们坐在轮椅上，我们的架子太低了，他们开始谈论如何让我们的教室'更公平一些'。"

最近我尝试把自己想法的简单解释也放在公告栏中展示，这样，即使我不在，我也可以和家长们沟通。我也可增加问题，有助于指导我制订或修改计划，或者提出问题请阅读者思考；如果家长研究孩子的作业，我也可以添加小贴士供他们使用，我写下这样的内容：

"我不清楚孩子对轮椅使用知道多少，他们轮流坐在轮椅里时我记了这些笔记，这样我就能了解他们知道什么。"

"在你的孩子研究无障碍问题和通道时，你们对她／他的期望是什么?"

"注意孩子在试验画坡道高度时的不同方式。把三维的变成二维是一个挑战。"

当老师认真地设计、公布观察故事或把观察故事发邮件给家长时,他们会获得家长的尊重和参与,这个反过来又开始促进老师转变自己的态度和沟通方法。你会变得更加好奇、少点评判,更愿意多花点精力和时间让儿童家长有更多的可能来参与你正在做的事。不再把观察当作另一个要求,而是认为它们促进自己和儿童的成长,加强你与儿童家长形成的合作伙伴关系。

公开分享你的观察资料能提升你团队的整体协作。通常全日制幼儿园的日程安排让上午班和下午班人员很难每天见面、制订计划,你可以公布自己的一些观察笔记,包括自己的疑惑或思考,请其他老师写下他们的思考和问题。即使你们的时间安排有最少的重叠,这种方式也有助于你们为共同的工作中心密切合作;也能非正式地指导新老师或经验不足的老师,有助于他们观察、思考和交流彼此的所见和所闻。

由于你的观察故事是学习合作的工具,因此有必要制定某些体系与儿童家庭和同事来分享这些资料。这里介绍一些可以尝试的方法。

请家长注意

在教室里设置一个区域张贴资料供家长阅读。至少找到三种不同的方法提醒他们留意这个公告——比如,简讯中的备忘录、壁橱或门上的通知;电话告知、电子邮件通知,或接送孩子时观摩;或者从入口处到公告栏的彩色纸的足迹印,包括在公告栏旁边放置夹纸的写字板或笔记本,以便家长立即给反馈意见。

寄送观察手册回家

制作流动的活页夹笔记本，把观察笔记和照片放在塑料封套中；建立登记系统，让儿童把观察手册带回家；保证观察手册的语言是友好的，让它成为家庭的阅读活动。其中要配上空白的纸张，让孩子家长写下阅读后的反馈意见。

当然，你可以制作类似的电子文件，但是引导孩子对印刷书籍的兴趣对他们将来学习文字至关重要。

创立员工观察分享系统

指定专门地点让同事们分享观察活动。确保建立的是双向沟通机制，协商建立一个系统保证及时更新你们如何使用它的情况。如果你创立的一个系统在你这里运行顺利，你可以与其他老师——本幼儿园的、博客和网络上的，通过网络讨论组、学术会议演示、专业通讯、杂志或期刊上发表的文章与整个行业的老师分享。

当观察成为你教学的中心，你会发现观察可以被用来提高自己的目标，甚至激发新的目标。用心的观察其实是一个付出与回报的循环过程。你会从阅读其他老师的观察故事中得到快乐和好处，这些老师演示的各种方法正是你作为一个老师兼研究者可以练习的。把观察儿童放在你工作的中心：思考时、讲故事时、倡导寻找工作所需要的资料时。

以交谈或文字的形式分享自己的观察故事，给其他人打开看到你想法的窗户，并且发出对话的邀请，这个反过来又进一步传播你的声音和突出你作为儿童早期教育者的媒介作用。学步儿童班级的老师爱米莉·维豪斯有时把观察故事的焦点放在个别孩子身上，有时放在似乎正在呈现的集体活动的主题上，无论是哪种情况，她分享观察故事的意图就是加深她与同事及儿童家庭的关系，途径是把吸引她注意力的故事告诉他们，征询他们对此的反馈。这里有两个例子。

在第一个故事中，爱米莉捕捉到她班上学步儿童游戏中出现的主题线索。配有一些照片样本，她通过电子邮件和公告栏发布了观察笔记，邀请儿童家庭评价孩子形象思维能力的表现，并且想想孩子们的灵感来自何处。

蛋糕

最近孩子们做了许许多多的蛋糕。有时是生日蛋糕，并且同时送上歌。但是我注意到最多的是他们做蛋糕的材料形形色色，应有尽有，这让我产生这样的想法：不同的材料对不同人的意义大相径庭。伊斯拉发现用维杰特积木做蛋糕的可能，而布瑞斯和伊万却用维杰特积木搭建塔楼，约拿用它们修建隧道，伊莎贝拉认为沙子是做蛋糕的好材料，威尔用橡皮泥做点心，但是塞巴斯底安却觉得可以用橡皮泥做飞机。

这也带来一些我经常疑惑的问题，就像"鸡蛋和鸡，哪个在先"这

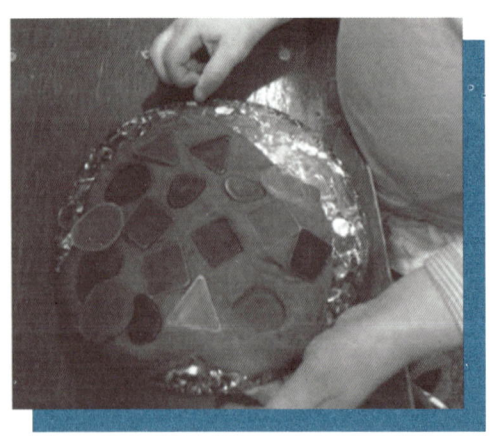

样的说法一样。我思考这个说法与幼儿灵感来源的关系,是他们先有灵感做蛋糕,然后找出材料实现想法,还是他们的灵感来自具体材料的用法?

我通常得出的结论是两种都对的,取决于每一个孩子,他们可能更倾向于其中之一。你认为你孩子的灵感大多来自哪里呢?

——爱米莉,老师

第二个例子来自爱米莉反思自己的观察和与班上一个双语孩子的对话。她的假设是他知道不同的材料可以被当作不同语言来表达同一个观点,就像他使用英语和母语葡萄牙语一样。在这个例子中,她采用了第14章所要讨论的源自新西兰的学习故事模板的改编版。

卢卡斯的塔

发生的事: 今天早上卢卡斯在瞎摆弄杜普洛乐高积木,把已经插好的积木拆开,从篮子里拿出积木乱扔。我想知道,他在干什么,发出声音?制造混乱?探索破坏?学习因果关系?我观察了一会儿,一切似乎都是无序的,于是,我想卢卡斯可能不能确定用杜普洛积木做什么,所以,我问道:"卢卡斯,我们搭建一个塔吧?""搭一个塔?"他说。他看着,我演示给他看如何把积木压在平台上,再把一个积木压在另一个上,然后,他立即开始用积木搭起来,成了塔的模样。我离开了一会去帮助别的孩子,但是很快卢卡斯过来拉住我的手,他开始把我拉过去,说道:"搭个塔,搭个塔。"他把我领到大的积木区,继续说着"搭个塔,搭个塔"。他一个一个地拿出积木,开始把积木堆起来,他把两个方块叠放起来,又在顶上加了一个拱形的积木,然后他说着"塔,塔"。

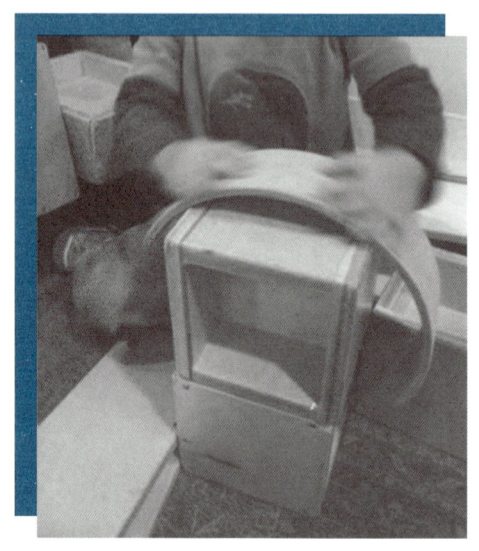

这件事的意义:卢卡斯运用手的小肌肉和指头,使用杜普洛积木搭了一个塔之后,意识到他也可以用大的积木搭塔。他很激动地想与我分享他已经把两种不同建筑材料联系起来。这种特别的关联尤其让我印象深刻,因为以前我只看到卢卡斯用力对付大的木质积木,把它们扔过去,推过来。他似乎意识到,他可把这些积木变成熟悉的东西。卢卡斯似乎也在告诉我们,他可以用不同的方式和不同媒介表达想法。我也好奇,他在学习英语,这是否对他有所帮助呢?也许这种表现方式同卢卡斯的语言习得类似,象征许多词汇表示相同东西的意思。

机会与可能:以后几周内,我要跟着卢卡斯,建议他用更多的材料搭建塔,比如橡皮泥、拼图块,甚至玩具汽车。理想的情况是,我要做一本相册,里面全是他用这种建筑语言搭建的形形色色的塔,这样他可在视觉上体验塔的多种形式。

父母的反馈:我们非常喜欢卢卡斯和他搭塔的故事!塔真的是他最喜欢的,他更是特别喜欢钟楼。一切源于一本书,他在里面看到一只钟,从那以后,他总是向我们要更多的"钟",于是我们给他看了YouTube上的钟的录像,许多钟都与塔相关。他绝对把它们联系起来了,有时也把单个的钟称为"钟楼",或把其他塔称为"钟楼"。周末我们经常远足去的地方是巴拉德,去看它们的小钟楼。听到钟声,他总是既害怕又激动!

我能想起来的用不同材料做同一个东西的例子是,由我们提议,和他一起用蜡笔画拖拉机,然后我们又用橡皮泥做拖拉机。他因此很激动,用他自己的方式重新来过一遍。有时他也在家里玩那些稍稍有点像钟的东西,他甚至配上声音(铿铿铿)。

卢卡斯总是激动地和我们分享他的发现,其中之一肯定是英语学习,一天我用葡萄牙语说"我们洗手吧",他用英语重复了一次,我很激动,说:"对,我们英语是这样说的。"他笑开了花!如果我们同时教他用英语和葡萄牙语说东西的名称,他也觉得这很有趣。

所以我绝对认为他非常激动地告诉你,他可用不同的材料建筑同样的东西,而且这与语言相关。我非常喜欢这个故事,因为对我而言,这也表明他非常兴奋能用英语与你交流!

——内纳娜

和儿童分享观察故事

观察资料并不是只能在成年人之间分享,儿童也可以参与这个过程。直接把观察故事给儿童看时,你可以提升他们身上的自我反思过程。你给他们更多的语言和无意识的早期体验——思考自己的思考过程。这促使他们思

考他们可以做什么其他事，并且获得命名自己意图的经验。儿童能够描述更多与自己活动相关的细节可以加强教室与家庭生活的联系，也可以扩大他们的词汇量。大词汇量是预测学校学业成功的一个关键指标。

听到你讲述他们的故事，看到自己正在做事的照片，儿童受益匪浅，这会增强他们的自尊和相互之间的关系。一个最直接地使用自己观察资料的方法就是当场描述你所目睹的、他们正在从事的细节。如果画了草图或拍了照片，你可以马上让孩子在相机屏幕上、笔记本里或电脑上看到这些图或照片。帮助孩子看到自己和他们活跃的大脑是及时利用观察资料的好办法。儿童习惯和你一起这样回顾自己的工作后，也可以给他们相机，让他

们开始捕捉想放在自己文件夹里的东西或者以后再看的东西。你可以有意识地给他们提供印刷的和收集好的资料让他们回顾，思考他们下一步

的想法。

听到观察他们正在做什么的故事可以激发他们的学习热情。当他们清楚地意识到自己所做的事情时，他们会进一步发展自己的想法，延伸或拓展自己的兴趣，有时会正好促进认知或情感发育飞跃。儿童早教的教育家安·佩罗如此描述道：

当儿童反思以前的游戏，回顾自己的工作，他们可以用全新的方式思考自己的经历。这就像我们成年人通过一段时间的学习和反思磨炼自己的思想一样。儿童可以相互交谈，他们以前的经历在对话中成为学习新东西的发射台，他们可以决定重复以前的经历，让它在大脑中更加清晰，也可以把经历的故事讲给那些没有参与的人听。

"嗨，看那张照片！还记得我们一起用积木搭建火箭飞船吗？我们再做一次吧！"

"这些字说什么呢？"

"他们说，'卡塞把恐龙分成两类：一群是恐龙妈妈，一群是恐龙爸爸。'"

"哦，是的，我是这样的！我今天要多分几类：兄弟和姐妹。"

"你为什么画那个图？"

"哦，我想看看我打扮成公主时是什么模样。看，我们正在玩国王和王后的游戏，我想加入这个游戏，可是塔娜说我只能是公主。第一，我不想当公主，后来斯图找到一个王冠给我戴，然后我就想当公主了。"

你可以在圆圈活动时间或者会议时间与他们分享观察他们正在做事

的故事。有些可以放在小的图书里读给他们听,也可放在图书区让孩子自己读。带有原声的草图或照片的观察故事可以放在公告栏上、教室分隔架上,或者故事发生地架子上的有机玻璃框内。如果这样做成了习惯做法,孩子们可以利用这些资料相互提醒他们做过什么,或者回忆如何再做某个活动。因此,他们继续练习技能、扩大词汇量、增强归属感。他们掌握了参考书的意义。

教室里写字板的最好用法之一就是用它展示照片或影像,让孩子马上再次看到他们刚才在做的事。孩子们观看自己活动的资料时,问他们是否愿意在这个想法的基础上尝试做更多的事。记录下他们对各种可能的讨论,第二天再把这个给他们看。

写作帮你发现和讲述故事

详细的观察笔记配上照片、儿童的话语或作品样本,你会发现这个观察笔记值得开发和讲述。你面临的挑战是要有作家的自信,这样你可以画一幅画并配上文字。虽然有一幅图胜过千言万语的说法,但是你应该利用照片来激发描述性的文字,而不是代替它们。观察笔记的读者听到你生动地描述所发生的一切和你对其中要点的思考时会有所收获。想一想照片说明与照片所配的描述故事的差别吧。

照片说明	描述故事
在南瓜农场人人都开心,特别是蒂娜。	我们一到南瓜农场,大家就冲进田里,张开胳膊仿佛要拥抱每一个勇气之球。蒂娜弯下腰,认真地看着每一个南瓜,也许想象着它很快会变成的面孔。

这里介绍一些方法帮你找到描述性词汇,让你的描述充满活力,无论有没有配照片。

练习运用"词汇网"开发描述性细节

在第9章中,我们介绍的练习观察艺术的一个活动,即建立一个词汇网。你可以运用这个简单的方法开始为你的观察故事寻找词汇。在纸的中央放一个词或照片,然后以此为起点写出其他的词汇,特别是行为动词、感觉形容词和副词,来详细地描述这个想法。设定目标至少写出十个初始词汇,然后设法从这十个词中每个衍生出其他三个词,现在你有了一个好故事构想的骨架了。

选择那些似乎最合适和吸引你的词汇,把它们编成短句,这样你有了几个句子,这是描述性段落的基础,就像那个简单的描述南瓜农场的故事一样。如果你有孩子真实的话语,你可以把它们插入你的叙述,孩子的话语可以在他们投入活动时或你给他们看照片时收集。

练习一起编织词网和写作

和同事一起创作故事是扩展自己视野和增加描述性词汇的好办法。共同编织词汇网让你们在优势领域相互指导,实现学习目标。有些老师是机敏的观察者,但是自己的写作技能却踌躇不前;另一些老师讲述故事时口若悬河,但是却需要别人将想法落实在纸上。在一起研究观察笔记前,请与同伴一起尝试这个练习。

1. 一个人是口述者，另一个人是记录者。
2. 口述者从描述与孩子相处时最难忘的事讲起，尽可能地回忆详细的感官细节。是什么时间，那天的温度、光线、声音和气味是什么？你们在一起时发生了什么？你能详细描述你们的面部表情、面色或行为举止吗？
3. 在口述者讲述时，记录者根据这个故事编写出一个词汇和短语网。
4. 在互换角色前，抄写者可以根据这个故事添加一些想到的词汇，放在这个词汇网的另一个地方。
5. 互换角色，抄写者成为口述者，刚才讲故事的人成了抄写者。遵循同样的原则，新的角色重复同样的活动。
6. 两人都讲述完故事后，交换词汇网，这样双方都能看到自己故事的词汇网，看着这些词汇，写下自己的故事。
7. 下一次一起工作时，可以用真实的观察笔记和你班上孩子的照片做练习。

练习运用"四个思考的视角"表进行思考

利用第257页上的表格帮自己研究如何把自己的观察笔记发展成可能的文章与他人分享。请记住要描述活动呈现的过程，而不仅仅是最后的结果。除了观察笔记，其他数据能帮你补充你要讲述的故事的细节，如草图、照片、音频或视频记录的抄录，儿童作品的样本以及提供的资料都能帮你理解观察笔记，并把观察笔记变成有意思的故事。在你描述了所发生的事之后，从儿童的角度换位思考这件事情，把自己的想法放进去，提出问题，让儿童家庭做出反馈。

分享观察故事与学习相融合

由于老师面临着许多压力和任务，很容易让人把收集观察故事当成另一个责任机制。但是，如果你采用本书所推荐的方法，你很快就会发现这个过程从多个方面提高了自己的教学。在教学的过程中让自己变得更有心，让自己时时注意到自己感觉如何、自己在想什么和孩子们在干什么。你的工作会变得更有趣，在制订教学计划时和应对学生时更加有针对性，通过分享观察笔记加深你们的关系。课程理念开始转向那些对孩子实实在在有意义的内容。儿童的学习变成多元因素的综合体，你的学习也同样如此。

第14章

利用观察记录做计划和评估

　　观察不仅是了解每个儿童的信息基础和营造教室环境的基础,还能成为老师开始进行反思、设立假设和制订计划这种对话过程的平台。

　　　　　　　　　　　　　　——格瑞卿·雷诺德和伊丽莎白·琼斯

制定课程表和评估孩子的学习是幼教老师的主要责任。但是这些活动越来越有小学教育的模样，课程安排倾向于让孩子产生我们所期望的结果，这种教育也因此被称为应试教育。而胸怀着我们行业所称的"发展适宜性实践"的老师则采用不同的教育手法。我们把思考的重点放在布置诱人的教室环境上，然后观察孩子如何利用这个环境。教育的目标与教学计划融为一体，鼓励孩子的兴趣和追求。同样介绍内容主题时，以儿童为中心的老师向孩子提供与介绍内容相关的材料与对话，然后我们时刻用心地发现孩子对这个主题已经知道什么，他们的体验和想法是什么。根据这样的想法，我们搭建"脚手架"，让孩子的学习站上新的理解高度，关注的焦点是学而不是教。

与自己的教学团队研究观察笔记可能是你所拥有的制定个人和集体

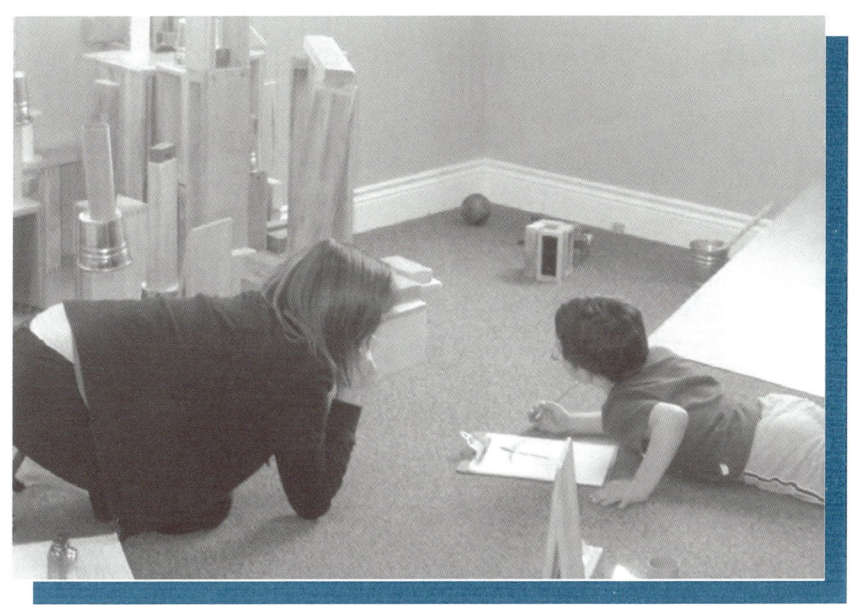

学习课程安排最有价值的资源。不能随意地选择教学课程的主题活动，而应首先思考自己观察儿童游戏时的所见所闻。以此为起点，利用下列问题和你手边的观察笔记或照片，练习辨别那些似乎最吸引儿童的主题，思考这些活动如何能进一步支持你的教学安排。随着经验的积累，你可以根据本书第 12 章第 257 页介绍的研究"四个思考的视角"的表格来研究自己的观察资料。

- 从儿童的视角来看，这个经历的本质是什么？
- 这个孩子知道什么？知道怎么办吗？
- 这个孩子在探究、试验和想弄清楚什么？
- 这个观察如何揭示儿童的自我意识或新的身份？
- 你是否发现在某个点儿童通过指导、提问或提供额外的材料能有所收获，从而把这个游戏推到更复杂的程度？
- 你想实现什么样的价值观和学习目标来影响你的反应呢？

在为每个儿童制订计划时，你可以研究自己游戏主题的观察笔记；此外，还需要观察社会、情感和认知规律或模式。把每个儿童的兴趣和长处作为你计划的跳板将会帮助你克服当前流行的个性化模式的缺陷，有助于儿童家庭意识到你全面地了解了孩子，而不是只发现可能的问题或需要修正的地方。

开启计划过程的窗口

把有关课程安排的想法融入你发布的观察资料文档，让其他人明白你如何通过观察而制定课程安排。对于那些寻找既有计划或幼小衔接课程的人来说，这些资料可以消除疑虑，同时，这些资料也是制定儿童学习目标的责任手段。比如，学前班老师莎拉·费尔斯坦纳在公布孩子游戏照片、对话录音和游戏样本时,也同时公布她对观察笔记的分析,与他人分享自己的想法。请注意她如何为了让自己明白也让其他成年人明白而说出自己的想法。她让人们清楚她的课程安排是什么,她演示了责任制其实远比把活动名称放在教学安排表格的框内要有意义得多。

11月4日

回顾过去几个月中孩子活动的这些片断,我开始发现围绕着躲藏和圈套、轮船和泰坦尼克、闪亮的东西和宝藏之类主题开展延伸活动的各种可能。在此之前,我一直在观望和等待,关注有关集体认同和艺术发展的课程安排,希望从这个班的集体兴趣中找到大家共同喜欢的东西。

为什么选择这样一个关注中心如此重要呢?我觉得这强化儿童的努力和兴趣,让学习和探索中的一种集体感把他们联系在一起,我们仍然喜欢搭建、绘画、演戏、玩橡皮泥和教室里的其他活动,但是我们也开始更多地关注有关"耍花招、宝藏和泰坦尼克"等活动和对话。孩子的游戏自然地融入了这些想法,但是我也想介绍一些新材料和刺激性的体验来强化这些主题。比如,我已经开始准备一些类似宝石的石头、珠子和硬币,收集有关宝藏、泰坦尼克和海盗等的资料。孩子们已经把他们的宝贝埋藏在他们能发现的每块石头、木头、地毯下面。所有这些天然的、松散的材料都是我们放置在建筑区内供孩子们做搭建和表演游戏时使用的。

为什么选择一个孩子有兴趣的主题极其有意义呢？我发现孩子们在从事他们自己选择的主题活动时表现出更高的积极性和专注度。虽然我经常介绍与此不相关的艺术活动、烹饪活动、科学试验等其他形式的活动，我努力把这些活动与那些孩子感兴趣的话题的深层研究交叉起来。除此之外，我还努力地尽可能延伸这种探索，使之进入更深层的领域，或者让孩子的问题把我们引入新的切入点。

——莎拉，老师

几个星期过去了，几个月过去了，莎拉利用自己的观察笔记添加了新的道具，发布了更多的帖子，讲述自己的活动想法如何演变的故事。下面摘录了两个例子，她在其中描述了大厅另一边教室内的游戏与为无家可归人员组织的活动如何建立联系，以及她让孩子制作宝物盒的决定。

建立联系

爱米莉、朱莉亚和扎比亚正在玩一个相当复杂的宝藏游戏，似乎表现了乌利·舒利瓦茨《宝藏》故事中的一些想法，这是我们前天读的那本书。我对他们重新回顾和构想这个故事很感兴趣，于是，他们玩的时候，我拍了照片，录下他们的谈话。

让我特别感动的是，我发现他们把这个游戏与为无家可归人员收集硬币的活动联系在一起了，为无家可归的人捐款是"星光"课给我们讲述的内容。从他们对有关宝藏故事的反应中我感觉到这个学习的影响之大。舒利瓦茨《宝藏》是这样开始的："从前有一个人，他叫艾查克，他非常穷，总是饿着肚子上床睡觉。"

我开始发现这些孩子在积木区所玩的收集、计算和收藏宝藏的游戏与他们收集真正硬币来解决无家可归问题建立了一种联系。

——莎拉，老师

绘制和设计宝物盒

作为我们宝藏活动的延续，我把孩子两三人一组地带进工作室，来设计和制作宝物盒。每个孩子首先画出宝物盒的构想，再向我描述它的样子，然后我提供制作宝物盒的基本材料（硬纸板、胶棒、遮蔽胶带、胶水）。有的孩子参阅着自己的图纸，把它从二维的图变成三维的实物，另一些孩子根据材料即兴发挥。孩子们努力解决如何让盒子的边立起来、如何把东西粘在一起、如何做成他们想要的形状时，遇到了许多有挑战性的问题。我提出一些鼓励性的问题"有地方放宝物吗？""你的盒子有盖子吗？"，大部分孩子用自己的材料做试验，同时也观察别人的好点子。有的孩子让别人帮忙扶住东西，自己撕下一条胶带，等等。一群孩子在工作室被关注和被保护的区域内一起工作，看着他们共同协作，真是件美妙的经历。

——莎拉，老师

分析自己的观察资料能帮助你发现潜在的主题和儿童相互之间所说与所做的联系。公开表达自己想法的过程能征询同事和儿童家庭的意见反馈，这是保持课程安排的创新、切题和有的放矢的有效途径。

如果发现孩子连续多天或几个星期都参与一个游戏或谈话，研究自己的观察笔记和照片，寻找可能的潜在主题，可以由此开始一个深入的课程计划；提供额外的道具，让这个活动进行下去，同时向孩子描述，展示照片给他们看，让他们听到和看见你注意到他们的兴趣。利用他们的反馈作为下一步活动的入口。就像莎拉·费尔斯坦纳那样，把你的描述和分析连同照片和对话录音一起上传发帖和大家分享。

张贴你计划的学习文档

多数幼儿园要求张贴他们的课程表，如果你利用自己的观察笔记来指导课程安排，你应该把这种想法张贴出来。方法之一就是设立公告板，简短地展示你所计划的学习范围。在每个说明栏下面放置一个塑料夹，可以把你观察儿童学习的笔记和照片夹在里面。你可以在许多专业资料中找到每种分类说明。你也许可以利用这些书：爱伦·加林斯基的《思想的形成：每个孩子都需要的七个基本生活技能》，或者莎农·麦克唐纳德的《文件夹和其用途第二卷：评估的图线路》。

考虑用简明扼要、儿童能看懂的语言创立你自己的学习结果分类表。创立一个视觉系统来分类和展示你的笔记和照片。这个分类展示表明你用心地观察和思考你教室里儿童所呈现出的一切。这其实是要求老师张贴课程表和做学习评估的意图所在。每个星期，你把张贴的文件放在每个儿童的文件夹中，如果涉及多个孩子，就复印后放在各个孩子的文件夹中。

利用观察笔记做评估

在早教领域，写观察笔记通常是考评任务或督导布置的要求，让老师在特定视角内或利用对照表格来考查孩子。收集这类数据有多种用途，然而它所采用的过程和形式似乎具有临床医学的特点，非人性化，通常的情况是，老师上交的这类报告最后被遗忘在文件夹中或家长的车厢里。在这种情况下，老师所做的努力没有给人留下任何印象，谁也不期望再看到这些。

如果你利用日常观察资料来完成评估程序，评估的结果可能更加真实可靠。越来越多的幼儿园都采用某种现成的评估工具，表示完成入学准备指南的责任要求或者完成州所采纳的早教的框架工作。这类评估工具可能是许多商业性评估工具中的一种或者是你们自己多年研发的评估体系。许多幼儿园采用文件夹系统，即用文件夹收集儿童参与幼儿园所安排的学习、活动的作业和文档记录的故事。无论评估体系是购买的还是自己研发的，重要的一点是坚持一个评估体系，追踪儿童在早教框架内的学习情况，这个早教框架要包含研究——你自己的研究以及整个早教行业的研

究。这样的话，在你研究自己的观察笔记时，你可以利用这个框架做比对，找出你观察笔记提供例证的相关研究。

比如，审视自己的观察笔记时，你可以选择参阅《思想的形成》，追踪孩子在学习加林斯基所列举的成功生活的关键指标——七种"基本生活技能"的过程（2010）。这些指标包括：

- 专注力和自我控制力。
- 换位思考能力。
- 交流沟通能力。
- 拓展人际关系的能力。
- 批判性思考能力。
- 接受挑战的能力。
- 积极主动的学习能力。

这里介绍一则如何把《思想的形成》一书融入写作观察故事的例子。

肯德娜——一个专注而自主的学习者

今天，肯德娜差不多花了四十分钟摆弄小纸杯，那是老师放在那里给他们玩的。其他的孩子来了又走了，只有肯德娜待在那里，很专注地，决心要弄明白如何让纸杯按自己想要的那样保持平衡。她最初的方法没有成功，在堆叠的纸杯倒塌了几次之后，肯德娜想了个新点子，她把几个纸杯套在一起放置在底部纸杯的顶上。叠加放置另一个纸杯更加棘手，但是肯德娜还是聚精会神地要让它保持平衡。她完美地

完成这个方法后,一次又一次地重复着这个方法,看到老师拍摄这个过程,肯德娜请求借用照相机,说:"需要看,需要看。"

肯德娜用纸杯做的许多事都给我们留下深刻的印象。我们显而易见地发现她的想法不仅像个建筑工程师,而且还像一个科学家,检验着理论,成功地重复着试验过程。在这个观察中我们发现了《思想的形成》(加林斯基,2010)中所建议研究的七个基本生活技能中的多个技能,这让肯德娜将来成为成功的终身学习者。在回顾这个观察经历时，我觉得我可以轻而易举地说出肯德娜表现出来的自主而积极的学习能力、专注和自制能力以及迎接挑战的能力。

——露丝和麦琪，老师教练

如果需要你完成表格评估，比如 GOLD 的教学策略，研究自己的观察笔记和照片会提供足够多的有关入学准备的三十八个学习目标的数据；也许你的工作要求你完全对照清单，你详细的笔记和照片能说明所期望的进步，提供远比对照清单更有意义的报告。比较这里的两个选项，一个来自评估手册，另一个来自莎拉·费尔斯坦纳的观察笔记。你猜哪个会被贴在冰箱上，哪个会被扔在车厢地板上？

数学概念清单

☑ 根据功能、大小和形状把物体分类

☑ 辨别圆形、正方形、三角形和长方形

☑ 表示一一对应的理解

☑ 重复物体或图片的顺序

☑ 了解简单的测量技术

1 月 10 日

今天早上，爱米莉和几个朋友在工作室做面具。爱米莉提出帮助亚力克斯用几根线把面具戴上。她剪一段线，但太短了，不能绕着亚力克斯的头缠一圈，她说："也许这个可以用在玛丽亚的面具上，因为她的脸小。"

爱米莉又剪一根线，但是这根又太长了，她说："我们把它一分为二再试试,怎么样?"

这两句话说明对长度、周长、大小和其他数学概念的相当复杂的理解,也显现出爱米莉对朋友的体贴。

——莎拉,老师

你对学习领域的内容越博学多识、资源丰富,你就越会把来自专业资源的信息放入自己的观察故事文档。请注意下列故事中学步儿童班老师达丽娜·南塔沙如何做的。

探索线条

苏菲,还不到两岁,坐在一篮子卡普拉积木前(我觉得是长方形积木)。我们一起开始玩时是把一片积木放在另一片上面,让它们越堆越高。后来积木堆倒了,苏菲把积木一片一片地挨着排列起来,摆成了平行线;然后她开始一次拿一片积木,让它们头尾相接,她的作品变了线路,成了一条长长的线。是什么让她把积木从堆变成平行线再变成首尾相连的呢?是她每次用手摆弄积木时都看到了不同的形状吗?

苏菲在探索利用材料的不同方法,在学习距离、大小和形状之间的

关系。她所探索的材料和方法帮助她理解线条的概念,让她成为建设性和创造性的思考者。

线条的概念对儿童的发展有什么帮助呢?通过这个经历,苏菲更好地理解了线条如何连接起来,它们之间的关系如何(距离、空间、上部、形状等)。研究线条将帮助苏菲将来对构建字母、图案和几何形状的理解。

"辨别和理解竖线、横线、斜线和其他线条会帮助儿童领会形状、字母、图案和建筑是如何构建的,同时帮他们构建他们自己的建筑。"(Topal 2005)

——达莉娜,老师

达莉娜越来越喜欢在观察故事后添加附录,把对不同学习领域在不同学习阶段的专业描述包含在自己的观察故事中。这里介绍一例她在观察积木游戏时所写的观察故事是如何插入专业描述的。

为什么积木游戏很重要?

积木游戏给儿童提供一个表达自己的开放通道,承担让他们搭建他们世界里所见和所理解的某些概念的作用。他们利用积木象征性地再现他们自己世界里的物体和概念。观察孩子的积木游戏、分析他们的建筑建构,成年人能够洞见儿童如何感知他们周围的世界。除了帮助成年人了解儿童的想法，积木游戏在早期发育阶段，特别是从学步到入学前的这个时期，起着相当重要的作用。积木是开放性的材料，鼓励自主游戏。

成年人经常忽视积木游戏时间是幼儿时期很重要的发育阶段。积木是独特的材料，不断地拓展儿童的想象力和创造力。作为教育者，我注意到积木游戏的不同阶段，提出疑问，并与其他教育者探讨儿童如何利用这些游戏材料，以后还会发生什么事。

积木游戏的不同阶段

第一阶段：搬运。儿童四处搬运积木，但是没有用来搭建东西。通常孩子们收集积木，扔掉它们；这是儿童开始探索多、少、厚、薄、大、小等概念。这帮助年幼的学步儿童完善精细运动技能和粗大运动技能。

第二阶段：开始搭建。绝大多数是排成行，或横（在地板）或竖（堆起来）。早期的搭建图案重复来重复去，这是积木游戏的基本功能。随着时间的流逝，他们会更大胆地尝试，搭建的积木堆和塔越来越有创造力。

第三阶段：桥梁。孩子搭建的结构开始在两块积木之间留有空间、跨度或用第三块相连。在这个阶段，儿童探索空间关系，开动自己解决问题的技能，他们研究各种方法支撑两块积木，并用第三块把它们连接起来。

第四阶段：围栏。积木摆布得正好把一片空间包围起来。搭建桥梁和围栏是玩积木游戏时儿童必须解决的最早的技术难题，儿童经常玩积木后就会遇到这些问题。儿童尝试各种连接围栏的方法，思考不同形状和大小的积木如何影响他们的围栏，他们反复地不断地完善搭建围栏的过程。

第五阶段：积木搭建更具想象力。他们使用更多的积木，搭建的结构更加复杂，把图案和平衡融入自己的建筑。儿童通过积木搭建表现能力，他们现在能大胆冒险，表现富有想象力的特点，搭建的结构中有轮廓明显的对称图形，他们发现空间关系如何影响建筑建构。

第六阶段：为戏剧表演物体命名积木建筑。在这个阶段前，儿童可能已经给搭建的东西起名字，却不一定以建筑的功能为命名依据。这个阶段的积木搭建与艺术发展的"现实主义"阶段相对应，搭建的建筑结构繁复，有桥梁、围栏、塔楼和各种复杂的设计。

第七阶段：摹习建筑或为游戏命名建筑。儿童根据日常生活的经历再现和再建建筑结构。这个搭建结构的名字与建筑的用途相对应。孩子可能表现出他们在拿到积木之前就已经有打算搭建的某个东西的想法。（Wardle 2002, 243—244）

——达莉娜，2011年10月

对新西兰学习故事方法的思索

新西兰奥特亚罗瓦的早教工作者研发出独特的撰写观察故事的教学方法。玛格丽特·卡尔教授和她新西兰同事发明了"学习故事法",这不仅是评估儿童是否达到所期望结果的一种方法,还是一种手段,可以提高老师利用观察笔记作为自身学习和教学工具的能力。许多新西兰教育工作者如何利用学习故事的一个有趣特点是他们直接写给儿童看,有些人将此归为情书的同类。把你作为教育工作者的声音有效地放进故事中,传递着一种儿童多么能干的意义。借鉴新西兰研发的最初做法,我们的美国同事汤姆·杰蒙德建议,参阅下列的指导来熟悉"学习故事"的写作方法。

1. **发生了什么**:从描写儿童所说与所做的细节开始,接着写出观察他们游戏时你对自己感兴趣的事情的思考。应该用一个真心关心、仔细倾听的人想去发现所发生一切的笔触来书写。你充满好奇心,有个性鲜明的儿童形象。

2. **你认为这意味着什么**:描写你认为是这个观察意义所在的事。最能确定意义的做法是通过与其他老师和孩子家长交流沟通,你认为这些事是文化、语境和儿童发育的理论。也许你可以把这个观察与以往经历中你所熟悉的其他事关联起来,你也可以在这里插入你参阅过的幼教标准和所期望的结果。

3. **机会与可能**:写下你认为下一步有可能做的事以及原因,在描述选择如何回应的策略时可以插入心中的好奇、假想或疑惑,这会让读者洞察老师如何思考他们的做法。

4. **邀请家长反馈**:提出一两个问题作为邀约,请家长反馈,表达自己渴望听到他们对这个学习故事的想法。

5. 给故事一个名字：像所有的好故事一样，你的学习故事应该有一个名字，这个名字融合你认为最重要的、需要突出的内容。

如果你熟悉撰写新西兰"学习故事"的做法，你就会辨认出本书第4—11章每个学习研讨课结尾处所展现的观察样本中有几个就采用了这种写作方法。下面介绍另一个样本。在阅读西蒙娜的学习故事时，请注意她如何捕捉新西兰"学习故事"传统中的每一个关键因素。

这是塔！

10月20日

亲爱的安德斯，

从你来幼儿园后，老师们就发现你非常喜欢探索你的环境，想弄明白事情如何运作。你似乎被这些概念所吸引，比如重力、曲线、因果关系等。有一段时间我们注意到你发现了斜面、滑轮、水轮、曲柄和杠杆。给我印象特别深的是你喜欢搭建对称的积木建筑。四月份以来，我目睹你搭建又重建同样的建筑结构，随着你对材料的使用越来越得心应手、对自己的平衡和搭建技能越来越自信，你给这个建筑结构添加了新的想法。我也注意到，在用积木搭建时你没有忘记遇到的困难，并且从中受益。你第一次开始搭建时，试图建得既高又快，可是一块积木意外地掉到你的脚上。哎哟！

这个星期你又搭建你的建筑了，显然你已经知道如何避免那种意外。

西蒙娜小姐："你在建什么？"

安德斯："这是一座塔！它很好，我快要建造好了。"

西蒙娜小姐："似乎你有一个计划，安德斯，下一步是什么？"

安德斯："没有什么。要是它高得碰到天，它就倒了，因为太高了，所以我不想这么建。"

西蒙娜小姐："你需要帮忙把这个塔建得再高点吗？"

安德斯："我可不想再加东西了，因为我不想让它倒下来砸到我。现在我建好了！"

安德斯，我很激动地发现，通过探索和试验材料，你研究出了工作原理来弄明白你自己周围的世界。你开始理解周围物体和物质的本质和属性，你学习如何操纵这些物体，让它们成为创作的机会和自我表达的工具。通过反思自己的经历和解决一路上所遇到的问题，你正在学习积极思考和分析的策略。对一个三岁的孩子来说，这是重要的认知技能和发展的里程碑。

我想知道你是否愿意教朋友如何搭建塔，你可以做一本"怎么做"的册子和别人一起分享：你可以把你的建筑拍下来，我帮你把话写下来。你有没有想过在搭建中使用别的材料呢？我们的积木屋里还有硬纸板、管子、塑料的圈轴和有机玻璃片可以用，可以帮你拓展和延伸你的计划和想法。我很好奇，你的下一个版本的塔会是什么样子呢？

安德斯，我很荣幸能见证你在新月园里的学习之旅，我盼望着看到你在我们这里有更多的发现，建立美好的友谊！

爱你的，

西蒙娜小姐

让你对童年的愿景有目共睹

成为一个敏于观察善于思考的老师后，你的教学模式会发生蜕变。你会与儿童和家长建立更令人满意的关系；教学安排和学习结果会更有意义和真实可靠；培养专注的艺术会给你整个生活带来更多的快乐和活力；你会开始注意到各种点点滴滴的琐事，让感官活跃灵动，让心灵放歌。这会感染他人，他们也会注意到，并开始留心这个可爱的人是谁，什么让她/他在的时候一切如此快乐和有趣呢？因为你的影响，别人开始把孩子当作丰富他们人生的源泉，他们将视你为典范，引领他们过上他们喜欢的生活。真的，你成了领导者，一个能帮助他人发现自己潜在能力的领袖人物。

如果你让你的儿童形象和你对童年的愿景鲜活闪亮，那么承担领袖角色是培养观察艺术和观察技巧而产生的自然结果。一旦你上了路，点亮前行的灯光，其他人就会加入进来，和你一起合力开拓道路。回顾本书开篇章节的诗歌中的两个声音，老师所面临的左右为难的激烈竞争就可以被认真的倾听者、用心观察者和体贴的述说者所分解。我们所收集并供阅读的故事可让家长和监督者放心，并且让教育成为更具满足感、更令人赞赏的职业。不断加入我们的呼喊，可以唱出令人信服的大合唱，让我们的社会更充分地认识童年的价值。

参考文献

Carson, Rachel. 1998. *The Sense of Wonder*. New York: HarperCollins.

Dillard, Annie. 1993. *The Living*. New York: Harper Perennial.

Elkind, David. 2007. *The Hurried Child: Growing Up Too Fast Too Soon*, 3rd ed. Cambridge, MA: Da Capo Press.

Forman, George. 1999. REGGIO-L@vmd.cso.uiuc.edu.

Galinksy, Ellen. 2010. *Mind in the Making: The Seven Essential Life Skills Every Child Needs*. New York: William Morrow Paperbacks.

Gallas, Karen. 1994. *The Languages of Learning: How Children Talk, Write, Dance, Draw, and Sing Their Understanding of the World*. New York: Teachers College Press.

Gopnik, Alison. 2010. *The Philosophical Baby: What Children's Minds Tell Us about Truth, Love, and the Meaning of Life*. New York: Picador.

Hoffman, Donald D. 2000. *Visual Intelligence: How We Create What We See*. New York: W. W. Norton & Company.

Hoffman, Eric. 2004. *Magic Capes, Amazing Powers: Transforming Superhero Play in the Classroom*. St. Paul, MN: Redleaf Press.

Kent, Corita, and Jan Steward. 2008. *Learning by Heart: Teaching to Free the Spirit*. New York: Allsworth Press.

Pelo, Ann, and Fran Davidson. 2000. *That's Not Fair! A Teacher's Guide to Activism with Young Children*. St. Paul, MN: Redleaf Press.

Rico, Gabriele. 2000. *Writing the Natural Way*. New York: Tarcher.

Schafer, William M. 2004. "The Infant as Reflection of Soul: The Time before There Was a Self." *Zero to Three* 24 (3): 4—8.

Topal, Cathy Weisman. 2005. *Thinking with a Line Teacher's Guide*. Worcester, MA: Davis Publications.

Wardle, Francis. 2002. *Introduction to Early Childhood Education: A Multidimensional Approach to Child-Centered Care and Learning*. Boston, MA: Allyn & Bacon.

附加资料

Abbott, Shirley. 1998. *Womenfolks: Growing Up Down South*. Boston: Houghton Mifflin Company.

Andrews, Valerie. 1990. *A Passion for This Earth: Exploring a New Partnership of Man, Woman, and Nature*. New York: HarperCollins.

Bruchac, Joseph. 1997. *Tell Me a Tale: A Book about Storytelling*. San Diego: Harcourt Children's.

Carr, Margaret. 2001. *Assessment in Early Childhood Settings: Learning Stories*. Thousand Oaks, CA: Sage Publications.

Carr, Margaret, and Wendy Lee. 2012. *Learning Stories: Constructing Learner Identities in Early Education*. Thousand Oaks, CA: SAGE Publications.

Chard, Sylvia C., and Yvonne Kogan. 2009. *From My Side: Being a Child*. Lewisville, NC: Gryphon House.

Delpit, Lisa. 2006. *Other People's Children: Cultural Conflict in the Classroom*. New York: The New Press.

Felsteiner, Sarah. 1999. "Show and Tell: Documenting Young Children's Emergent Curriculum." Unpublished Masters Thesis.

Gopnik, Allison, Andrew N. Meltzoff, and Patricia K. Kuhl. 2000. *The Scientist in the Crib: What Early Learning Tells Us about the Mind*. New York: William Morrow Paperbacks.

Keller, Helen. 2012. *The World I Live In*. Los Angeles: Indo-European Publishing.

Kohl, Herbert R. 1996. *Should We Burn Babar? Essays on Children's Literature and the Power of Stories*. New York: The New Press.

Louv, Richard. 2005. *Last Child in the Woods: Saving Our Children from Nature-Deficit Disorder*. Chapel Hill, NC: Algonquin Books.

——. 2011. *The Nature Principle: Human Restoration and the End of Nature-Deficit Disorder*. Chapel Hill, NC: Algonquin Books.

MacDonald, Sharon. 1997. *The Portfolio and Its Use, Book II: A Road Map for Assessment*. Little Rock, AR: Southern Early Childhood Association.

Mason, Jerry. 1977. *The Family of Children*. New York: Putnam Publishing Group.

N.E.Thing Enterprises. 1993. *Magic Eye: A New Way of Looking at the World*. Kansas City, MO: N.E. Thing Enterprises.

Pelo, Ann. 2007. *The Language of Art: Inquiry-Based Studio Practices in Early Childhood Settings*. St. Paul, MN: Redleaf Press.

Reynolds, Gretchen, and Elizabeth Jones. 1997. *Master Players: Learning from Children at Play*. New York: Teachers College Press.

Ruef, Kerry. 2012. The Private Eye: "5X" Looking/Thinking by Analogy—A Guide to Developing the Interdisciplinary Mind. http://www.theprivate-eye.com/index.html.

Smith, Robert Paul. 2010. *Where Did You Go? Out. What Did You Do? Nothing*. New York: W. A. Norton and Company.

Whitman, Walt. 2008. *Leaves of Grass*. Produced by G. Fuhrman and David Widger. Project Gutenberg. http://www.gutenberg.org/files/1322/1322-h/1322-h.htm#2H_4_0193.

Wilks, Mike. 1997. *Metamorphosis: The Ultimate Spot-the-Difference Book*. New York: Penguin.

Wood, A. J. 1992. *Look: The Ultimate Spot-the-Difference Book*. New York: Puffin Pied Piper.